中国政治の社会態制

中国政治の社会態制

天児　慧
Amako Satoshi

岩波書店

はじめに　中国研究半世紀の歩み——地域研究の模索

中国について本格的に研究してみたいと思いはじめたのは一九七〇年春の頃だった。早稲田大学に入学して間もなく、ベトナム戦争、沖縄返還闘争などアジアが熱い政治の季節に突入していた学部学生時代、中国においても「プロレタリア文化大革命」と呼ばれる政治的大混乱の渦中にあった。あるいは日本と中国の間で日中国交正常化が本格的に議事日程に上るようになり、政府間の公式的チャネルに加えて、野党、民間、さらには台湾などのアクターを巻き込み、ダイナミックな展開が進んでいた。しかし、もともとは中国に対してそれほどの関心はなく、大学一、二年の頃は独仏関係をテーマに近代史を研究しようと思っていた。が、次第にアジアへの関心が強まっていった。六八年の三月、復帰前の米軍施政下の沖縄を訪れ、日の丸を掲げながら反戦平和の復帰を叫ぶ沖縄県民に、当時の本土とは異質なナショナリズムを感じた。孫文の『三民主義』を読んで、「中国に民族主義はない」という彼の言葉の意味が分からず、結局私は学部卒業を控えこれらの政治動向の底流に流れているナショナリズムとは何かを自問するようになり、それをテーマにして卒業論文なるものをかいてしまった。

こうした問題意識を引きずりながら、大学院修士課程から中国近現代史の研究にのめり込んでいくことになってしまった。スタートから数えてなんと半世紀が過ぎようとしている。誰もが感じる歳月の速さを私は自らの中国研究という体験を通して痛感している。研究を始めたころはいまではとても信じられないことだが、日本においてさえ「毛沢東萬歳」を叫びながら中国を論じ、執筆する研究者が論壇、メディアで大手を振っていた。中国研究の評価も「親中国的であるか否か」にかかるといった状況でもあった。欧米に留学し社会科学的方法で中国を分析しようとする人々が「反動的」というレッテルを貼られることも少なくなかった。戦前の「支那研究」と呼ばれた問題はあるにせよ、日本の誇るべき実証的な中国研究も無視され批判されることが多かった。毛沢東の指し示す文化大革命を礼賛し、やがてその実態が暴露される中で、中国研究に失望し研究を放棄する人々も存在した。確かに当時はアカデミックな意味で中国研究は「貧困の時代」といってもよかった。

そのような中に自分自身の姿を照らしてみても、まさにこうした雰囲気の渦中におり、暗中模索、試行錯誤を続けた自分が浮かんでくる。五〇年間も中国と向き合いながら、お前は中国の何が分かったというのかという自責にも似た問いも突き刺さってくる。その中で、実は今でも些細なつぶやきではあるが一つだけ誇れる当時のセリフがある。それは「毛沢東だって人間じゃあないか」というつぶやきであった。多くの読者はなんだと思われるかもしれないが、当時の中国の雰囲気、その影響を受けた日本の中国研究学界には、確かに『毛沢東選集』『毛沢東語録』をバイブルのようにしてそれを基準に中国の情勢、歴史の分析を行う人々が少なからずいたといっても過言ではなかった。毛沢東は要するところ「神的存在」「無謬の指導者」であった。私はその雰囲気に抵抗し、ありのままの毛沢東は党内においても戦場においても数々の失敗を繰り返し、それを肥やしにしてより洗練された革命家、政治家にもなれば、多くの戦友、同志を切り捨て裏切ってきた。これらの経験の過程を通して、彼自身が試行錯誤しながら形作っていったのが「毛沢東思想」なるものであるはずだ。こうした毛沢東をめぐる実態を理解してこそ中国革命の真実が見えてくるはずだという思いが強くなっていった。いま思うと、私は「毛沢東だって人間だ」とつぶやいていた自分自身を少しだけ誇りに感じ、そのことがその後五〇年近い歳月の中で中国に向き合うスタンスがぶれずに、研究が続いた最大の要因だったのではないかと思っている。

自分は切れ味鋭い論客ではない。猪年で猪突猛進だが鈍い「鈍猪」だと思う。しかし自分自身が納得できるまで前に進もうとする「鈍猪」だった。修士論文はかくして「毛沢東研究試論——農村革命と毛の思想形成過程を中心に」という題目となった。かなり荒っぽい議論をしたが、当時中国共産党自身も高い評価をしていなかった毛沢東の「新民主主義論」をレーニン、スターリンの二段階革命論に基づいた解釈とは異なる(当時はそのような解釈が一般的だった)、毛のオリジナルな発想から来たユニークな国家社会建設論として高い評価をした。当時の指導教授であった岡部達味先生だけが、この論文を「おもしろい、が、ホームラン性のファールということかな」と評価してくださった(私にとってこれは今でも「評価」と受け止めている)。他の審査員の評価はくそみそだった。しかし、改革開放期に入り、特に社会主義初級段階論が語られるようになったころ(一九八〇年代後半)、「新民主主義論」「新民主主義段階」の再評価が一挙に高まっていった。新民主主義段階をもっとしっかりと固めていれば、市民社会的な中国も育ち、その後の歩んだ道も大きく変わっていたのではないかとの思いも強い。しかしその新民主主義段階を軽視し否定したのは毛沢東その人であった。何たる「歴史の皮肉」であろうか。

毛沢東論を執筆するにあたって、米国における中国政治研究の大御所、B・J・シュウォルツやルシアン・パイらの中国政治論を学びつつも、博士課程に入ったころから、トップレベルの思想や権力闘争を追いかけるだけでは中国政治のダイナミックな全体像を描くことはできないと思うようになった。特に農村革命の実態に迫るには基層レベル(grass roots)の動向分析をしなければならないとの考えが強くなった。幸いにもその頃から制約はあるものの建国期前後の地方新聞、雑誌のマイクロフィルムなど入手できるようになってきた。それらを丹念に読み、そこに描かれる農村基層レベルの実情とトップレベルの提示する政策の関係を見ることによって、農村政治変革が如何に多様性に満ちたダイナミックなものであったかを理解するようになった。こうした研究作業を通じて博士論文『中国革命と基層幹部——内戦期の政治動態』を世に出すことができた。当時すでに何人かの研究者が中国革命における基層レベルの動向に注目するようになっていたが、一冊のまとまった書物として出版したのはこれが最初であったと思う。

しかし、率直に言ってそれまでほとんどが文献に依拠した研究であり、いつも論文を書き終えた後、これで本当にあの巨大な中国の実態を分析したことになっているのだろうかという不安な問いに襲われたものである。この不安を打ち破ってくれたのが、一九八六年二月から八八年三月にかけて外務省専門調査員として北京の大使館に滞在した経験であった。当時の専門調査員は事務、便宜供与活動をほとんどすることはなく、自由に研究活動に没頭することができた。北京ではまず下手な中国語のレベルアップを図り毎週二回、一回二時間の個人レッスンを受けた。教師は日本語も英語もできない私と同世代の知識人だった。やがて打ち解けて話すようになった二年余りの歳月は、彼の個人史を聞き、大躍進や文化大革命、そして改革開放期の当時の状況などを聞くことができ、現代中国の理解のために貴重な経験となった。あるいは社会科学院や各大学の研究者などを訪ねてインタビューや意見交換を行った。

しかし、なんといってもその後の研究にとって最大の収穫といえる活動は地方への視察だった。今ではもうかなり厳しくなったことだろうが、自分で視察旅行のスケジュールを作成し、地方の人民政府外事弁公室に連絡し、許可とスケジュールの按配を依頼し、ＯＫが出たところで視察旅行が始まる。だいたい一回で二、三の比較的大きな都市、あるいは何らかの理由で注目すべき都市、およびその近辺のいくつかの農村を訪問し、現場を視察し幹部や一般労働者や農民の話を聞くことがメインであった。当時はまだ、外国人立ち入り禁止の地域がたくさんあったが、例えば立ち入り禁止の貧困農村や奥地に入る場合、自分は中国革命史の研究者で、革命史跡を訪ねる必要があると強く要望するとたいていは許可が下りた。革命史跡のある地域は貧困地域がほとんどだから、当時のこうした地域の改革開放の事情を理解するうえで大変役に立った。一回の旅でだいたい一〇日前後、それを二カ月で三回ほどの割合で繰り返して二年間全国を回った。移動は少なくとも行きは列車を使った。列車の中での中国人たちとの会話も面白く、また中国理解の役に立った。車窓から見える風景もまた中国理解の貴重な材料になっている。帰国する時点で、このような取材・調査で回れたところは二六省・自治区に及び、中国のほぼ全土をカバーすることができた(1)。この旅を通してはじめて「ああ、これが中国なんだ」ということを皮膚感覚で感じられるようになってきた。今でも私の中国理解の貴重な財産で、この旅のおかげで私自身の中国研究のオリジナルなアプローチ——第一章で詳述する「重断層社会論」——が産み出されたといっても過言ではない。

二一世紀に入り、「富強の中国」を目指し経済成長と軍事力増強を続けた中国が次第に強烈な自己主張をするようになっていったが、その主たるよりどころにしたのが「伝統思想」であった。もちろん伝統思想を重んじる風潮は毛沢東時代にも鄧小平時代にもあったが、今日ではかつて共産党自身が「封建思想の代表」として激しく非難してきた儒教、その教祖・孔子を誇るべき伝統思想の代表として高く評価するようになっている。今の筆者の関心は、伝統思想の文脈を重視しながら、いかにして欧米を中心にした近代政治思想と、中国の伝統思想を組み合わせ、時に融合させながら今日の中国政治のダイナミックスを考えるかにあるように思う。

多くの地域研究の先達が指摘しているが、その国、地域の独特の文化、歴史、地勢など、つまり社会の「個性」を理解しなければ、政治や経済の分析も表層的なものにとどまる。私の五〇年は結局のところ、中国の「個性探しの旅」であり、それをベースにした何らかの一般的な理論的な枠組みをつくり、中国なるものを説明しようとしてきた過程だったかもしれない。もちろんその理論的な枠組みがどれだけ他の研究者にとって説得力があり、評価されるものかは私自身が判断できるところではない。これから論ずる現代中国政治論もまだなお未熟なアプローチであり、現在進行形で大きく動いている今の中国そのものを正しくとらえきれていないのではないかとの思いも頭の片隅に生まれている。いつも思うことだが、これもやはり「中間報告」と言わねばならないのであろう。しかし、それでも半世紀近く続いた中国研究は私にとって、今はそれなりの大きな節目ではある。私が手探りでアナログ的に積み上げ、描き出そうとした中国の全体像の一応の到達点として、読者の皆さまに提示させていただこう。

目　次

目　次

第一章

地域研究の方法と現代中国研究

問題の提起——地域研究は死滅に向かっているのか

一九九〇年代までさかのぼって国際的な学界動向から見ると、冷戦の崩壊、グローバリゼーションの進展により、米国における地域研究の衰退、インターディシプリナリー（学際的）な研究の軽視、そしてディシプリン偏重の風潮が強まっていった。我が国においても米国のこのような影響を強く受け、これまで中国、韓国、インドネシアといった地域研究を専門にしてきた人々からさえ、「地域研究の時代は終わった」「インターディシプリナリーなアプローチはリベラルアーツ（教養）の話で、専門研究とはみなされない」「私の大学では地域研究という講座は廃止し、名称を比較研究に変更した」といった話を頻繁に聞くようになっていった。

米国の地域研究は、冷戦時代の始まりとともに敵国（社会主義諸国）研究として本格化していった。敵国の指導者、国民性、ビヘイビア、国民と指導者の関係、指導体制、さらには総合的な国力などをどのように分析、判断し、自国の戦略的ニーズに役立たせるかということが米国での地域研究の目的であった。したがって研究は、経済、政治、社会、歴史、文化、国際関係などあらゆる学問のディシプリンを動員して総合的に分析しなければならなかった。しかし、このような包括的アプローチでは漠然としており、しかも分析者の恣意的判断に陥る危険性を避けることが困難であった。例えば、政治学、経済学、歴史学などをそれぞれバックグラウンドに持つ学者は、どうしても自分の得意分野の領域に惹きつけて物事を考える傾向に陥る。社会科学的なアプローチというには疑問符がつく。しかも冷戦終結により敵国として特定化する国は極端に少なくなってしまった。その意味では確かに地域研究の意義は大いに低下したといえるだろう。

ディシプリンによる地域分析を強調する人たちは、政治学なり経済学なりの共通の分析枠組みを用い、「客観的なデータ、情報」をインプットすることにより、はじめて意味のある比較可能な「客観的」な結論を導き出せると主張する。しかしこの主張に対しては直ちに次のような大きな疑問が浮かんでくる。すなわち、客観的な共通の分析枠組みとは何か。こうした分析枠組みはほとんどが欧米のアカデミックな世界で生み出されたものである。欧米とアジアの歴史的社会的バックグラウンドがかなり違う領域で、このような枠組みをあらかじめ前提としてストレートに用いることが妥当かどうか。例えば、官僚制モデルによる政策決定過程論、あるいは国際関係論で用いられるリアリズム、リベラリズム、コンストラクティビズムなどのアプローチ、ゲーム論などでどれだけ、当該地域の実質的に意味のある掘り下げた意思決定過程が分析できるのか。さらにはインタビュー調査などによって数値化できないデータや情報こそ地域研究では大切な意味を持つが、これらはどう扱われるのか。もちろんディシプリンに基づく分析枠組みの意義と必要性を否定しているわけではなく、アプリオリに無条件にそれを利用することに異議を唱えているのである。

このような分析を積極的に行う研究者の眼には、地域的特殊性の問題はあまり入ってこないようである。例えば、政策決定に関わるアクターが合理的選択をすることを前提とした官僚制モデルを使うとしても、「合理的」という内容は特定地域の個々の環境と政策決定者の価値観などによって異なり安易に一般化できない。すなわち当該地域の歴史的、文化的、社会的、政治的な独自の背景と、アクターがそれらを自らの判断する評価基準、価値基準(個性)に基づきどのように受け止め判断し、政策決定を行うかを問題にするなら、M・ウェーバーの指摘を待つまでもなく、「合理的判断」という中身自体が、「○○にとって」、「○○の角度から見れば」、「○○の意味において」合理的ということになり、合理性自体が多様性を持っているということが分かる(2)。

しかし、すでに「教科書的に」設定されたディシプリンを重視する「理論的」分析者は、ディシプリンが定義する概念(例えば「合理的」)の範囲内でしか現象を分析しようとしない。そこからはみ出した内容は初めから分析対象としないか、あるいは「特殊なケース」としてとりあえず分析の対象から外される。例えば、政治体制の変容を議論する場合、伝統的な専制主義の独裁体制あるいは全体主義的な独裁体制が、経済近代化を進めることによって権威主義的な独裁体制へ、やがて経済、社会階層の変化をもたらす過程で民主主義的な体制へ移行するという欧米政治社会学界で常識とされる「体制移行論」がある。そしてそれをアジアやラテンアメリカ、アフリカ社会に応用して体制移行研究をおこなうことが学界の趨勢である。

しかし、そもそも政治体制なるものはその地域の為政者と民衆の関係、権力観、国家－社会関係など独特の歴史性、政治文化、あるいは政治空間の規模性などが強く付着しながら形成され、機能しているもので、一般的、普遍的といわれる体制移行のパターンを無条件に当てはめることができるのだろうか。元来、地域研究者は「地域性」「地域の個性」を十分に考慮しながら、政治、経済、社会などの諸現象を理解しようとしているのである。だからこそ以下のような疑問が生まれてくる。一般的な「社会科学的方法」に基づいて、理論を精緻化し、情報を詳細に収集して用いればその地域の諸現象は理解できるのか、とりたてて地域研究と主張する必要性がなくなったといえるのだろうか。それぞれの国が関わりを持つ国の実情、そこに住む人々の特徴を表面的でなく掘り下げて理解する必要はなくなったのだろうか。

世界はグローバル化が進展し、経済の垣根はかなり取り壊され、交通手段や情報手段の急激な発達によって、海外に移動する機会、海外情報を得る機会が飛躍的に増大してきた。国際的なビジネス交渉、政治的な交渉、あるいは文化交流が日常的な活動の一環となってきている。交流、接触の急激な増大は確かに共通した認識、価値観、手続きなどを増大させていくだろう。しかし個々の国の判断基準やビヘイビアなどを見ると、依然として容易に変わらない「地域性」を見ることができ、それが重要な役割を果たしていることに気付くのである。このように接触、交流は増え、日常的に国外とのかかわりが重要性を増している中で、なお「地域性」、つまり「地域の特殊性」を軽視することができない。言い換えるなら、たんに戦略的にだけでなく、総合的に相手国を理解する必要性が今日ほど高まっている時代はないとも言えるのではなかろうか。その意味では、地域研究は終焉したのではなく、新たな意味を付加しながらその必要性を高めているといって過言ではないのである。

一　地域研究再構築に向けて——地勢と文化と社会構造からのアプローチ

地域研究は対象とする特定地域を総合的にとらえながら、その上で政治、経済、社会などの諸現象を個別的に理解することを目的としている。平野健一郎が指摘しているように「地域研究の本質は、なによりも、対象の全体をつかまえる楽しみにある」。そして「その牧歌的とも言うべき研究の特権が、交通・情報手段の急速な発展によって誰もが内部を観察することが可能になり、地域研究自体も内部の細かな部分まで触れることができ、そうすればするほど対象全体をとらえることが困難になってきた」と語っている(3)。あるいは武内進一は地域研究を取り巻く変化について、グローバリゼーションの進展により国境を越えた人身取引や無国籍者の問題など、一国研究や現地主義では把握できない問題領域が生み出されたこと、また分析手法の発達、各国政府や国際機関による各種統計の積極的な公開、データの利用可能性の大幅な増加、統計分析を利用したミクロ実証研究の発達によって、そうしたデータを利用してかなり精度の高い分析が可能になったこと、これらによって、現地調査を主とする外国人の「地域研究者」は特定地域に関する知を独占できなくなったと論じている(4)。上記の平野のコメントに通じる指摘である。しかしこれらの指摘は、地域そのものをどのように理解すべきか、という地域研究の原点とも言うべき問いそのものの否定にはなっていない。

地域研究はその地域全体を対象としているため、特定のディシプリンからのみでは全く不十分である。しかし、大量に得られる情報から当地域の知識を深めるだけでもまた不十分である。容易ではないが文化論、歴史学、地理学、政治学、経済学、社会学、文化人類学などを取り込んだ、さらには最も重要な点ではあるが研究者自身の現地におけるフィールドワーク、あるいは現地体験などを取り込んだ包括的なマルチ・ディシプリナリーな理論的方法論を形成し、それによる分析を試みなければならない。その試みに成功しない限り、地域研究は理論研究ではないといわれても反論できない。しかし地域研究者がそのような問題意識を持って研究に取り組んでいるのか。[5] 筆者はすでに二〇年余り、このような問題意識にこだわり続け、マルチ・ディシプリナリーな分析方法として特に重要な内容は、地勢と文化と社会構造であると考えるようになった。地勢とは地理的規模、地形、地政学的位置などが含まれる。文化には言うまでもなく伝統的な思想や歴史性が含まれる。

以下では自分の専門研究分野である中国を対象としながら、議論を進めていこう。冷戦期、とりわけ一九六〇年代以降、米国において現代中国に関する理論的な地域研究がなされたが、基本的には毛沢東時代は全体主義モデル枠組みを用いながら諸現象を分析するという姿勢であった。例えば中国現代政治の教科書的書籍であったジェームズ・タウンゼントの『現代中国政治』は、毛沢東時代を「急進的全体主義」という枠組みで理解している。[6] ポスト毛沢東、すなわち鄧小平時代は「権威主義モデル」「権威主義レジーム」という枠組みでとらえられてきた。[7] そしてそのことは、ポスト鄧小平時代に中国は民主化の道に入っていくということが暗黙に前提とされていたのである。しかし民主化へのロードマップは八九年のいわゆる「天安門事件」によって打ち砕かれた。開発独裁、開発政策による近代化、経済発展がやがて権利意識、利益意識を持った大量の市民を生み出し、彼らが原動力になって民主化の道を歩むというシナリオが崩れてしまったのである。当時、米国の現代中国研究の大御所とも言われたマイケル・オクセンバークは、「我々中国研究者は天安門事件を生み出した中国の底流に流れる本質的な部分を見抜けなかった」と率直に自己批判していたのである。[8] それからすでに三〇年近くの歳月がながれた。中国の経済発展、人々の豊かさは目を見張るものがある。しかし、共産党独裁体制は維持されたままである。いわゆる複数政党制、言論・出版の自由、人権保護などにつながる民主化の道は今なお封じ込められたままである。それを依然として欧米的尺度に固執したまま単純に

「遅れた」現象として解釈するだけで十分なのだろうか。M・オクセンバークが指摘したような「中国の底流に流れる本質的な部分を見抜く」作業が遅ればせながらも今こそ強く求められているのではないだろうか。

まさに地域のリアリティを重んずる地域研究としての中国研究を復活・発展させる必要がある。そこで日本の現代中国研究活動の成果を振り返ってみれば、実は中国の「本質を見抜く」問題意識のもとに、独創的な中国研究を試みてきた人は少なくはない。例えば、溝口雄三は冷戦構造の溶融によって、「進歩—保守、社会主義—資本主義、先進—後進という単純二元論の構図の崩壊という変化」が生じ、「戦後以来の方法論を再吟味」することが必要となってきたと提起し、[9]以下のように力説している。「アジアの近代を考えるには、日本にせよ中国にせよ、それ自体の前近代に基づいたそれぞれの「異」ヨーロッパ的独自性に即して考える必要がある。……世界史的な普遍もまた、この「異」すなわち個別的独自性に当然、立脚させられることになる」と主張しているのである。[10]わかりやすく表現するなら、欧米で生み出された価値観、概念や分析方法に合わせてアジアの個々の国を論ずるのではなく、それらをめぐる個々の地域的独自性を認識しながら諸現象を分析し説明すべきで、ヨーロッパで生まれた「普遍」的概念自体も個々の地域的独自性から相対化すべきであるということである。問題意識としてほぼ同様の指摘が、仁井田陞『東洋とは何か』(東京大学出版会、一九六八年)、竹内好『日本とアジア』(筑摩書房、一九六六年)などの中に見られる。

かつて戦前に「シナ学」とも呼ばれた研究をも含め、日本の中国研究を鳥瞰してみるなら、客観的に見ても国際水準としてかなり高いレベルにあるものが散見される。それらは主としてフィールド調査、文献資料などに依拠した研究であり、漢字が使えること、文化・社会の慣習に共通性が多いことなどが、欧米外国研究者に比べてそうした研究を容易にし、それが日本の中国研究の特徴となり強みとなった。しかし理論研究としては脆弱であった。確かにインターディシプリナリーなアプローチ自体はバラバラで、それらを包括し関連づけ、一定の枠組みを創り出し、理論として提示することは極めて困難である。もちろん理論化を試みた学者がいなかったわけではなく、またそうした中には極めて鋭い指摘も見られるが、それらは基本的には実証研究の積み重ねと本人の鋭い洞察力によって、中国社会の特殊性を理論的に説明しようとした試みであった。

例えば戦後直後、一橋大学の経済学者、村松祐次は中国の政治経済社会史を考察し、現状を明らかにし、それを踏まえて未来の中国の政治と経済の独特の動態的静態的な関係構造を描こうとした。その成果である『中国経済の社会態制』(東洋経済新報社、一九四九年)は、政局の変転とそれを制約し影響を与えあう社会経済の構造を「態制」と表現し、その特徴を「長期のめまぐるしく変わる政治変動と表裏したものは、経済的にはある意味で安定した静態的循環の持続であった。しかもその著しい対照と見えたものは一つの態制の二つの側面に過ぎない」と喝破していた(11)。もちろん村松は経済学者であり、同書は経済をめぐる歴史、構造、農業・工業・商業の特徴、共産化の過程にある中国経済の見通しなどに多くの分量が割かれているが、「経済の外部態制」という表現を用いて政府機構、支配の構造、村・宗族・ギルドといった政治社会的課題の分析にも精力を注いでおり、まさにインターディシプリナリーな研究の模範的な成果になっている。

またつい先ごろ若くして他界した加藤弘之は、本格的な著書としては最後の労作となった『「曖昧な制度」としての中国型資本主義』(NTT出版、二〇一三年)の序で、本書の最大の狙いとして、「高度成長を実現した中国の経済システムの背後にある中国独自の制度の本質とはなにかを考察し、中国の独自性に徹底してこだわることである」と言明している。その独自性とは「社会経済秩序の背景にある文化的信念を作り上げた制度によって特徴づけられる」。その特徴は「制度に埋め込まれた曖昧さにあり、……曖昧さが象徴的に表れた現象として〈包〉(請負)に着目し」て分析している。この「曖昧さ」を解析するために加藤は、中国の伝統的な文化論、法理論、契約観、国家―社会論などを導入し理論化を試みている。

経済に関する理論分析的な中国研究を二つ紹介したが、ここで政治に関する従来の成果から類似した研究成果を一つ紹介しておこう。金観濤・劉青峰『中国社会の超安定システム』(邦訳、研文出版、一九八七年)である。[12] 著者によれば、改革開放路線が軌道に乗り始めた頃、中国の歴史学界も歴史省察をめぐり活発な議論が展開されるようになったが、その最も注目されたのが、中国の封建社会はなぜ二千年の長きにわたって続いたのか、という問題であった。[13] この問いに答えるために著者は、従来の経済、政治、イデオロギーを個別に検討するのではなく、全体の角度から、すなわちこれら三者の相互作用、相互連関の角度——各部分の総和は全体の特徴ではなくそれら部分はシステム全体の相互に依存しあった構成部分として捉える——から、言い換えれば社会構造の角度から、この古くからの難題に取り組んだ。[14] 彼らの結論は、主に三つのサブシステム(イデオロギー構造、政治構造、経済構造)の歴史過程での相互作用に注目しながら、「中国封建社会が何の変化発展もなくすべてが停滞した社会であるというのではなく、その社会構造が不断に瓦解と再建の過程を繰り返しつつも、全体としては新しい構造に変化、発展することがない」という特徴が見られるということであった。著者はそうした三者の関係構造を図表1-1のように描いた。図左が基本的な一般構図、図右が中国封建社会の構図である。

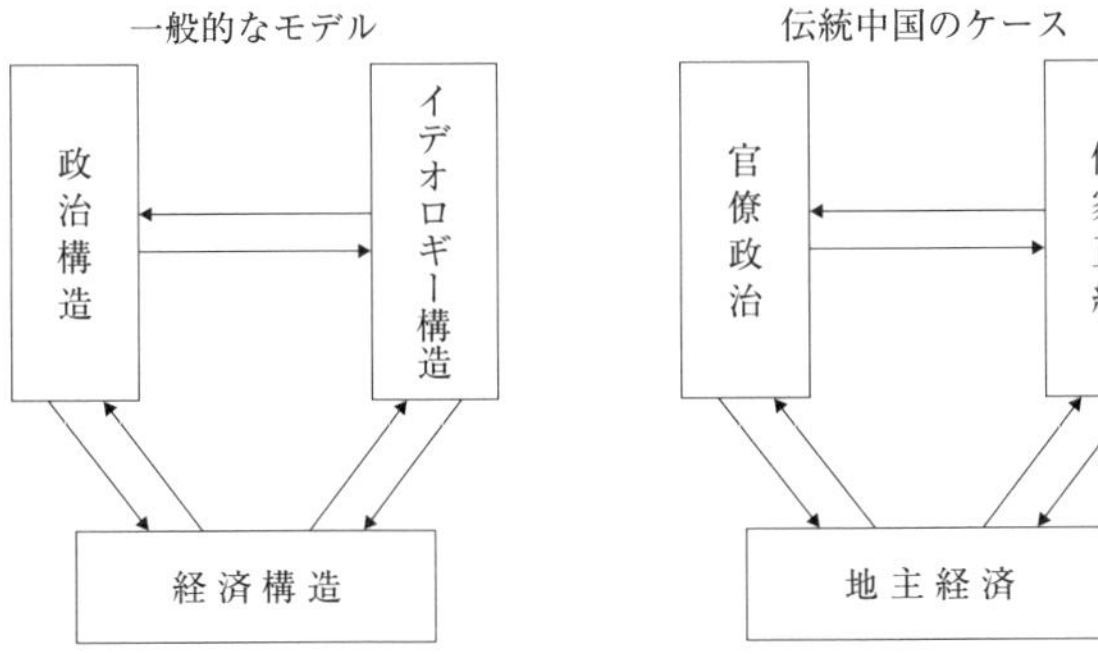

出所) 金観濤・劉青峰『中国社会の超安定システム——「大一統」のメカニズム』より引用.

図表 1-1 社会構造のサブシステム

このように二千年余り続いた中国の王朝体制をイデオロギー=儒家正統、政治=官僚制、経済=地主経済の三つの構造の相互関係から分析しているが、その基本構造は少なくとも毛沢東時代まで引き続いて適用できるのではなかろうか。すなわち、イデオロギーは共産主義、官僚制には共産党一党体制が付着し、経済は公有制になりながらも農業経済と国家収奪の構造は変わらず、相互依存的に統治体制を支えていた。筆者は今日の体制にもなお適用できると考えている。すなわち、イデオロギーは愛国主義と儒家正統が癒着し、政治構造は官僚制と一党システムも癒着している（「おわりに」であらためて論じる）。経済構造は改革開放によって市場化、資本主義化が進み、構造としては大きく変容した。しかし三者構造の関係ではイデオロギーと政治が経済の幅を制約し、全体の態制を維持している。これらの関係構造が今後どのようになっていくのかが注目されるところである。

以上のような研究成果に共通しているのは、中国が引き起こしている様々な特徴的な現象、疑問などを解き明かすために、時代を超えて通底するような中国という地域の独自性にこだわり、その特徴から諸現象、疑問を説明していることであった。確かに村松の動態的政治と静態的経済社会を一つの態制としてとらえる考え方、加藤の「包」を中心とした「曖昧な制度」こそ中国経済の活力という見方、そして金観濤のイデオロギー・政治・経済の三構造の相互関係という見方は大いに注目すべきである。そしてこれらに共通していることは中国社会を理解するうえでのキーになる特徴としての「地域的独自性」であった。

二　分析方法論としての基底構造論アプローチ

地域研究方法を理論化するという意味で以上のような研究成果を筆者は高く評価する。しかし、地域研究をディシプリン重視論者が繰り返して強調するような、他の地域の研究にも共通して使えるような共通の方法論を用いて行うという意味では、地域研究方法論はまだ極めて不十分であり、まさに発展途上であるといわざるを得ない。そもそもそのような共通性を持った方法論などあり得るのかという疑問さえ浮かばなくはない。しかし地域研究とは、それぞれの地域で起こった諸現象、それぞれのビヘイビアを複数のディシプリンの束を用い、その上で地域の独自性、M・

オクセンバークの先ほどの表現を借りるなら、個々の地域の「底流に流れる本質的な部分」を加味することによって、リアリティのある分析を行うことであるとするならば、必ずや共通の方法論を構築することができると考える。

筆者は、その構築の切り口は「地域的独自性」を生み出す多様な要素から構成される「変わりにくさ」——「変わらない＝不変」ではない——にあると考える。そこで、容易には変わりにくい意味ある関係性の束を「基底構造」と定義し、この基底構造こそ個々の地域のリアリティを理解する基盤、分析枠組みになるのではないかと考えるようになった。「地域としての個性」の動態的な構造を明らかにすることは、当地域の諸現象を理論的に理解するうえで重要であるのみならず、そうした「変わりにくさ」自体の変容を考察することによって、当地域の中長期的な変容のベクトルあるいは質的内容を見通すことが可能となるのではないだろうか。言い換えるなら中長期的展望にとって不可欠の分析アプローチだと考えるようになったのである。

例えば、身近な事例として日本自身の「変わりにくい構造」を考えてみよう。まずよく言われる日本の特徴とは、(1)日本が島国であること、(2)他国と比較して人種、言語、文化、生活などの共通性が高いこと、(3)比較的クリアな季節の変化(四季)を持ち、緑豊かな山林、肥沃な土壌、水など自然に恵まれ、人々は自然に依存し、調和しながら生きてきたこと、(4)歴史をトータルに見ると外敵の侵略もほとんどなく、国を分裂に導くような激しい国内戦争がなかったこと、などが浮かんでくる。これらを手掛かりに、誰もが直ちに思い浮かべることができる日本の「変わりにくさ」を考えると以下のような説明ができよう。(1)に関連して、日本は海という自然の要塞に囲まれ、自分の力で自分の領域を守るという防衛意識が弱い。島国根性といわれるような内向型、内弁慶的な人材が多い。また国内の人的往来、情報・文化の交流が比較的多く、(2)と重なり「同質的社会」が形成されてきた。(3)について、陳舜臣の解釈を借りると、中国人は自然を戦う対象、克服する対象としたのに対して、日本人は穏やかすぎる自然と調和しようとし、その結果「もののあわれ」「わび、さび」という独特の観念が生まれた[15]。いわば、自然との関わりが産み出す感性の繊細性とでもいえる特徴である。(4)では、源平の合戦、蒙古襲来、戦国時代、幕末維新を除いて、国内的には大混乱といえる事態がなく、基本的には秩序はいつも保たれていた。欧米のように国家と社会が秩序のために契約する必要はなく、中国のように皇帝と巨大な官僚の権力によって秩序を勝ち取り、維持する必要もなかった。

そこで日本の「変わりにくさ」を考えてみると、島国性＝内向性、共同意識、集団力、同質性、自然との調和意識、繊細性、高い代価を払わない秩序観・防衛観などが特徴としていえよう。もちろん、こうした特徴にはみ出した事例を容易に指摘することはできる。そして、これらを産み出す基底をなす要素を考えてみるなら、(1)国の置かれた地政学的特性の社会的意味、(2)長い歳月を通して蓄積された歴史意識、(3)人間と人間、人間と自然が繰り返して創り出していく人間観、広い意味での社会構造などが特に重要になる。

これら要素の関係の束として、日本の「基底構造」をまとめると、(1)島国で、内向型交流が活発なことによって、「共同体」空間が生まれ、行動力としては強い「集団主義」「集団力」を持っていること。(2)調和を好み劇的な変化を好まず、万世一系の天皇に象徴される血統主義的な民族観念が強いこと。(3)家系的血統的階層性は存在したが、庶民にも教育、医療を受ける機会、仕組みはあり、為政者の強権的支配、官僚制支配による秩序維持ということもなく、相対的に平等な社会構造であること、以上である。

では次に、韓国について同様の発想で基底構造を推測してみよう。韓国の国情を考えてみると、

(1) 西隣に中国、北方にロシア、そして海を挟んで南西に日本という三つの大国に挟まれているという地政学的拘束要因が大きい。特に一九世紀後半以降、今日に至るもこれらの外的要因に翻弄されてきた。そうした要因の結果として、一九一〇年日本帝国によって植民地と化することが余儀なくされ、さらに第二次大戦後は、朝鮮戦争を経て南北分断が固定化され今日に至っている。特に三八度線を挟んだ北朝鮮との緊張関係は韓国の外交安全保障のみならず、朝鮮半島をめぐるアジア太平洋地域の安全保障をめぐる重大問題の一つになっている。

(2)文化面で極めて強い儒教の影響を受けた国家としても知られている。かつて自らを「小中華」と規定するほどであり、中国以外の国に対する強い文化的優越性を持ってきた。しかし同時に、すべての漢字を放棄し、ハングルを考案するなど激しい民族意識もみられる。今日でも中華世界を強く意識しつつ、自立的韓国を目指す意味で「小中華」の再生を主張する学者もいる。

(3)経済面で見ると、複数の大財閥が圧倒的比重を占めている(二〇一一年でサムスン、現代、LGなど一〇グループでGDPの七六%を超えている)。したがって経済的には極めてシンプルで、しかもソウルへの一極集中が顕著な特徴となっている。これら大財閥および中小企業は創業者とその息子たち、親族による同族企業であるが、日本の「家」原理による相続と異なって父の財産は基本的に分割される。それは中国の儒教的遺産継承に類似している。同時に、経済は政治、軍事、社会などと深く融合、癒着し韓国社会の全体に影響を及ぼす。

そこで韓国の思考、戦略、ビヘイビアに強く影響する基底構造を考えると、(1)大国に挟まれた地理的、地政学的位置と規模、(2)強い影響を受けた儒教文化の歴史性、(3)血統主義的人脈と社会全体を指導するエリート群と一般民衆の様々な深い格差の構造を常に考慮すべきであろう。同じように米国の基底構造に関しても筆者は強い関心を持っている。しかし、ここで論ずるにはあまりにも基礎的知識が乏しいと言わざるを得ず、今後の課題としたい。

三　中国における基底構造Ⅰ——四つの大規模性

広い意味での中国社会の「構造的な特徴」を理論的に抽出しようとすることは容易ではない。前述した村松祐次、加藤弘之、金観濤・劉青峰らの研究は中国の社会、経済、政治的な特徴の重要な断面を抉り出すことに成功している。しかしそれだけでは地域研究の理論的体系化を図るというえでは十分とは言えない。いかにして総体的に体系化された地域的独自性の束を作り、地域研究アプローチの基盤とするか。筆者は一九八〇年代後半に中国に長期滞在し、またその後も頻繁に中国を訪れ、ほぼ全国の省・自治区を視察し調査する中で、中国という国の独自性として固有な変わりにくいいくつかの要素を見出すことができた。そしてそれらを束ね、相互の関係性を見ていくことで有機的集合体として中国の地域的独自性、すなわち基底構造を見ることができる、またそれが必要であるのではないかと考えるようになった(16)。

個別に見られる様々な独自性を吟味し、取捨選択しまとめていく試みを通して、中国の基底構造を「四つの大規模性」と「四つの断層性」という特徴にまとめることができるのではないかと考えるようになった。その後さらに文献研究を通して、それらの特徴はたんに今日的な諸要因からもたらされたものではなく、伝統的文化的歴史的経済的、あるいは地政学的人口統計学的に長期にわたって維持されてきた諸要因から成り立っていると判断できた。

まず「大規模性」の第一の特徴として領土の大規模性を指摘しておく。もともと黄河流域の中原の地と呼ばれる一帯で発達した文化が次第に外延的に広がり古代王朝が出現した。大まかに見ると、紀元前二二一年に秦が全国を統一し、以後、漢・唐・宋、明などの王朝時代、北方は万里の長城ライン、西は蘭州、成都あたりまでが漢人の支配、さらに西域は中国王朝と臣従関係を持つ辺境民族地帯があった。南宋・北宋に分裂した時代、モンゴルの侵入から元王朝の時代は別として、支配領域はこのようであった。清の時代に領土は広がり、現在のモンゴル、ウラジオストークあたりまで拡大し、今日以上の領土を統治するに至った。現在の陸地総面積は九六〇万平方キロ、世界の陸地の一五分の一、ロシア、カナダに次いで世界第三位である。

領土の大規模性は言うまでもなく「統治」の考え方(思想)、形態、そのために注入する人的財政的エネルギーなどに大きな影響を与える。日本と対照的である。数百年をかけて膨大な人材、資材を投入し、万里の長城の建設に取り組んだのは、まさに北方の脅威に備えるためであった。現在の三〇〇万人を超える、世界最大規模の人民解放軍・武装警察の存在は、基本的には内外の脅威に対処するためであり、古くからの防衛観とあまり大きな変化はないように見える。

また領土の大規模性は、おのずから様々な面での多様性を否応なく受容することとなる。気候では北方の寒冷地帯から南方の熱帯地帯、西北の乾燥地帯から西南山林・東南沿海に至る多湿地帯など様々である。体型も北方の大柄、南方の小柄は際立ち、言語も地元の言葉を使えば他地域の人にとっては外国語も同様で「聴不懂」(聞いてもわからない)である。食文化、風俗、慣習、経済水準も多様である。少数民族地域を含めるならそれらの相違はいっそう顕著になる。

「大規模性」の第二の特徴として人口の大規模性を上げておきたい。中国の人口数を歴史的に見てみると、古代王朝時代から約五〇〇〇万人を上下に推移している。そして一七一一年の清の康熙帝の時代から一億人超え(ほぼ同時期の世界総人口約六億六〇〇〇万人―国連などの推計)、以後五〇年ごとに一億人前後のペースで増加していく。人口の増大は第一の特徴で触れた支配領域の拡大と深く関係する。康熙帝の時代に支配領域は大幅に拡大した。それ以降、支配領域の面積はおおよそ大きな変化はなくなっているが、人口は増加を続けた。経済の発展、人々の交流の活発化などが影響していると思われる。中華民国の時代(一九四七年)すでに四億五〇〇〇万人に達している。

以後、一九五四年に本格的な人口調査がおこなわれ約五億四〇〇〇万人と発表された。文化大革命期には七億人、改革開放時代に入り有名な「一人っ子政策」が取られたが、増加はとどまることなく現在は一三億人余りに達し世界一位である(世界総人口二〇一五年約七二億人―世界人口に占める中国の割合は康熙帝の時代とあまり変わらない)。ちなみに日本は江戸時代初期の一六〇〇年代から一五〇〇万人を超え、江戸末期で三〇〇〇万人以上、明治初期三四〇〇万人となり、二〇〇五年まで増加傾向であったが、〇五年に若干減少、その後微増、微減の状態が続き、二〇一五年で一億二七一〇万人の状態である。人口の大規模性は第三、第四の大規模性に深く関連してくる。毛沢東の独特の戦争論

――人民戦争論もこの大規模性を背景に生まれたものであった。さらに、一九八〇年代に鄧小平指導で改革開放路線による近代化、経済発展優先の道を歩むようになったが、その効率的推進のために、いわゆる「一人っ子政策」を採用することとなった。これなどは人口の大規模性による負の影響に対応する重大政策であった。

「大規模性」の第三の特徴としては思想の大規模性を指摘したい。ここでは二つの意味が内包されている。一つは、大きく一つにまとまることを重視、良しとする発想であり、二つには、自己を世界の中心に位置づけ、円錐形のように末広がりに拡大していくヒエラルキーを良しとする考え方である。一について、もともと、(1)領域の大きさ、(2)人口規模の大きさに加え、長きにわたって基本的には経済は農業経済で、情報・交流網も未発達な社会であった。それ故に、国内の各地域はバラバラで統一国家・社会としてまとまるということは至難とも言えた。古くは黄河文明以前から長江文化、四川の大渓文化、湖北の石家河文化など各地で様々な独自の文化が繁栄していた。そうした古代においては、ものを交換する秤や貨幣もバラバラ、言語に至っては北京語が標準語だが、広東語、福建語、上海語はもとより、四川、陝西など、さらには各省内の言葉も独特で、地方の方言は北京語になれた人には改革開放時代に入る今日に至るまで、互いにほとんど理解できない言葉を用いていた。筆者の中国旅行での経験でも、地方に依頼する通訳とは、日本語と中国語の通訳ではなく、中国語の中の普通語(標準語)と地方方言という場合が少なくなかった。このように、それぞれの地方自身が独自の言語、文化、風俗などを持ち、その上で閉鎖的な経済生活を維持していたのである。

こうした状況下での中国では、ヨーロッパ大陸のように数々の小国が興亡し、やがて国民国家群となっていき、さらにはEUに収斂していくような道をたどることなく、一時期の混乱はあったものの巨大な王朝国家が次々と交代していくといった歴史が長くみられる。なぜこのようなあるパターンに収斂できるような歴史の変遷が見られるのか。それに加えて、人口規模が大きいということ、領土が広大であることは当然にも統治のあり方、統治をめぐる確執・

紛争に大きな影響を与える。世界における領土、人口の大規模な国は旧ソ連それを引き継いだロシア、インド、アメリカ合衆国など、いずれを見ても連邦制を敷いている。しかし中国のみがそのような体制をとっていない。なぜなのか。

そうした疑問を考えるうえで、第四の特徴とともにここで(第三の特徴)の「思想の大規模性」が重要である。中国の伝統思想の中に「大一統」という言葉がある。それは「一つに統べる(まとまる)ことが大である(優れている)」という意味で、金観濤らの言う「超安定システム」を支える基本的な考え方であった。統一的国家は、制度や法的な枠組みによって創るというよりも、「大一統」の思想によって実現されるということになる。「一統」には多様なものをまとめるという意味があり、必ずしも「ひとつの色にしてしまう」ということではない。この考えは、加藤弘之の重視する「包」の概念にも通じる考え方のようにも思われる。

中国の伝統的思想の代表である儒教がそのような考え方を強く主張している。それは儒家教書とも言うべき「大学・論語・孟子・中庸」の「四書」と、「易・書・詩・礼・春秋」の「五経」に貫かれた基本と言えよう。天、道、徳、仁、義を説き、世界、社会のあるべき姿、人とりわけ君主、治者の生きるべき指針や生き方、君主と家臣の関係、治者と被治者の関係を説いているが、その核心は如何にして社会の安定した秩序を実現するかにある。その象徴的な言い回しが、「修身―斉家―治国―平天下」である。人間としての鍛錬、穏やかな家庭の実現、家父長と他の家族構成者、治者と被治者、君主と家臣の権威的関係を安定にし、それらを基礎としてはじめて社会および国が安定し、天下を安らかにできるというものであった。ここには国家と社会を対峙させ、契約によって安定した関係を形成するという西欧的な国家・社会観は全く見られない。そして諸国の君主の上に立つ皇帝(天子)を頂点として、中華文化の有無、濃淡などから上下の強い権威的関係が重層的に無限に下に広がっていく巨大な円錐形の世界がイメージされ、それこそが「思想の大規模性」を示す第二の特徴、つまり「中華秩序」なのであった(中国の秩序論は第六章で詳述する)。

筆者は儒教が一般庶民のレベルにまで深く浸透していたかどうかについてはいささか疑問を持っていた。しかし陳舜臣は日本の儒教受容と比較して、日本では理念として取り入れられただけで生活の中にしみとおるまでにはならなかったのに対して、「儒教は中国で生まれた思想の体系、生活規範の体系であり、生活そのものであった」と指摘している。(17) 確かに「修身」とか「斉家」は決して治者のみの問題に限定されてはいない。もっとも儒家思想が重視する人為とは対照的に自然、無為の価値を説いている。その他、春秋戦国時代には諸子百家が生まれたが、考える対象、観察・思考の掘り下げなどそのスケールの大きさはギリシャ思想に匹敵するといえよう。習近平の文書を見るまでもなく、今日の多くの指導者らはしばしば儒教はじめ諸子百家の考えを引用し、今に至っても伝統思想が中国の政治に決定的役割を果たしている。「儒教」観による統治について、中国の共産主義者、共産党は公式にはこれを封建主義的統治観と批判してきたが、毛沢東、劉少奇、周恩来、林彪など共産党指導者はたびたび儒教をはじめ諸子百家の思想を引用し、その知識を披露している。現在では習近平はじめ中国指導者は「中国モデル」を主張、模索するようになっており、そこには伝統思想そのもの、それらの応用が色濃くみられる。習近平が近年、中国知識人の中で「新儒家」といわれるようになってきたことも彼ら治者のイデオロギーとして如何に儒教が大きな役割を持っているかを示しているのである。

「大規模性」の第四の特徴として、権力の大規模性を指摘したい。かつて『東洋的専制主義(*Oriental Despotism*)』を著し、歴史的なアジア(中国)の国家像を提示したK・A・ウィットフォーゲルは、アジアには大河川があり、そのくり返される氾濫と肥沃な土壌が多いことに着目し、大規模な治水灌漑事業(人工的な灌漑・水利)と水利の活用によって生産物を独占的に徴集できる巨大な権力機構が生まれるとの考え方を提示した。そして、それをもとに中国に巨大な中央集権的な国家権力(皇帝権力)が形成されてきた根拠を論じた。

権力が広い意味で社会に対して圧倒的な力を有しているということは、歴代の王朝時代を見れば理解できよう。中央には六部と呼ばれる官僚機構プラス軍・監察の機構があり、地方の長官の任命権や「回避制度」などによって地方をコントロールする仕組みがあり、強固な権威的ヒエラルキーがあった。このような統治機構の建設に最初に取り組んだ指導者は、秦の始皇帝であった。統治組織として中央から官僚を各地に派遣する郡県制と呼ばれる中央集権体制を作り、文字・貨幣・度量衡の統一を行った。また北方遊牧民の匈奴の侵入を防ぐためにあの有名な万里の長城の着工に取り組んだが、これは巨大な権力なしには到底考えられないことである。もちろん、始皇帝の試みは彼の死によって未完であったが、その後の中華帝国の統治のあり方に決定的な影響を与えた。

産業が興り貿易が活発化し経済が発展するにつれて、帝国内での交流は進み、緩やかなまとまりが生まれた。しかし民衆自体は、後でも触れるが、かつては老子が「小国寡民」の世界を語り、近代では孫文が「バラバラな砂」(一盤散沙)を語ったごとく、自然村的な小規模の村落共同体は存在したものの、国家に対して一定のポジティブな影響を与えるような自治的自律的な社会ではなく、権力に対しても自然のサイクルに対しても受動的で諦観的な観念が強かった。

共産党の統治に関しても、もともと存在していた中央・地方の官僚機構に今日では、九〇〇〇万人というとてつもない数の党員を擁する共産党が重なり付着し、さらに人民解放軍二三〇万人、もっぱら国内治安を担当する人民武装警察一五〇万人以上という巨大な暴力装置を備えている。かつて一九六〇年前後に、毛沢東の無謀な急進政策によって三〇〇〇万－四五〇〇万人といわれる餓死者を出した大躍進期、さらに被害者は一億人を下らないといわれる文化大革命期にも、共産党体制を打破する動きが表面化しなかったのは、圧倒的な権力の大規模性統治を重んずる伝統思想の大規模性を民衆が認識していたためであろう。

四　中国における基底構造 II——四つの断層性

「変わりにくい社会」の構造的な特徴を社会の内部から観察することによって導き出す、これが次の課題である。社会の内部から観察する視角は、社会的、文化的、経済的な価値・階層・制度などの関係構造である。その結果、いささか単純化した嫌いもあるが、変わりにくい社会構造、すなわち「基底構造」を「四つの断層性」としてとらえられると考えた。すなわち、(1)幹部と民衆の断層性、(2)関係（クワンシー）と制度の断層性、(3)都市と農村の断層性、(4)政治と経済の断層性である。

(1) 幹部と民衆の断層

体験的な話から入りたい。筆者が中国研究を始めたのは毛沢東思想が華やかなりし「文化大革命の時代」だった。毛沢東思想、中国社会主義の特徴とは何かを自問し、ソ連の官僚主義的社会主義と比較し、自分なりに出したその答えは「鍵は平等主義にあり」であった。全国に自給自足の人民公社を作り、内部の権力機構を簡素化し、専門的エリートを否定し、軍隊も階級制を廃止するなどいわゆる平等社会の実現を目指す様々な試みは半端ではなかった。しかし、一九七六年夏、初めて中国の大地に足を入れる機会を持った時だった。最初の北京では、天安門広場に行き、革命記念博物館、歴史博物館などを訪れたが、入り口で長蛇の列になっていた一般庶民に対して、我々の訪中団を案内してくれた幹部は、まるで邪魔者でも払うかのような横柄な態度で民衆の隊列を追い払い、おかげで待つこともなく「堂々と」入場でき、館内でも優先的に閲覧することができた。各地での歓迎会、宴会の席順、乾杯のやり方など権威的で形式的であることがとても鼻につき、「これが平等社会？」と疑問に思ったことを強く記憶している。その後一九八六年から八八年まで北京に滞在する機会を持ったが、例えば病院の受付、映画館や駅の切符販売窓口などに公然と幹部用と一般民衆用の二つがあり、幹部は特別に優遇されていることが分かった。

権力の中枢である北京の「中南海」の内部はどのようになっているのか、内部では何がなされているのか、外国人はもとより、一般民衆にとって不透明で未知の世界である。もちろんその中で中国全体を左右するような重大会議や権力闘争がおこなわれたり、最高指導者の私的なプールがあったり、舞踏会場があったり、子弟の学校があったりすることが外に漏れ伝わることもあるが、基本的には全く分からない。にもかかわらず、南の長安街に面した中華門の入り口には、中をふさぐ大きな衝立が置かれ、そこには「為人民服務」(人民に奉仕する)という毛沢東の言葉が仰々しく書かれ、門の両側には銃を持った公安警察が立ち、一般人、外国人は中に一歩も入ることはできない状態である。言葉とは裏腹の幹部と民衆の深い断層を象徴する光景である。

民衆・市民の側から見た欧米の政治理論を開いてみると、例えば、G・アーモンドとS・ヴァーバが類型化した民衆は、参加型－臣従型－未分化型の三タイプに分けられ、未分化型から参加型への移行を見ることによって、政治変動の内容を吟味するというアプローチである[18]。しかし、そもそも中国における民衆と権力の特異な関係を考慮に入れることなくこのような一般論で中国政治が論じられるのだろうか。

この問題はつまるところ、政治世界における人間観、人間関係のあり方の問題であり、人間を政治的にすべて平等な存在として考える西欧世界に対して、中国では指導者(エリート)と大衆(マス)を存在として明確に区別して考える政治文化が根強く残っている。伝統的な治者(士大夫)と民衆(老百姓)の関係を論じたものを紹介しておこう。まず孔子は「子曰、君子懐徳、小人懐土、君子懐刑、小人懐恵(君子は徳を思い、民衆は土地を思う。君子は刑罰することを思い、民衆は施し物を思う)」(『論語』巻二里仁四)。また孟子は次のように指摘している。「大人の事あり。小人の事あり。……あるいは心を労し、あるいは力を労す。心を労すものは人を治め、力を労すものは人に治められる。人に治められるものは人を食《やしな》い、人を治めるものは人に食わる」（『孟子』巻五滕文公章句上）。まさに士大夫（幹部）と一般庶民の考えているいることが対照的に異なっており、その結果〈支配―従属〉の関係ができたと主張している。

士大夫と老百姓を区別する最大のポイントは文化、教養の習得か否かである。士大夫は読書人とも呼ばれるが、読書人の意味は日本とはかなり異なって、権力との距離がかなり近い人々である。一般に漢字文字の文化はそれ自体が難解であり、相当の教育訓練を要する。その上、集中的に中国の文化を習得する努力は科挙試験と結び付き、官僚になるための重要な第一段階であった。「読書をする」ということは「好んで書物を読む人」ではなく、文字通り「役人になるための勉強をする」という意味であった。

官僚＝エリート主義は現代社会においても色濃く残っている。建国以来、共産党自体が唯一のエリートの政党であり、共産主義青年団、中央党校、各地の党校、重点大学・高校など様々なエリート養成予備組織が存在している。改革開放以降はこれに新型先進企業、重点企業のエリートからの党へのリクルートも一般的になってきた。近年の研究の中でよく指摘されるパワー・エリートとマネー・エリートの癒着、彼らによる膨大な利権の独占などは、今日新たな形でエリートと民衆の断層が深化していることを物語っている。

これに対して民衆の存在を考えてみる。伝統的な老百姓の生き様の典型的なイメージが、権力者とは関係なく自然のサイクルの中で生きる姿、「日出而作、日入而息、帝力何有於我哉」（秦の時代「撃壌歌」）であった。老子も庶民の姿として「小国寡民」を語っている。すなわち「小国寡民は……その食をよろこび（甘）、その衣服を気に入り、その住む場所に安心し、その風俗を楽しむ。隣国を見渡すことがあっても、向こうの鶏や犬の声が聞こえても、民は老い死に至ってもそれぞれ往来することはない」というものであった(19)。今日にも通ずる内容である。

中国における権力者とこのような民衆の関係を考えるなら、儒教の主張が示すように為政者の民衆とのかかわりは一方的であり、「民主」とは、民の声をしっかりと聞き、民が幸せな生活を送れるよう仁政を行うことであり、西欧政治の基本である何らかの制度的手続きによって民衆自身が為政者を選び、さらには民衆の意思によって為政者を交代させる、あるいは民衆の合意によって何らかの政策を決めることができる仕組みを意味するものではなかった。問題は民衆自身が長期にわたって治者とのそのような関係に慣れ、浸ってきたことである。「大衆から（聞き）、大衆へ（政策を浸透させる）」を人民民主と考えた毛沢東の思考は、まさに伝統的な儒教の民主観と共通していた。

これに絡む興味深い有名な話を紹介するなら、抗日戦争終結間近に開かれた第七回党大会の閉幕式で、毛は「愚公山を移す」と題する講演を行った。ここで愚公の堅い意志と忍耐強い働きに感動した上帝が天から降りて愚公の山を移す行為を助けた話をし、その上で毛沢東は次のように語る。現在の山は「帝国主義の山と封建主義の山」である。それを掘り崩すのが我々の任務だが、上帝を感動させねばならない。その「上帝とはほかならぬ人民大衆である」と言っている[20]。このような発想は、習近平の発言にもうかがわれる。彼は毛沢東の「すべては大衆のために、すべては大衆に依拠し、大衆の中から大衆の中へという大衆路線を堅持しなければいけない」と同じことを主張し、その上で古典を引用し、「政の興る所は民の心に順うにあり、政の廃する所は民の心に逆らうにあり」（『管子・牧民』から引用）と語っている[21]。しかしながら具体的な民が自らの意思を実現するための手続きも行動方法も彼らは語っていない。彼らにとって民とはあくまで政策を決定する主体ではないのである。

確かに改革開放の道を歩み、経済発展によって今日の民衆イメージは大きく変化した。いわゆる急増した「中間層」は、中間層＝資産を五万ドル（約五九〇万円）－五〇万ドル保有する層と規定した場合、今日約一億人以上、二〇〇〇年以降では、米国と比べ二倍の規模で中間層が拡大していると言われる。彼らは現代のライフスタイル、食生活、多様な情報といった市民的生活を享受している。これに対して、経済発展に取り残された「貧困層」に関しては、一日一・二五米ドル以下で生活する「絶対的貧困」層は、二〇〇八年には中国総人口の一一・三％約一億六三〇〇万人に、〇九年には同一一・八％で約一億五七〇〇万人、一〇年では同九・二％約一億二三〇〇万人と緩やかに減少している。

一日一・二五—二・五米ドル以下＝年収五万—一〇万ドル強の「準絶対的貧困」層は、〇八年では総人口の二五・八％で三億四二〇〇万人、〇九年では同二四・七％で三億二九〇〇万人、一〇年には同二一・八％で三億五〇〇万人とこれも漸減している。(22) あるいは別のデータ、米ギャラップによると、〇七年の二六％から一二年の過去六年間で中国の貧困率が約四分の一になり、人口全体の七％に低下したとの報告がある。(23)

以上のトレンドを見るならば、中国社会階層は相対的な中産化傾向にあるといってもいいかもしれない。しかし、「両頭小・中間層大」(富裕層と貧困層が少なく、中間層が多い)という「オリーブ型社会」は未だ中国では実現していないという主張が強い。(24) しかも、中間層の増大によって、他の経済成長国に見られるような独自の権利意識、価値観に目覚め権力者に対する異議申し立てを行う人々が噴出するようになってきたのか。確かに、いくつかの地域で市民や農民の激しい抗議行動があり、権力者の政策変更が余儀なくされたケースも少なくはない。しかし、巨大な権力に直接衝突する動きはまだメインストリームにはなっていない。

仁井田陞は、中国における民衆史を考察しながら、「東洋的自由の他の一つの境地は、現実の東洋的専制の支配の場から逃避し沈黙することであった。そして逃避は現世そのものを否定はしないが、現世を越える解脱と共に、「支配の原理」をかえようとする意欲をすてていた」(25)。このような権力者と民衆の関係は現代の中国世界にもある程度当てはまるように思える。孫隆基は、建国以降も「大一統」と「小国寡民」は相互依存的な関係を作っていた。しかも文革期に入って「小国寡民」すなわち「民老死に至りて相往来せず」の現象は深まったと指摘している。(26) つまり文化大革命における権力の狂乱、一九七八年の「北京の春」、八九年の「天安門事件」など民主化の圧殺を経験した民衆にとって、専制支配から逃避し沈黙することは生きる一つの術であり、権力と距離を置いた自らの生活空間(「疑似市民空間、生活圏」)を育みその中で生きる喜びを見出すといった在り方であった。政治権力との一定の距離感をとるという民衆のビヘイビアは、今日において経済の発展、中産階級の台頭とともに高まる自分自身の利益意識、権利意識と同時に、十分に念頭においておかねばならない中国的特徴の一つなのであった。

(2) 関係と制度の断層

中国において人間社会の関係の仕方としてもう一つ重要な特徴である「関係(クワンシー)と制度」の断層性を指摘しなければならない。この問題は突き詰めるならば、人間は社会的動物である以上何かに依存して生きていかざるを得ない。それが、自分が信頼を置けると判断した人間関係(グループ)か、それとも実際に機能している諸制度かという問題である。総じて言えば、近代化が進めば社会の様々な面で制度、ルールが作られ、それらに基づいて人々は活動し、それらを尊重し繰り返して遵守することで、制度やルールへの依存、信頼度が高まり、規範化が進み、社会のメンバー全体が制度を軸に、あるいはその枠組み内で動くようになっていき、人々の行為の予測可能性が高まっていくのが一般的な状況である。これを制度化と呼ぶ(27)。

ところが、中国の場合、制度、規則、ルールが必ずしも物事を処理する基本方法にならない。もちろん中国にも制度、規則、ルールは存在し、それらを遵守しながら物事が処理されていくケースを一般的に見ることができる。とりわけ経済活動を実践するとき、ルールや規則を無視すれば深刻な損失を引き起こすことになり、多くの場合ルール、規則に従わざるを得ない。しかし、重大な問題が絡んだり、権力者の意向が働いたり、人々が強い自己主張を行う場合など、しばしばこのような制度、規則、ルールが無視され、その特定の状況の中で恣意的、権力的に物事が処理されるケースがよくみられる。例えば、中華人民共和国憲法には第三五条で、「中国公民は言論、出版、集会、結社、デモンストレーションの自由を有している」と明確に規定している。もし制度に基づいて行動できるなら、第三五条の内容のような活動も自由にできるはずである。しかし、民衆はたとえ「反共産党」でなくても党の意に反した行動をとるなら、間違いなく権力当局によって拘束され、何らかの処罰を受けることになると判断し、そのような行動はとらない。逆に言うならば、権力者によって何度も「裏切りを受けた」多くの経験があるので、制度やルールを一方的に信用しない。これが民衆の消極的ではあるが賢明な判断なのである。あるいは、中国の環境法を見ると、内容的にはほぼ先進国並みであるといってよい。しかし実際にそれらがきちんと実行されるケースは多くはなく、環境は悪化の一途をたどっている。北京、上海、西安、深圳など大都市で強力な法規制、罰則行使をやれば相当程度事態は改善されると思うがそうは行かない、なぜなのか。

このことは中国人が物事を自分の望む方向で処理するにはどうするのか、何に依拠するのかという問いに関わってくる。最終的には法律や規則はあてにならないもので、これらに頼ろうとはしない。例えばある工場の排出ガスが周辺の大気汚染の重要原因だとわかっても、工場の責任者が利益優先のために、排出ガス抑制の改善をせず、生産規制を行わない。むしろ権力者とのコネを使い、わいろを使って問題のもみ消しを行う。「上に政策あれば、下に対策あり」である。逆に、規制を行う場合、権力者のランダムで恣意的な権力行使によって一時的に問題が改善されたりする。二〇一四年九月に北京で行われたAPECに当たって、北京の上空にしばらく青空が戻ってきた。それを当時北京の人たちは「APECブルー」と嬉しそうに、あるいは皮肉を込めて呼んでいた。

日本でも大気汚染、水汚染をめぐってこのような現象はないわけではないが、発覚すると法律に基づいて処罰され、社会的にも制裁を受ける。しかし中国ではそのようにならないことがかなり一般的な現象である。弱者にしても強者にしても自分のしたいこと、自分を守ろうとするとき最も頼りにするのは法でも制度でもなく、関係(クワンシー)である。それはある意味で長い歴史の中で形成された物事を処理する中国人の「知恵」とも言えよう。繰り返される戦乱や大規模な災害、あるいは権力者の恣意的な決断によって引き起こされる政治混乱、無秩序、強大な権力の前で、如何に生き延びるか、如何に自分に有利に物事を処理するかということを思考し続けた結果の現実的な術であった。

そして、ある人にとっての様々な「関係」が作り出す中国的に有効な仕組み、束が「圏子」と呼ばれるものである。

「圏子」とは、もともと費孝通が人間関係を水面に落とした石によって形成される同心円の波に例えた親近―疎遠の関係を「差序格局」と表現し、その中の特に緊密な同心円をそのように表現した。(28)「圏子」は一般的にはある人が自分にとって信頼が置ける、そしてお互いに助け合えると感じられる人間関係の束(ネットワーク)のことで、血縁、地縁、同窓などの人間関係をベースに形成されるインフォーマルなネットワークである。筆者の大学にいる多くの中国人留学生に、「もし皆さんが何かをしようとする場合に、頼りになるものは何か」と問うたところ、圧倒的に「圏子」という答えが返ってきた。そして「関連した法律やルールが大事なのではないか」と改めて問い直すと、およその学生は笑いながら首を横に振っていた。中国の政治システムの機能を考える場合、この「圏子」は極めて重要である。ある書物では、「圏子は政治システムの中では、メンバーが自分の身の安全を保障してくれる基盤であり、……圏子は重要な政治勢力である。もし圏子の外に置かれるようになると、周縁化してしまうことになろう」と述べている。(29)

このように、一般的な近代化の理論では、経済社会の発展に合わせて利益意識や権利意識が広まり、かつ利益や権力をめぐり合理的思考を持つ人々が増え、ルールや規則、制度に基づいて判断し行動する傾向が生まれる。そのような状況と権利意識、公平な手続き重視の雰囲気が醸成されて手続き民主主義が育つのである。しかし、中国では今日の状況下でも関係、圏子が彼らのビヘイビアの最も重要な基盤になっているのである。人々の思考の仕方の中に制度やルールが浸透していることは間違いないことであろうが、急激な経済発展、経済近代化の割には思考パターンの変化は緩やかである。

(3)　都市と農村の断層

都市と農村の問題は一般的には格差、すなわち経済格差、文化格差の問題として理解され、近代化が進展していけば基本的には解消されていく問題として理解されている。しかし、筆者が思うに中国における都市と農村問題は格差の問題だけではなく、身分的階層性に関わる問題であり、容易には解消されない。歴史にさかのぼって考えてみよう。中国における伝統的な都市と農村の姿はクリアで、都市は「城市」と言われ四方の城壁に囲まれた内部の空間を指していた。そこでは政《まつりごと》、商いが行われ、夜になると城門が閉ざされ外部世界と隔絶される。城外は基本的には広大な農村地帯で、農村に住む地方幹部（郷紳）以外は老百姓（農民）であった。都市と農村の断層はまさに城壁によって象徴され、城外の農村地帯に文化はなく、上述した「日出而作、日入而息、帝力何有於我哉」であった。主に一九三〇―四〇年代の中国農村調査を頻繁に行った福武直は、県政府および区公所と農村との様々な関係を細かく分析しながら、「とくに行政的な関係によって諸村落が緊密に結びつけられることはないと言えるであろう」と論じている。[30]

農村の中に包み込まれるように散在している郷、鎮といった「町」に関して、建国前の風景を描写したO・ラングは次のように指摘している。「中国の村々を後にしてとある小さな町——鎮か郷（下級の一行政単位の中心地）……の内部に足を入れても都会らしいものはまず見当たらない。そこに住む人々は農民か職人が主である。暮らしの豊かなのは地主・退役官吏・商人などである。……その地域の街頭にも農村的雰囲気が漂っている」。[31] 一九八〇年代から九〇年代にかけて頻繁に行った農村調査の中で筆者が感じた印象も基本的には同じものであった。李大釗は「五四運動」の時期に、「一般的な知識青年は都市を徘徊し生半可さを求め、ひたすら都市で活動することを考え、少しも農村に入ろうとしない。官僚の中で生活することばかりを思い、少しも労働しようとしない」と嘆き、断絶し、暗黒の極点に達している農村を改造するために青年が農村に赴くことを呼びかけている。[32]

建国以降、平等で自由な社会が実現したと思いきや、やがて社会主義システムが確立するにつれて、基層党委員会、党支部の厳しい監視のもとで都市では単位社会、農村では人民公社が形成され、移動の自由が奪われた。そのうえ都市戸籍、農村戸籍といった身分的差別を強いた戸籍制度によって両者の断層は固定化されてしまった。そのことにより都市と農村の間に戸籍・配給制度、教育・医療・保健制度、文化の享受などにおける断絶とも言えるほどの格差が形成され、菱田雅晴が指摘するように、都市と農村の「二元的社会構造」が形成されたのである。(33) もちろん、中国当局はこのような差別的とも言える都市・農村の戸籍制度の変革を試み始めている。最近のものとしては二〇一四年七月に、国務院は「戸籍制度改革をいっそう推進するための意見」を発表し、都市と農村の戸籍制度を廃止していく方向を示した。そしていくつかの都市でも試験的に実施されるようになった。あるいはまた周知のように、一九八〇年代以降、改革開放の推進の中で都市と農村の流動性が高まっていった。とりわけWTO加盟後の二〇〇一年以降、農村の若年人口(農民工)が大量に沿海都市地域に流入する現象が起こり、急速に両者の断層性は縮小し、解消されていくかに思われた。しかし、後述するように、それは都市・農村戸籍の持つ身分的差別を解消していくのではなく、新しい「歪んだ」形で再生産されてきているところにこそ注目しなければならない。

やや古い話になるが一九八〇年代終わりから九〇年代初め、筆者は中国で盛んに地方調査旅行を行ったがその際、ほとんど列車による移動を行った。北京から西安、広州、上海、ハルビンを越えた大慶などの旅はもちろん、もっとも遠くは北京から内蒙古を経て寧夏、蘭州を通りウルムチまで行った旅も列車であった。そして車窓から見る中国の風景が中国全体をイメージするのに大いに役立った。各省の省都および第二の都市を通過するときに忽然と都市の風景が車窓に登場し、しばらくするとまた広大な農村風景か砂漠、牧草地帯に変わり延々と続くといった繰り返しであった。それを見ていて筆者には瀬戸内海のような例えが浮かんできた。農村が広大な海原、都市がその中に浮かぶ数々の島である。それほどにクリアに区別される都市と農村の風景の差、それが中国の大地という「大海原」を創り出していたのである。もちろん、そうした風景自体は経済の急激な発展の中で次第に変化している。しかし、都市と農村の持つ構造的格差＝断層性の基本部分は依然として変わっていないのではないだろうか。

農村では改革開放の初期以来、農業(生産)問題、農民(アクター)問題、農村(社会)問題の三つの要素が「三農問題」と呼ばれ、他の国に見られる格差以上に独特の格差が存在してきた。生産格差のほかに、情報・通信など近代化や文化の恩恵や医療、教育、社会保障など社会福祉面での格差である。これらの充実によって農民生活の安定を図る取り組みに力を入れることを強調するが、誰が、どのような資金を使い、どれだけ力を入れ、継続的に実施できるか。それが実現できない限りこれまでの趨勢から見て、結局「三農問題」の根本的解決は不可能だといわざるを得ない。しかも習近平政権以来、「新常態」と呼ばれる経済の低迷段階を迎え、近代化の一般的趨勢にブレーキがかかり始めている。経済発展から社会発展を推し進め社会の均質化が進み、都市と農村の格差が解消されていくという一般的な社会発展論を通して、中国の「三農問題」の解決は展望されていた。

しかし、社会学者・孫立平は今日の都市と農村の関係を「断裂社会」と表現し、以下のように説明している。「以前は、都市人口の生活必需品の多く、例えば食糧などは農村社会の供給に依存していた。しかし、現在、中国は耐久消費財の時代に突入した。耐久消費財は主に都市部から供給されており、国際市場との連係が緊密化し、一部の食糧でさえ国際市場から供給されるようになった。戸籍などの既存の制度が存在する一方、経済の市場化に伴い、農村と都市の格差がさらに大きくなった。つまり今の農村と都市の間の二元構造は、かつてよりも深刻な断裂の状況になったのである」[34]。社会科学院社会学研究所の元所長・陸学芸も「戸籍制度の存在によって、人口の大部分を占める農民は不平等的な地位を強いられ、上の階層への流動が阻まれている」と指摘している[35]。

図表1-2は戸籍制度の一般的な改革状況を示しているが、都市戸籍と農村戸籍の存在自体は残されたままである。また図表1-3は経済の急速な発展にもかかわらず、都市と農村の一人当たり所得の格差が依然として縮小しない状況を示している。

もちろん、大量の農民工の都市への移動、都市周辺における都市と農村の重層化(「城郷結合」などと呼ばれる)によって、都市と農村の断層が徐々に解消されていくといった見方も生まれている(これについては第二章であらためて考察する)。しかし、少なくとも以上の分析から、都市と農村の断層性は依然として今日的な課題として存在し続けている

区分	時期	内容の変遷
第 1 期	1949-57 年	国民に居住と移転の自由が認められた時期
第 2 期	1958-77 年	農村から都市への移転が厳しく制限された時期
第 3 期	1977-92 年	移動制限が緩和された時期
第 4 期	1992-2000 年代	戸籍制度改革の試み
第 5 期	2010 年-	中小都市への農村住民の移住促進による都市化の推進

出所）三井物産戦略研究所作成.

図表 1-2　中国の戸籍制度の変遷

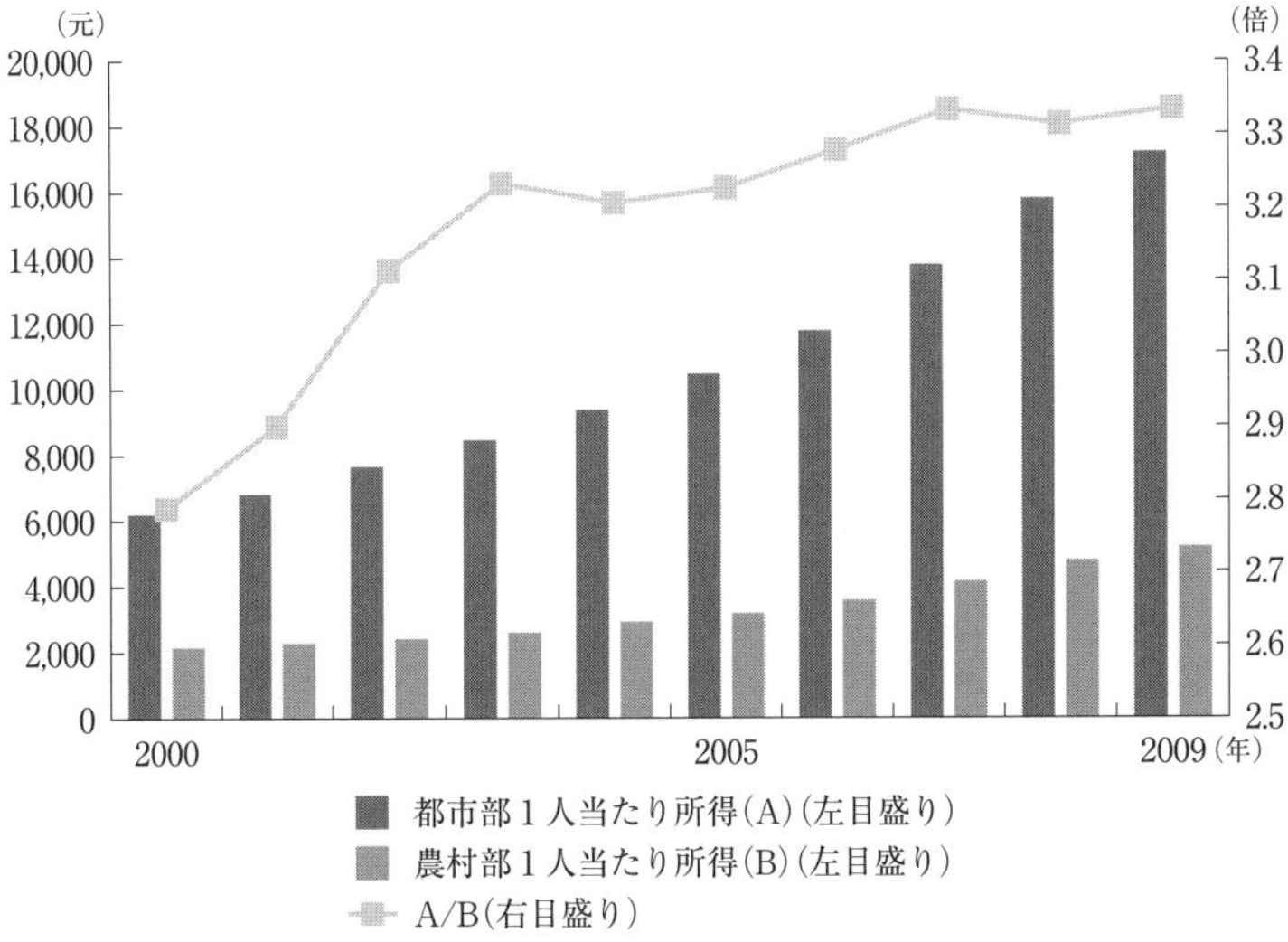

注）都市部は可処分所得，農村部は純収入．ただし，純収入は家計の総収入から，生産過程などに支出した各種経費や公共負担を差し引いた額を指す．
出所）中国国家統計局データを基に三井物産戦略研究所作成.

図表 1-3　都市と農村の 1 人当たりの所得推移

のである。

(4) 政治と経済の断層

「政治と経済の断層性」という表現は直ちに反論を引き起こすかもしれない。過去の王朝の歴史では、経済の混乱が農民反乱を引き起こし政権崩壊につながった事例は数多くある。逆に毛沢東時代のように政治の大暴走が経済を破壊的な状態にしたこともある。ここで問題にしたい断層性とはこのような両者の「破壊的な介入」のことではなく、日常的なあるいは一般的な「相互浸透性」が極めて脆弱だということである。言い換えるなら政治領域の諸問題と経済領域の諸問題が相互に影響し合うのが政治と経済の普通の関係といえるだろう。そして「相互浸透性」を前提とすることによって、前述した「体制移行論」、すなわち経済発展による中間層、市民の台頭、それが価値や権利意識の多様化、市民的活動への参加を引き起こし、やがて民主化移行に入っていくというパターンが可能となっていく。しかし中国の場合、この「相互浸透性」は極めて希薄であると言わざるを得ず、このことを「断層性」と表現しているのである。

前述した村松祐次の指摘、「長期のめまぐるしく変わる政治変動と表裏したものは、経済的にはある意味で安定した静態的循環の持続であった」という表現を思いだしてみよう。経済の静態的循環という意味は、中国が長く農業経済を基本にしており、それは四季や昼夜の自然のサイクルに拘束されて営まれているところからくる。目まぐるしい政治変動とは権力をめぐる戦いという人倫のサイクルを意味しているのであろう。特に村松が考察対象とした清末から人民共和国建国までの約一世紀はそのように見える。

そもそも中国における政治と経済を考える場合、「虚」と「実」の関係を理解しておかなければならない。二〇年以上も前のことになるが、『鄧小平文選』を読んでいて、いわゆる「四つの基本原則」に関する講演のところに、「これは鄧小平同志が中央の務虚会で講演したものである」との解説があった。その後天安門事件の引き金となった一九八九年四月の胡耀邦の死に関しての記事の中にも、「務虚会」という表現があった。「務虚」とは何か？　これに対して「務実」という表現もある。「虚」とは日本語で理解するような「むなしい」「空虚」といった意味ではなく、主に「目に見えない、形に表せない実体」をさすことがわかった。政治とか思想、規範などがこれに当たる。したがって「務虚」とは政治や法、思想を論じ、つかさどることを意味する。「虚」の実践の結果生み出されるものが「型」であり、中国の場合はそれが権威主義的ハイアラーキーの形としてしばしば顕在化する。これに対して「実」とは「目に見える、形に表せる実体」のことであり、物価、貿易など経済、環境、医療といった社会生活などを指す。「務実」とはこれらの問題を考え実践することである。「実」の実践の結果は「利」として現れる。「虚」と「実」は一つの全体の二つの側面としてとらえられるが、それぞれは別個の実体ということで、いわゆる二元論的に理解されているところに中国的特徴がある。伝統思想の「陰陽二元論」の発想が根本にあるように思えてならない。

政治を「虚」としてとらえるようになったのはやはり儒教の強い影響によるものであろう。政を為す君主・治者は「食を語らず、徳を懐《おも》う」、老百姓は「食を思い、土を懐う」という言い回しはまさに二元論的な表現である。毛沢東が日々の食にさえ不自由をしている多数の民衆がいるにもかかわらず、「魂に触れる文化大革命」を呼びかけ、「偉大な指導者」を演じ、あるいは周恩来が反米民族解放闘争のベトナム戦争を支持しているさなかに、しかも貧しい中国という現実の中で、米中接近を求めたニクソン訪中で「大国中国」を演出する。これらはまさに「虚」の演出といえよう。我が国をはじめ他国のトップリーダーのビヘイビアとしては考えられない着想である。

今日、改革開放路線の推進によって経済が発展し、政治に対するインパクトが強まっていることは事実である。その意味で政治と経済の相互浸透性、断層性の解消は進んでいるのではないかとの見方もできるかもしれない。しかし、経済改革の進展に合わせて政治の民主化も進むのではないかと思われた矢先、一九八九年の天安門事件が起こり、以後〈経済開放－政治引き締め〉のパターンが続いている。世界第二位の経済大国にまでなり、億を超える中間層の台頭を見るに至った今日でも政治改革は停滞したままであり、むしろ共産党に少しでも批判めいた発言をする人々は容赦なく次々と拘束され、経済の対外開放が一段と進む中でも、「思想統制、情報封鎖」は強化される一方である。こうした状況はまさに政治と経済の断層性を示しているにほかならない事例ではないか。

五　現代の重断層性と将来像をいかに理論化するか

そこで以上のような分析を踏まえながら、現在のそしてこれからの中国に関する展望を行っておこう。ここ四〇年近くの改革開放の推進による経済社会の大変動は、疑いなくこうした四つの断層性の変容を促してきた。いくつか見ておくことにしよう。

(1)　エリートと民衆の断層性は依然存在していても、その中身の変化は確かに存在する。政治エリートと経済エリートの癒着が顕著となり、新しいエリート・民衆の断層を生み出しているように見える。民衆レベルの利益、権利意識は確かに高まっているが、政治意識の覚醒・向上に容易に結び付かない。民衆は利益が獲得されれば問題が解決し、それ以上を求めようとしない。エリートといえる人々もエリート内での民主的手続きは重視し始めても——例えば「党内民主」は一例、ただし、習近平体制下では「習近平核心」が強調され、これさえも悲観的である——大衆参加型の民主を望まない。もちろん真に自律的で主体的な民衆参加の民主主義を求める声も少しずつ増加している。が、権力の厳しい弾圧によって拡大することが困難である。

(2)　関係と制度の断層性についても、疑いなく様々な領域で、部分的な制度化は進んでいる。特に経済領域の活動では制度化は主流の趨勢である。しかし、「党指導」が依然として最優先され、政治がルールなしで人々の生活に介入するような現実があり、人々は「法治」の限界を実感している。第一九回党大会後の指導部人事は第七章で指摘するが、これまで以上に「関係」に依拠した人事であった。その意味では人々にとって依拠するものは「関係」であって、「法」ではない意識は存在し続けている。

(3) 都市と農村の断層性に関しては、経済活動の変化に伴う内陸農村から沿海都市への大量の人々の移動、農村社会も含めインターネット、スマートフォン、携帯電話など情報社会化の急速な進展などが顕著で、様相は大きく変わったという見方もある。それでもなお都市と農村の戸籍制度、経済社会格差は歴然としている。さらには大量の農村労働力が農民工として都市に移動したのち、都市における「都市と農村の二元構造」(陸学芸)と呼ばれるような教育・医療・社会保障などでの差別も深刻であり続けている。

(4) 政治と経済の断層性でも、前述したように「経済開放・政治引き締め」の構造が強く形成されたままで、経済・社会の変化が容易には政治変化に影響を及ぼさない。したがって単純に経済のロジックの延長で政治の変化を考えることはできないのである。

しかし、基底構造論を用いることでもう一つ筆者が強調したいのは、不変化という現象そのものではなく、「変わりにくい構造」が徐々にではあるが変化するその特徴がどのようなものであるのか。さらには顕著な変化と変わりにくさの両面から社会変容の考察に取り組むことこそ、客観的で理論的に中国の将来展望を考えるカギとなるのではないかということである。

さらに「四つの断層性」が中国社会の構造的特徴に強く影響するが、それらの影響を受けながら、「四つの大規模性」も国際社会において様々なインパクトをもたらす。したがって、「四つの大規模性」の影響を分析することによって、「新しい大国・中国」の将来像を展望することが可能となってくるのではないだろうかと考える。

二〇世紀末より今日に至る過程で、世界史的に見ても中国の台頭が極めて顕著であるが、その見通しに関してはっ

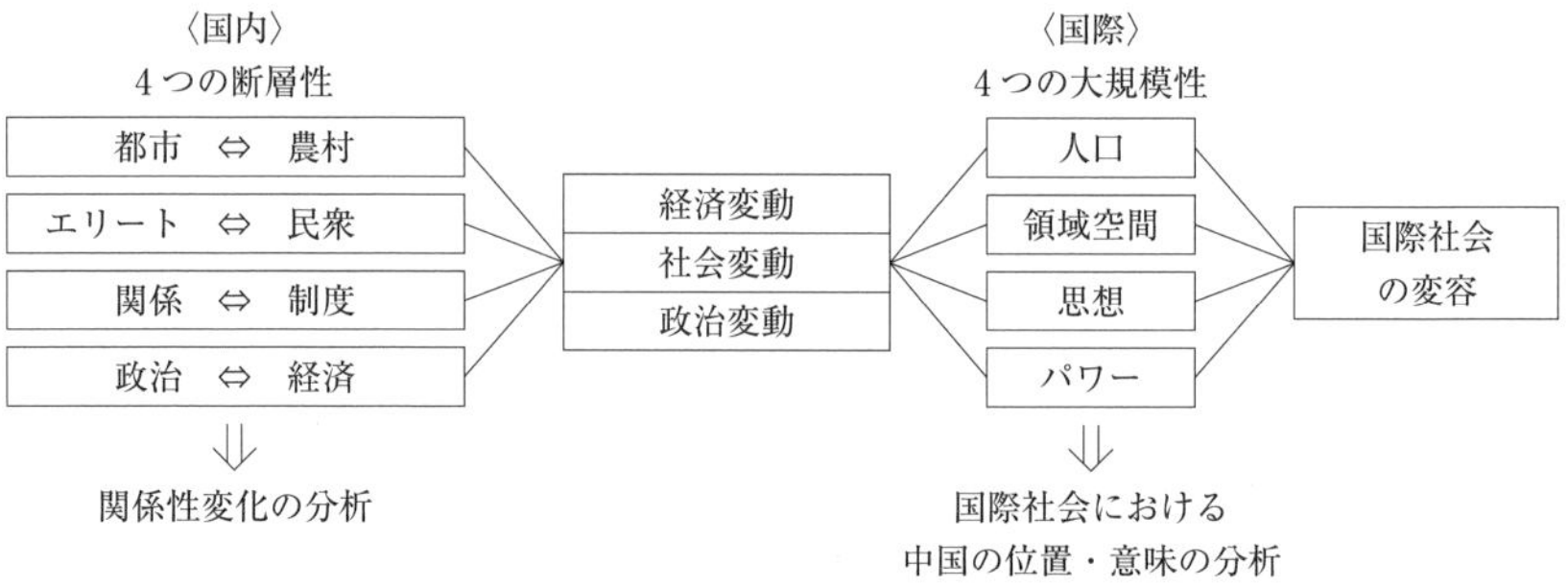

図表1-4　基底構造論と社会変動分析の相関図

ねに現象的な事例――例えば、ＧＤＰ成長率見通し、格差や腐敗の増大など――を根拠に悲観論（中国崩壊論など）と楽観論（パックス・シニカ論など）が主張されてきた。しかし、中国が最終的な到達点として一般的な経済発展、近代化と同様の世界を描けるとしても（筆者はそのように考えているが）、それはある特殊な道程を辿らざるを得ず、その行く先も一般的な近代化の道とは異なっているかもしれない（これは「基底構造」の問題と深く関わってくる）。

国際社会における中国の将来像を考える場合、これらを考慮しながらパワーの大規模性を中心に、人口、領域空間、思想の大規模性がどのように絡み合いながら、全体の動向を形成していくのか。このような視角から、中国の新しい「立ち位置」、国際インパクトの問題を明らかにすることが重要ではないだろうか。無論本章で展開した筆者なりの地域研究論としての「基底構造論」は、現在なお様々な実証的考察によってより精緻化していく必要がある。そこで図表１-４のような関係構造の図を示しながら、中国の「基底構造」研究の研究課題を提示しておこう。

六　深層構造（関係性）の分析枠組み

まず、以下に「四つの断層性」の課題を示す。

(1)　エリートと民衆の断層性：歴史文化の断層性（読書人の形成、官僚制度など）、

今日の文化、政治制度の断層性（幹部抜擢制度、重点校教育制度、官僚意識など）、民主化の断層性

(2) 関係（クワンシー）と制度の断層性：人治と法治、「関係」形成の歴史、制度に対する支配者と民衆の認識・態度など、「関係」と圏子と制度、制度無視の現実と考え方

(3) 都市と農村の断層性：歴史的文化的な断層性、制度的断層性（戸籍制度など）、政策的断層性（移動制限政策など）、社会生活の断層性

(4) 政治と経済の断層性：政治文化がもたらす断層性（経済は政治の従属物観など）、連動しない政治と経済（民国時代の事例、共産党時代の事例）、政治の経済への暴力的介入

次に、「四つの大規模性」の課題は以下のとおりである。

(1) 人口：一三億人余りの大規模な人口自体の意味、海外移動の潮流の実態とその意味

(2) 領域空間：安全保障空間としての海域、空域の拡大。経済空間では貿易量、人民元使用、海外直接投資などの拡大「中華経済圏」の形成など「影響圏」の拡大

(3) 思想：大国ナショナリズムの浮上とともに儒教をはじめとする伝統思想の強調、海外に数々の「孔子学院」設立の状況

(4) パワー：経済力、軍事力に加えて大国を意識した外交力、ソフトパワーの重視

これら四つの大規模性は同じ重みで並列的に社会に影響を与えているのではない。政策決定者（集団）がこれらをどのように認識し、戦略や政策の決定過程でどう扱うかによって影響や意味はかなり変わってくる。例えば、(1)では改革開放戦略の初動期では負の要素（それ故「一人っ子政策」をとる）、加速期ではプラスの要素（大量の安価な労働力）として意味を持った。また、(4)のハードパワーの増強は、(2)の領域空間の拡大、(3)の大国ナショナリズムの台頭を強く促しており、国際社会における中国のプレゼンス、インパクトの核となる要素である。

以上のことがらを考慮に入れながら、「四つの断層性」と「四つの大規模性」という基底構造そのものの動態の分析を深め、それらと関連づけながら個別の政治、経済、社会などの領域における個別の研究課題を考察することが地域研究としての現代中国研究を深めることになるのではないだろうか。

第二章

社会と国家の緊張関係

問題の提起

前章で集中的に論じた「大規模性」や「断層性」の問題を意識しながら、今日のダイナミックな社会変動を考えてみることにしよう。やや仮説的な判断ではあるが、一九九〇年代あたりから始まり、二〇〇〇年代に進んできた政治社会の不安定化の状況、あるいは統治ガバナンスの動揺といった状態は、次章で考察される中央・地方関係の摩擦・対立から生み出されたものというよりも、従来の国家・社会関係が構造的な揺れを起こしながらも、それを再生する新たな国家・社会関係の制度化が進んでいないところにあるのではないかと考えるようになった。したがって、この時期の政治ダイナミックスを考えるうえで、国家・社会の枠組みの動揺、再編の文脈から考察していくことが必要であると判断した。

国家・社会の関係から中国の政治社会を理解しようとする場合、理論的にはまず二つの留意事項を念頭に置いておかねばならない。第一は、中国において国家・社会関係といっても地方から末端(基層)に行けば行くほどその境界は曖昧になっていき、そもそも欧米社会でみられるような社会契約概念に基づく国家・社会関係とか、国家VS社会といった関係でとらえようとしても、必ずしもそれは中国の総体的な実態を反映していないということである。ここでも「曖昧な制度」として国家・社会関係を意識しておく必要がある。第二に、人民共和国建国以降、都市戸籍と農村戸籍という身分的、社会的な差別構造が形成され、国家・社会関係を一律に論ずると中国社会の実態を正しく反映しないといった点である。都市における国家・社会関係と農村における国家・社会関係は、統治する国家と統治される社会という点では共通していたが、相互の関係の仕方、関係の質の面で大きな差異が形成されていた。まず、毛沢東時代の社会構造を色濃く残していた改革開放前期の社会の特徴を概観し、当時の国家・社会の特徴を確認しておこう。

一　改革開放前期（二〇〇一年以前）の社会——進む単位社会と人民公社の解体

改革開放期以前の都市社会はよく知られているように「単位」社会と呼ばれていた。中国語での「単位」とは、一般に工場、政府、商店、学校、研究所、文化団体など「職場」をさす。また生産組織であるばかりではなく、生活保障のための「所属組織」の総称であった。さらに機能的には、基層における政治・行政組織の役割を果たし、かつ雇用・医療・住居・退職金などの各種社会福祉など社会的サービスの一切を保障した。「単位」は中国共産党の支部組織の指導を受け、監視下に置かれた。このようにして「単位」内部の者は、失業のおそれがないかわりに、自由な移動は不可能で、誕生から死までの一切の面倒を「単位」に仰ぐこととなった。「単位」はその意味でいわゆる生産生活共同体であり、都市生活者のセーフティネットであった。「単位」を離れることは基本的な生活維持基盤の喪失を意味しており、個人・家族は「単位」へ全面的に依存するほかはなかった。

具体的に見てみると国家は計画経済体制の下で人々を強くコントロールした。労働力市場は存在しないために、人々は自由に職業選択ができなかった。例えば大学を卒業した人々は、国家指導のもとで大学と労働部門の調整に基づいてある部署、職場に配分されるのであり、配分される人間の個人的な願望は基本的には考慮されなかった。あるいは各種の消費財も、それぞれの市場は存在したが、市場への物資の供給は限定され、基本的には配給制であった。例えば、有名なメーカーの自転車、テレビなどは「単位」ごとに数量が割り当てられ、人々は配給切符なしにそれらを入手することは不可能であった。一九八〇年代に北京で暮らした筆者の経験からも一流商店での「商品の品切れ」は普通であった。生産財についても同様で企業にとって、生産のための原料、燃料などはすべて計画経済の下で割り当てられており、一般の市場で入手することは不可能であった。

したがって、人々は逆にいったん政治的、社会的に「問題視」された場合、単位の中でも「危険視」され、監視され続けることとなる。この意味で「単位」は個々人の間の相互監視機能も持ったのである。国家は党支部・公安組織を通して直接に、民衆相互の監視という意味で間接的にほぼ完全に社会をコントロールしていた。従来共産党支配下の中国に関して、「中国には社会がなかった」、あるいは「大国家、小社会」「強国家、弱社会」という言い方がなされてきた。まさに国家が「単位」を媒介して、すべての社会的資源をコントロールしており、いわゆる国家とは異なった、あるいは対峙する「公共空間」としての社会がなかったといっても言い過ぎではなかった。そのことは人々の創造性、活動意欲、闊達な交流などを生み出すはずもなく、経済活動は低迷し、社会も委縮した状態を余儀なくされていたのである。

鄧小平は経済の近代化を推し進めるために、こうした状況の打開に本気で取り組み、改革開放、思想の解放を唱えるようになった。都市では膨大な赤字を抱える多くの国有企業の改革に取り組むようになり、多数の企業労働者は失業状態になっていった。改革開放政策で彼らは飲食業、運送業、娯楽産業などそれまでになかった個人事業を営むようになり、あるいは新しい企業を立ち上げるなど様々な職業を選択するようになっていく。経済優先の政策は一般の人々にも浸透しただけでなく党内、政府内にも拡大し、はなはだしい拝金主義、経済腐敗の蔓延、脱イデオロギー、脱政治の状況を引き起こした。それにともない「単位」からの拘束性も次第に弱まっていった。しかし、このような経済変動が人々の経済水準を引き上げ、それにともなって必ずしも他の途上国で見られたような中間階層の台頭から市民社会の形成を導いたわけではない。一九八九年の天安門事件以降、党による民衆の政治活動への締め付けは強まり、その後、とりわけ習近平時代には従来以上に「言論の弾圧」「政治的抑圧」は強まっている(この問題は本章末尾で後述)。

他方で、農村でも改革開放の波によって重大な変化が始まった。まず一九八〇年代初頭に、それまで中国社会主義の典型とも言われてきた人民公社制度を解体し、各家庭生産請負責任制（「包干到戸」）に移行させる方針を決めるや、農村各地ではあっと言う間にそのような事態が広く出現した。七〇年代以前の多くの中国研究者の中では、人民公社は中国の伝統的な村落形態やコミュニティを生かしながら社会主義化したもので、すなわち「中国型社会主義」の典型といわれてきていた。筆者などは当時、人民公社が社会に根差しているという理解から容易に崩壊するものではないと考えてきた。しかし八〇年前後の数年間で文字通り「一挙に」崩壊したのであった。振り返ってみるならば、人民公社とは自然村＝生産隊、行政村＝生産大隊、郷・鎮＝後者の三級所有制という村落の伝統的仕組みを残していた。しかし同時に、公社党委員会が一元的に末端まで統治できる仕組みになっていた。それゆえ公社の党幹部が、食料の生産・調達・配分の活動を一手に握っており、この点で農民たちは自由な生産活動ができず、不満を鬱積させていた。人民公社方式の生産がうまくいっておれば、それでも農民たちは支持したのであろうが、実際はうまくいっておらず窮乏化は進み、不満を充満させた状態は新しい転換を待ち望んでいたとも言える。したがって、七〇年代末期に安徽省鳳陽県など一部の地域でひそかに事実上公社制度を放棄し、各家庭生産請負責任制を実施するようになっていたが、その事実をプラグマティスト鄧小平が聞き、それを中央の政策として採用したのは実にタイムリーでもあった。農民と地元政府は緩やかな請負契約関係を持ち、それ以外の自由な生産活動が農民たちに可能となった。

さらに中央政府は、豊かさを促進する意味で、農民を土地から切り離し、工業その他の分野に進出できるようにすることを考慮し始めた。土地は社会主義制度という建て前から「所有権は公有制」を動かせなかったが、使用権という概念を導入し、各農民が有する土地の使用権を売買することを認め始めた。これによって、農民は離農するチャンスと一定の準備資金を得ることが可能となった。郷鎮企業の発展は「離土不離郷」（離農して地元で起業する）政策の実践、「盲流」は離農して沿海地域や大都市に行き低賃金労働者になることを意味した。このように、長期にわたって停滞していた農村経済は動き始め、同時に農村の工業化とも言われた郷鎮企業も急激に発展していった。

確かに鄧小平が決断した「革命から近代化」への路線転換は、もちろん経済を発展させ、それによって中国の国力を向上させようとしたものであったが、それは否応なく国家と社会の関係の変更をも迫るものであった。鄧が大胆に提起した格差是認の「先富論」政策、「経済特別区」から始まる対外経済開放政策、「統一徴収、統一支出」から「財政請負制度」、「分税制」への財政制度の改革、農村の人民公社解体から家庭生産請負責任制の推進、郷鎮企業の推進であった。それらを踏まえ提起された「社会主義市場経済」の主張は、まさに従来の計画経済の閉塞状況を打開した。これによって、それまでの長期にわたる経済の停滞は劇的に変化し、持続的な発展の道をたどったのである。一九九〇年代には、沿海地域の経済発展も顕著になり、「盲流」と呼ばれる内陸農村から沿海都市に流れる多くの農民が出現しはじめた。しかし、強靱に都市と農村を区別する戸籍制度は、都市に流入する移民を大きく制約し、流入した農民たちは極めて差別的な都市での生活を余儀なくされた。さらに都市における従来の経済社会体制は、既得権益や治安の関係から劇的な変化は抑制され、単位社会は変化を示しながらも維持され続け、社会階層間に歪んだ関係が形成されていったのである。

社会の風潮からみれば、一九八〇年来、上述したように都市でも農村でも人々は経済利益の追求に奔走するようになった。鄧小平が言った「向前看」(前途を見て進もう)と同じ発音で皮肉った「向銭看」というほどの状況で、社会全体に脱イデオロギー、金儲け優先の風潮が蔓延した。それは確かに人々が自由に活発に経済活動を行う機会を提供した。しかし、単位社会に代わる新たな「公共空間」の創出や、経済的豊かさ以外の人間としての権利意識に目覚めた自己主張が、広範な規模で民衆の間から出てくるにはまだ時間が必要であった。

さらに何人かの社会学者が指摘しているように、中国における都市と農村の特異な関係構造によって(筆者はこれを「都市と農村の断層構造」として第一章で紹介した)、工業化・都市化は特異な発展経路をたどっている。例えば李強は、次のように指摘している。

「我々は、世界各国が工業化を実現してきた過程において、大量の農村人口が都市へ流れる問題に遭遇してきたことを知っている。ただし、それらの過程において「社会慣性」の結果としての戸籍制度の制約はなく、工業化と都市化が基本的には同時進行している。したがって工業化が実現することで都市化もまた全国に浸透するのである。ところが我が国はここ二〇年で工業化の進展は急速に進んでいるものの、都市化の進展は比較的緩慢である。農村における農民集団の滞留という歪な現象がこのことを説明している。更には、経済的先進諸国が工業化と都市化に一世紀ぐらいを要したのに対して、立ち上がりが遅れた中国では、そのスピードは速く、変化も急であるため、都市と農村の矛盾がいっそう激化しやすいのである(36)」。

それでも持続的な経済発展の中で都市も農村も社会は劇的に変動した。ではどのように変わっていったのか。

二　WTO加盟の国家―社会関係への衝撃

二〇〇一年一二月、中国は長年求めてきたWTOへの加盟を実現した。それが一九八〇年以降進めてきた改革開放を一段と加速させることになったことはよく知られている。しかしその衝撃は経済にとどまらず、中国社会そのものの巨大な変動を引き起こす決定的な契機となった。やや先走って指摘するならば、二〇〇〇年代に入り中国の経済発展が進み、一定の「豊かな社会」が実現してきた。同時に、発展による様々な社会的な問題（環境問題、社会的な格差問題、公共財の不足）が一層深刻化し、人々の不満の蓄積と労働争議を含めた後述するような集団行動の頻発（二〇〇六年には九万件に激増、その年以降正確な報道がなされていないため実数は不明）、労働移動パターンの変化、財の移動にとどまらない人の移動を含むグローバル化が一段と進み、それまでの経済発展戦略の変更が迫られるようになっていった。WTO加盟から今日までの経済社会変動の特徴を見ておくと、具体的には、(1)驚異の持続的な経済成長、(2)社会階層の多様化、⑶歪んだ都市化の進展、⑷消費市場の広がり、庶民のライフスタイルの変化などが指摘できる。以下順に見ておく。

第一の持続的な経済成長では、これまでの国際経済の一般的な趨勢から考えて、本来は低迷する国有企業改革、成長の負の側面の増大(環境汚染、失業など)、物価・賃金増による比較優位の減少、また他の途上国との生産競争の激化などによって、筆者自身、一九九〇年代末あたりに、中国経済は成長の「天井」にぶつかるのではないかと考えていた。そのような状態は日本の高度経済成長期後もそうであったように、経済成長の一般的パターンであった。しかしWTO加盟は海外からの直接投資を加速し、沿海を中心に労働集約型の膨大な外資系企業が林立するようになり、「天井」にぶつかるどころか、貿易量、GDPも増大していった(図表2-1を参照)。齋藤尚登の分析によると、対中直接投資の増加を背景にWTO加盟以降、外資系企業による輸出は伸び、その輸出シェアは、ピーク時の二〇〇五―〇六年には五八%強を占めるに至った。中国の輸出総額は、〇四年に日本を抜いて世界第三位に、〇七年に米国を抜いて世界第二位に、そして〇九年にはドイツを抜いて世界第一位となったが、その半分程度を外資系企業の輸出が占めていた[37]。その後リーマンショックの影響が出て外資系企業の対中投資が減少傾向に入る。一三年七月末時点の中国における外資系企業数は四四万二〇〇〇社、登録資本金は一二兆九〇〇〇億元であった。大中小の国有企業、私営企業など全国の実在するすべての企業数は一四三七万五四〇〇社(分社・支社などを含む)に達し、登録資本金は九〇兆七三〇〇億元と報じられている[38]。この数値によると外資系企業投資のGDP寄与率は全体の三%程度であるが、登録資本金は一四%余りを占めており、中国経済に大きな役割を占めていることがわかる。

社会変動の第二の特徴は、このような持続したGDPの成長が言うまでもなく社会階層の重大な変化を促したことである。図表2-2は建国以来の中国社会階層の構造変化を陸学芸らのグループがおこなった本格的な調査の報告に基づいてグラフ化したものである。特に注目すべき点は、一九五二年に全体の八四・二%、七六年に六七・四%と圧倒

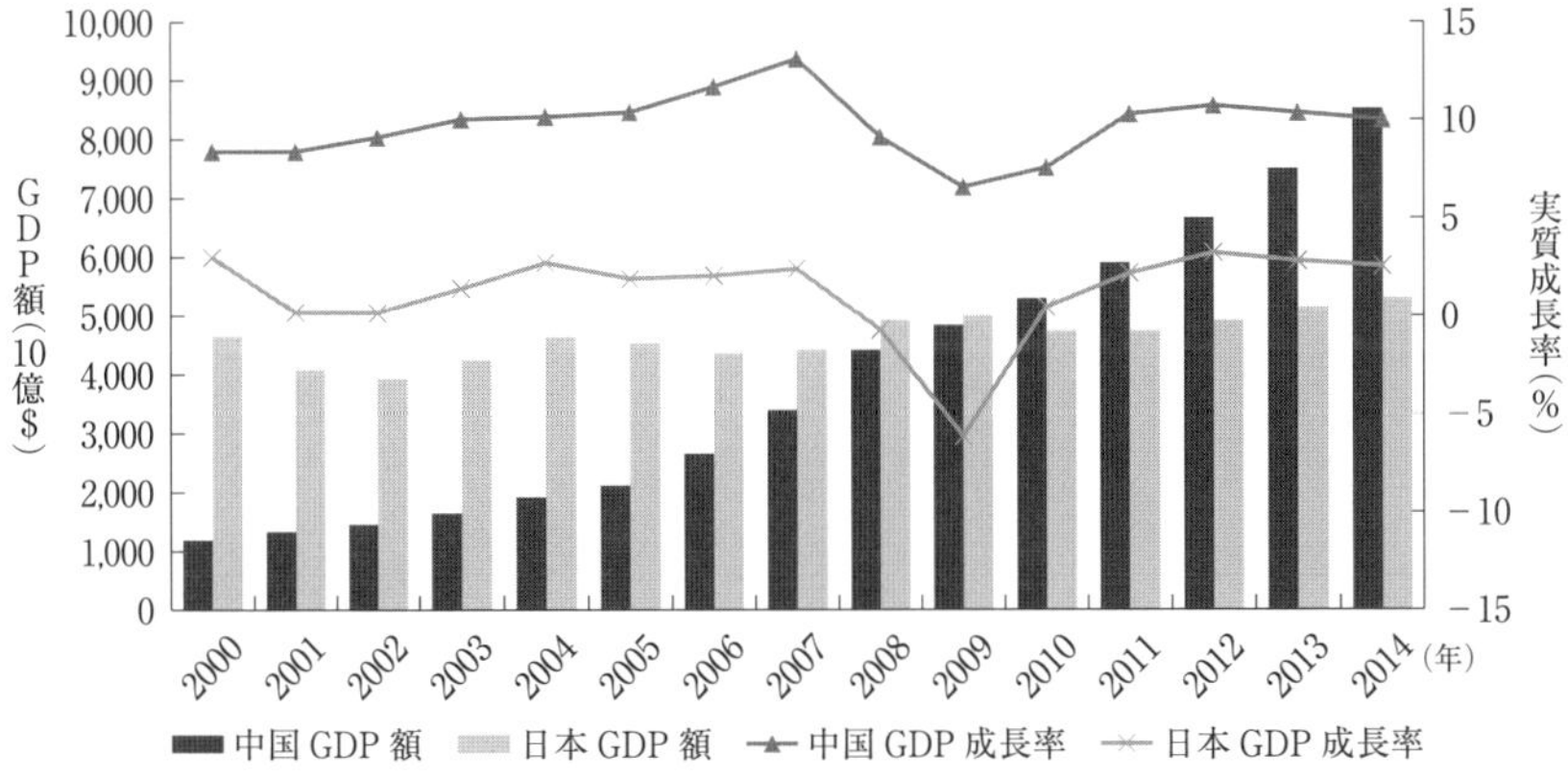

図表 2-1　中国と日本の GDP 推移

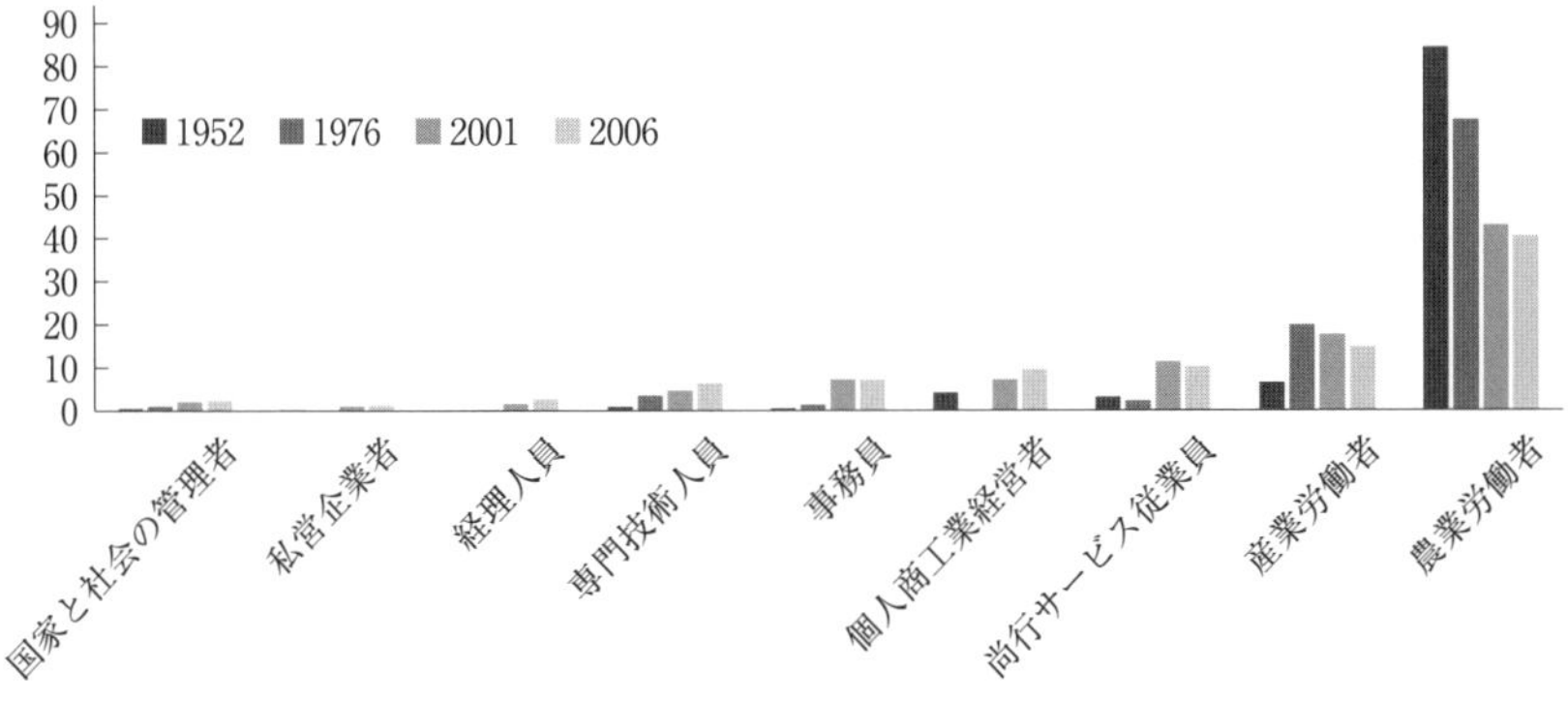

図表 2-2　社会階層の構造変化（陸学芸主編『当代中国社会結構』22 頁より）

的な人口を占めていた農業労働者が、二〇〇一年、〇六年にほぼ四〇％へと激減していることである。

この報告書の少し前に、陸学芸らは従来のマルクス主義的な階級分析枠組みを放棄し、党員であるか否かといった政治的資源、収入や資産の多寡による経済的資源、学歴などの文化的資源の三種類を統合した社会資源分類をもとに八つの都市、一万一〇〇〇人を対象に一九九九年に行った調査報告書（二〇〇二年）を発表した。(39) 報告書では上述の社会資源有無の程度から社会等級を上層、中上層、中中層、中下層、下層の五つに分け、さらに社会階層として国家・社会管理階層、管理階層、私営企業主層、専門技術職層、……労働者層、農業労働者層、無職・失業者層の一〇種類に分け、上の社会等級との組み合わせで、分類の枠組みを作成した。上層・中上層の国家・社会管理階層が実権を握るエリート層で全体の二・一％を占める。工業・商業労働者層（三四％）、農業労働者層（四四％）は中中層、中下層、下層に拡散し、全構成の中で多数者層を占めていた。その後この分類方式は公式にはあまり使われなくなったが、要は改革開放の推進によって階層の分化が急速に進んだこと、さらには私営企業間の労使間、貧富間、幹部と一般市民間でそれぞれ三〇％から四〇％の割合で利害をめぐる衝突があったことなどが示されていた。二〇一〇年二月には中国社会科学院は「現代中国社会構造変遷の研究」結果を公表し、中国の中産階級の規模は人口の二三％前後であり、毎年八〇〇万人を超える速度で増えていると報じていた[40]。

しかし、一般的な社会階層の分析ではつかみきれない実態的な変化を見ておく必要がある。つまり二〇〇〇年以降の趨勢を含めて考えるなら、農民戸籍を持ったまま都市に赴き暫住人口として非農業人口になっていった、いわゆる農民工の存在こそが最大の変数であったことに留意すべきである。そして彼らの社会アクターとしての存在を含めて社会構造の特徴を考えるべきなのである。

つまり沿海地域を中心とした集中的な投資によって、主に労働集約型産業が急激に増加していき、大量の労働力が必要となってきた。その供給源となったのがよく知られているように内陸農村における膨大な潜在労働力、すなわち若年の農民であり、彼らを中心に農村から都市への大規模な人口移動が始まったのである。農民工に関する統計的な数値は、二〇〇九年から発表されるようになったが、そのトレンドを示すと図表2-3のようになる。

農民工とは、公的な定義によると本来農業を営む者が居住地域の郷鎮企業や都市・田舎町に出て非農業労働をする農村戸籍者を指す。二〇〇七年で言えば、中国の労働力人口は約七億人、そのうち都市就業人口は約三億、農民工は一億四〇〇〇万弱で、すでに都市就業人口の約四七％を占めることになる。

しかも、こうした大量の農民工が低賃金で労働することによって途上国の中で生産競争における比較優位が確保できたわけであるが、実際には彼らの賃金はどの程度のものであったのだろうか。胡錦濤・温家宝政権時代の二〇〇三年に労働者の待遇改善が積極的になされたが、珠江デルタでは農民工が多く暮らしており、深圳、広州、東莞、珠海市、佛山で政府が示した最低賃金基準は二〇〇八年の平均で一カ月七七〇—一〇〇〇元(一万一五五〇—一万五〇〇〇円)であった。厳善平らがおこなった調査によると、これらの都市での農民工の月収は、欧米系、日韓系、香港・台湾・マカオ系、その他外資系企業では、それぞれ五三・四%、五一・六%、四六・二%、四三・一%と基本の法定最低賃金を下回った(41)。こうした地域での調査を見ただけでも、農民工の賃金はかなり低く抑えられていたことがわかる。

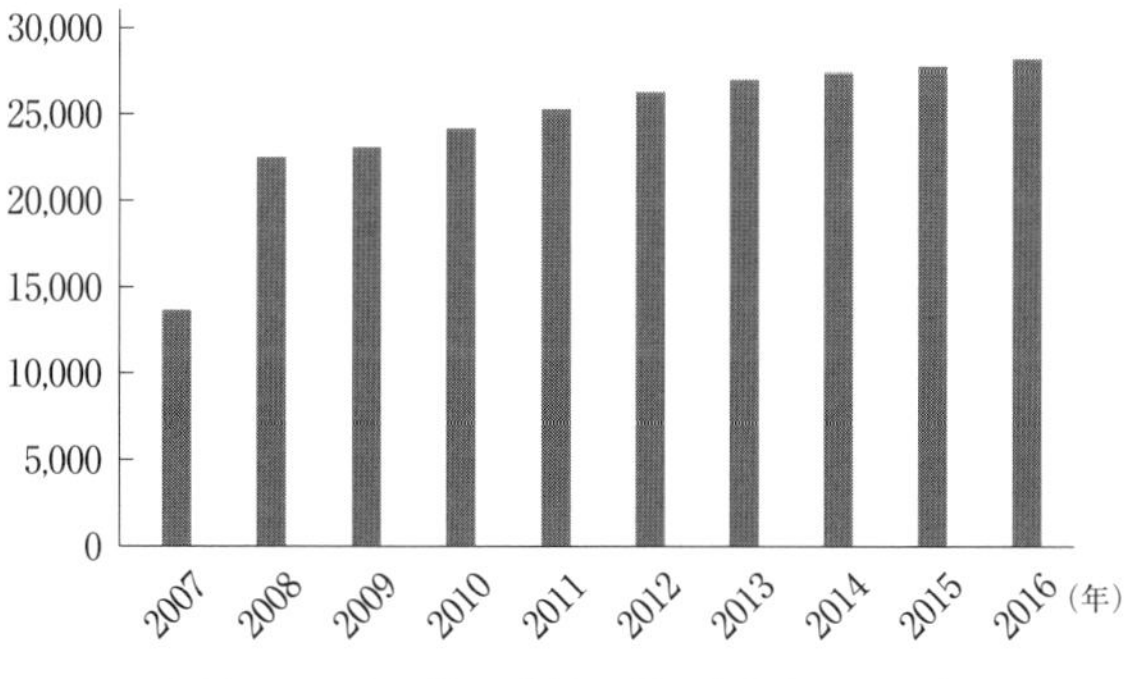

図表 2-3 年ごとの農民工数の変化(単位万人)

以上のような大量の人口が、農村から都市に移動し、しかも低賃金で非農業の労働に従事するといったことは中国の歴史上初めてのことであり、そのことが社会構造に重大な意味をもたらしたことは言うまでもなかった。大雑把に言うならば、中国の人口は一三億人だが、都市戸籍を持つ人は四億人、農民戸籍が九億人である。九億人のうち、都市に出稼ぎに来た三億人近くの「農民工」は、単純労働の製造業、レストラン、ビル建設や道路工事、ゴミ・廃品収集などの低賃金従業員として働いている。さらに社会構造的な矛盾として、都市に流入した農民工は、低賃金で過酷な労働を余儀なくされるうえに、容易に「農民戸籍」から「都市戸籍」に移すことができない。それゆえに、都市住民として本来受けられるはずの子弟の教育、医療・失業保険、養老保険などが享受できないといった極めて不平等な待遇を強いられる状態が続いていた。まさに中国特有の都市・農村二元体制の産物である。中国の戸籍制度は独特である。今日その改革への取り組みが始まっているが、それ自体が統一的な方針、統一的な行為主体によってなされているわけではないので、改革を通して多様な形態が生まれつつある。そしてそのことによって新たな社会的意味が生まれてくるのである(第六章第三節にて後述)。

第三の社会の構造変動は都市化である。従来は周知のように中国は巨大な農業人口を抱える農村社会であった。改革開放後も、上述の社会科学院社会階層調査が示すように、依然として農業労働者(農民)が最大多数者であった。しかし二〇一一年には、ついに都市人口が農村人口を上回り、都市化率は初めて五〇%を超え五一・二七%になった。しかし任哲の研究によれば、この数字は都市部に移り三カ月以上居住した人を含む常住人口の数字で、都市戸籍を持つ人口は依然として三五%にとどまり、世界の中進国の平均水準(六〇%)よりかなり低い段階にとどまっている。都市戸籍を持たない常住人口が失業・障害、医療、教育、老齢化などの面で極めて不安定な状況に置かれていることはよく知られるところである。

また都市面積と都市人口の関係を見ると二〇〇〇ー一〇年で面積は六四・四五%増加したのに対して、都市人口(常住人口)は四五・九%しか増えていない[42]。他国に見られる一般的な都市化現象は、都市に流入する農村人口の急増によって生まれる膨大なスラム化である。この解消の一環として従来の都市周辺を都市の行政区画に取り込み、都市面積を拡大して都市生活環境を整備し内実化を図ることになる。しかし、中国の場合は逆になっている。つまり都市化は政府の行政指導によって進められてきた。その重要なポイントは開発政策と関連するが、都市周辺の土地を積極的に収用し政府所有にし、開発区を設けて国内外の企業を誘致し、地域の経済発展の基盤を作り、同時に彼らが膨大な利益を得ることであった。したがって農民工たちはこうした動きに遅れて都市に流入し雇用され、しかも企業利益優先のために劣悪な条件の下に過酷な労働と生活を余儀なくされたのである。

当時の農民工たちの劣悪な生活状況に関しては数々のルポルタージュ、メディアなどで報じられている[43]。陸学芸は、こうした農民工の都市流入によって形成された新しい都市の状況をいみじくも「都市内に村が出現」、「都市における〝都市と農村〟の二元構造の出現」と評していた。[44] したがって中国の場合、必ずしも持続的な経済発展→都市化→市民社会の形成→民主的社会の形成といった一般的な社会変動のパターンに当てはめて無理にその特徴を説明するわけにはいかないのである。ただし、都市・農村に住む人々の日々の生活に大きな変化が訪れたことは確かであろう。

そこで巨大な社会変動の第四の特徴として、消費市場の急激な拡大とそれによる住民(とりわけ都市住民)のライフスタイルの変化を指摘しておきたい。確かにこれまで言われてきたように、持続的成長のGDPにおける寄与率は、投資と輸出が大きいのに対して個人消費は二〇〇〇年来、三〇％強と他国に比べて大きくはない。しかし格差問題は存在するものの、全体としての個人所得は伸び続け、日用電化製品、大衆自動車などに加えてIT関係製品の普及、国内外への観光旅行などが急速に進んできた。その中でもこれまでは国内消費量にあまり貢献してこなかった農民工(彼らも都市住民)の役割は大きくなっている。

事実、二〇一五年の農民工の収入は平均月収で三〇七二元(約五万一五〇〇円)となり前年比で二〇八元(約三四九〇円)増えた。特に沿海地域や大都市に出稼ぎに行く「外出農民工」は月収三三五九元(約五万六三〇〇円)、前年比二五一元(約四二一〇円)増加している。それは地元の郷、鎮、県で離農するいわゆる「本地農民工」が二七八一元(約四万六六〇〇円)、前年比の一七五元(約二九三五円)増であるのと比べると多い。[45] 事実、〇八年のデータによると、「中国のほとんどの農民工はその給料の中から故郷の両親に仕送りをする。そして一億三七〇〇万の人々が送金するお金は年間一〇兆円(約六〇〇〇億元)を超えるだろう」との指摘もある。[46] もちろん「農民工の仕送り」数値は正確に把握することは困難である。しかし、図表2-3にも見られるように〇八年以降、農民工数は大幅に増加しており、彼らの仕送りが農村経済の上に貢献していることは明白だろう。また、これまでは主たる消費市場は東部沿海の都市地域であり、内陸農村はその対象ではなかった。中国全土を東部、東北部、中部、西部の四つの地域に分けて見たのが図表2-4である。これによると東部の個人消費の寄与度が長期にわたって全体の半分以上を占めていることが分かる。

ところが、図表2-5を見ても明らかなように、中部、西部地域の個人消費の伸び率は相対的に大きく、両者を合わせて見るとやはり膨大な農民工の生産活動によって得られる消費効果は急速に伸びているといって過言ではないだろう。

農民工は都市へ大量流入し都市常住者という生活者となったこと、あるいは彼らの郷里への少なくない仕送りなどが始まった。これまで消費者、消費市場としてほとんど無視されてきた農民、農村が消費者という重要なファクターとして中国経済の中に重要な位置を占めるようになった事実は大きい。前述したように農村では現金収入の増加によって一定の購買力が生まれてきた。これまで長きにわたって中央の党や政府に常に「三農問題」と呼ばれてきた農業の立ち遅れ、農村の社会問題、農民の貧困問題の放置などが、大規模な農村人口の流動、さらには彼らによる農村への資金の流入などによって、徐々に崩され始めていったのである。もちろん政府の農業税の撤廃や農民の土地所有の保護などによる農民支援の政策も徐々に浸透はしているが、農村社会の変動を引き起こし始めたのは確かに市場経済原理であった。

しかしそれでも、これまで容易に動かなかった巨大な中国農村の基盤が一年一年グラグラと揺れ動き始めた理由は何か。なぜそうしたことが可能になったのか。それを考えるとまさに「後発国の優位性」という表現が浮かび上がってくる。一つは、「西部大開発」などに見られる開発政策によって内陸への公共投資を大幅に増やし、道路、鉄道、空路の輸送インフラを飛躍的に充実させたことである。これが人々や物の移動を容易に加速したことは言うまでもない。もう一つは、インターネットを軸とした情報化社会の出現である。

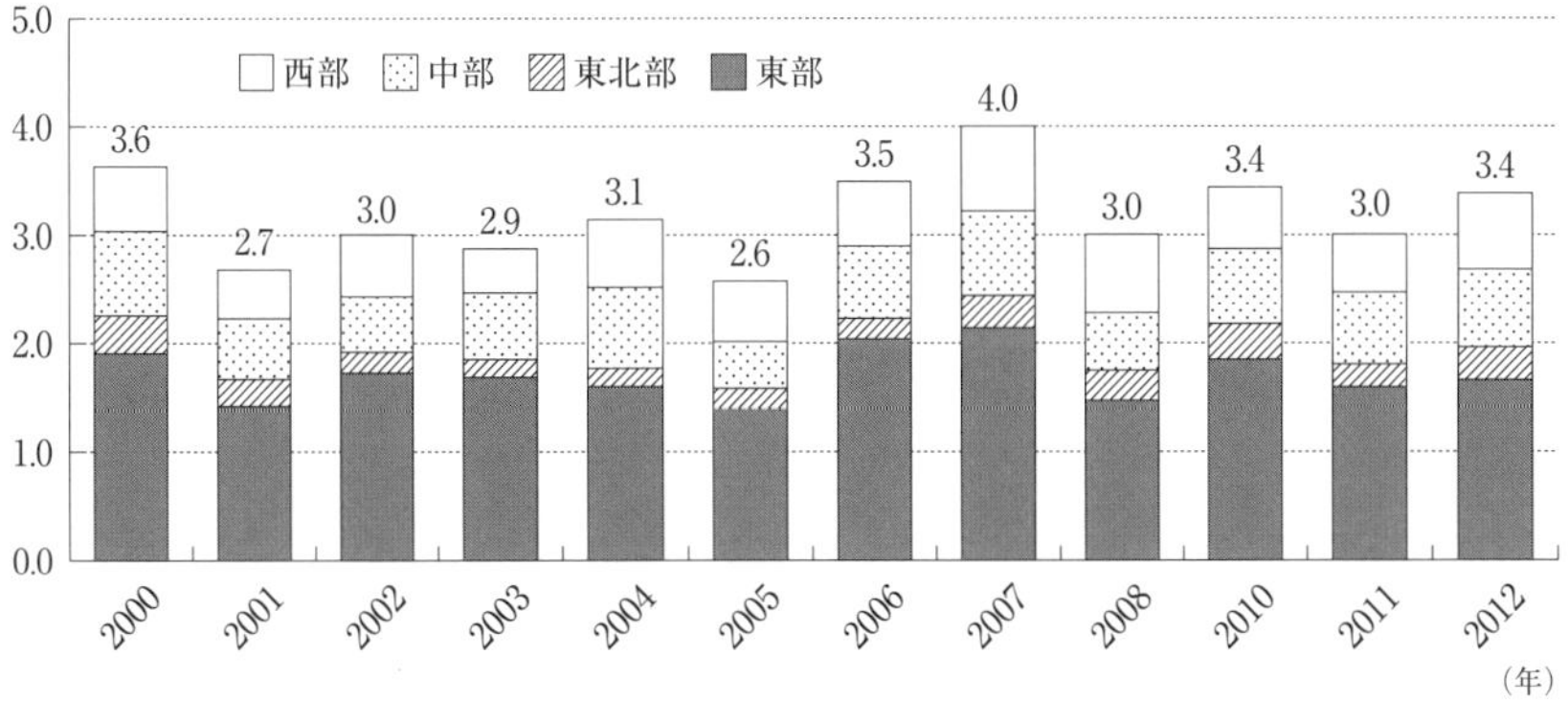

図表 **2-4**　1人当たり個人消費(地域別)(三井住友信託銀行『調査月報』2013年9月号より)

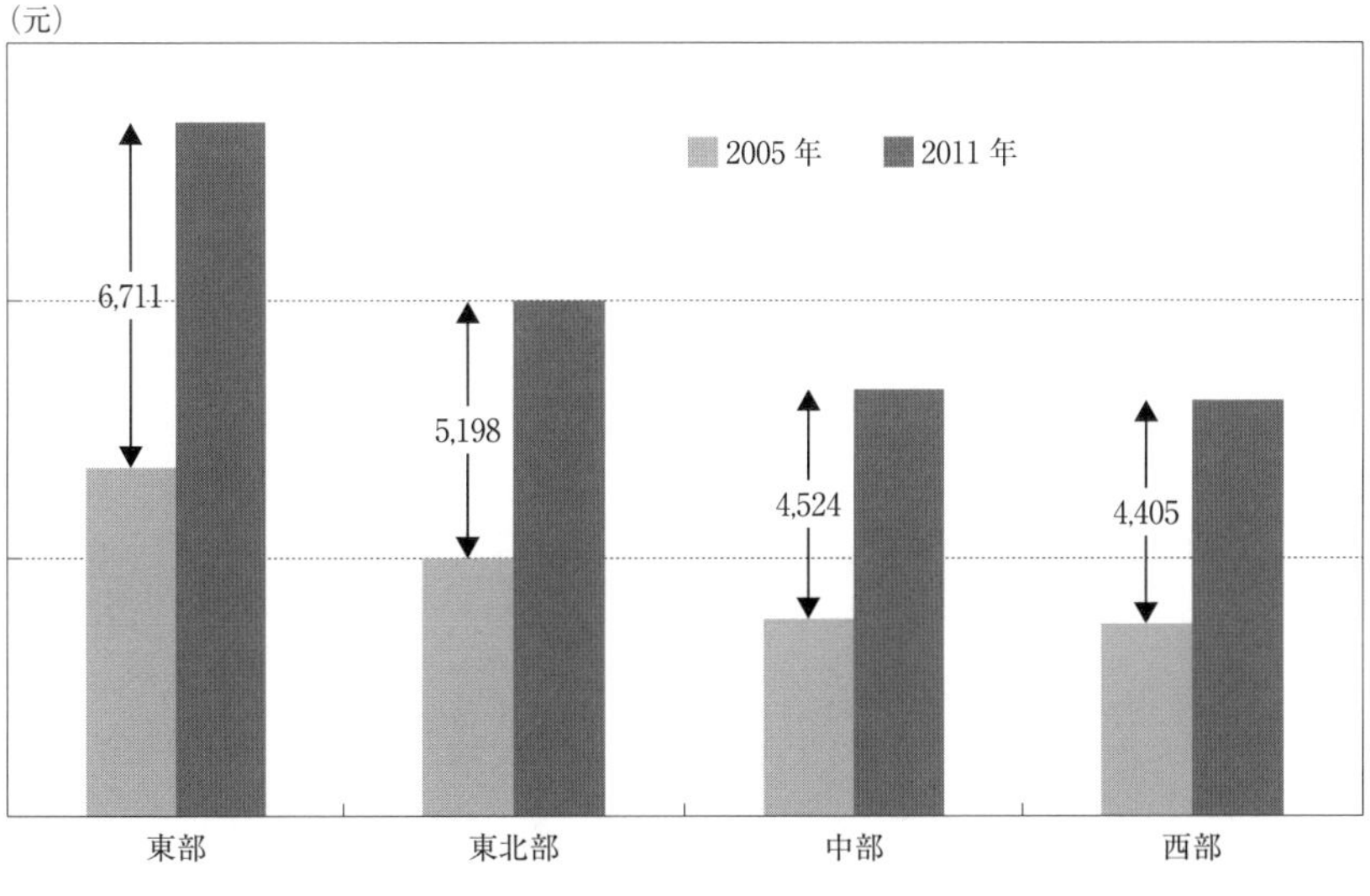

図表 **2-5**　個人消費の寄与度分解(地域別，寄与度%)(三井住友信託銀行調査部作成)

三　インターネット産業の発展とライフスタイルの変化

専門家の分類によれば、インターネットの普及は一般に萌芽期（一九八六―九五年）、生成期（一九九六―九九年）、発展期（二〇〇〇年―現在）の三段階に分けられる(47)。萌芽期には主に大学や研究所の研究交流、情報交換にメールを利用するネットワークが構築された。生成期には大学や研究機関を越え、ビジネス事業においてインターネットの活用が始まった。政府の関連政策の整備や電信部門の改革、情報産業部の設立、創業者たちの旺盛な開拓精神、インターネット関連事業の新技術の開発や応用などが要因として指摘できる。しかし、この時期の中国のインターネットの普及率は一九九九年で八九〇万人（人口の〇・七％）と高くはない。その要因としては政府によるインフラ整備、回線通信の速度の遅さ、中国の所得レベルの低さなどが考えられる。発展期に入り、一時期国際的なインターネットバブル崩壊の波を受けたが、それを契機として各ネット企業が新たなビジネスモデルを積極的に開拓し、中国のインターネット産業は拍車がかかった。二〇〇六年以降、経済の持続的な高度成長、政府のインフラ整備、携帯のスマート化とタブレット端末の普及などによってインターネット産業はさらに発展している（図表2-6参照）。スマートフォンやタブレット端末の普及は、アプリの開発や販売を活性化し、さらに政府のインフラ整備によってブロードバンドは農村地域まで普及するようになってきた。

インターネットの普及によって様々な情報が都市と都市の間で、あるいは農村と都市の間で広くいきわたるようになった。都市的な生活にあこがれる農村の人々が大量に生み出されることは当然であろう。農民の都市への流入に加えて、農村自身の都市的生活の享受に拍車がかかった。そうした情報から生み出される欲望を満たしたのが、上述した流通インフラの整備による物流の発達である。しかも近年では現金もカードも使わない「支付金（アリペイ）」（ビットコイン）などと呼ばれるネット決済も急速に広がっている。中国に滞在して一〇年以上キヤノン（中国）を率いている小沢秀樹副社長はこうした中国社会の変化を次のように語っている。「インターネットの普及で消費の最新情報が一瞬にして中国の隅々にまで伝わる世の中になった。中国の消費者は好奇心にあふれており、一気に世界の最先端の商品サービスを求めている」(48)。つまりインターネットによって得た情報、ネットによる注文、ネットによる決済、そして発達した物流ネットワークによって遠隔地でも容易にほしいものが手に入るようになっていったのである。

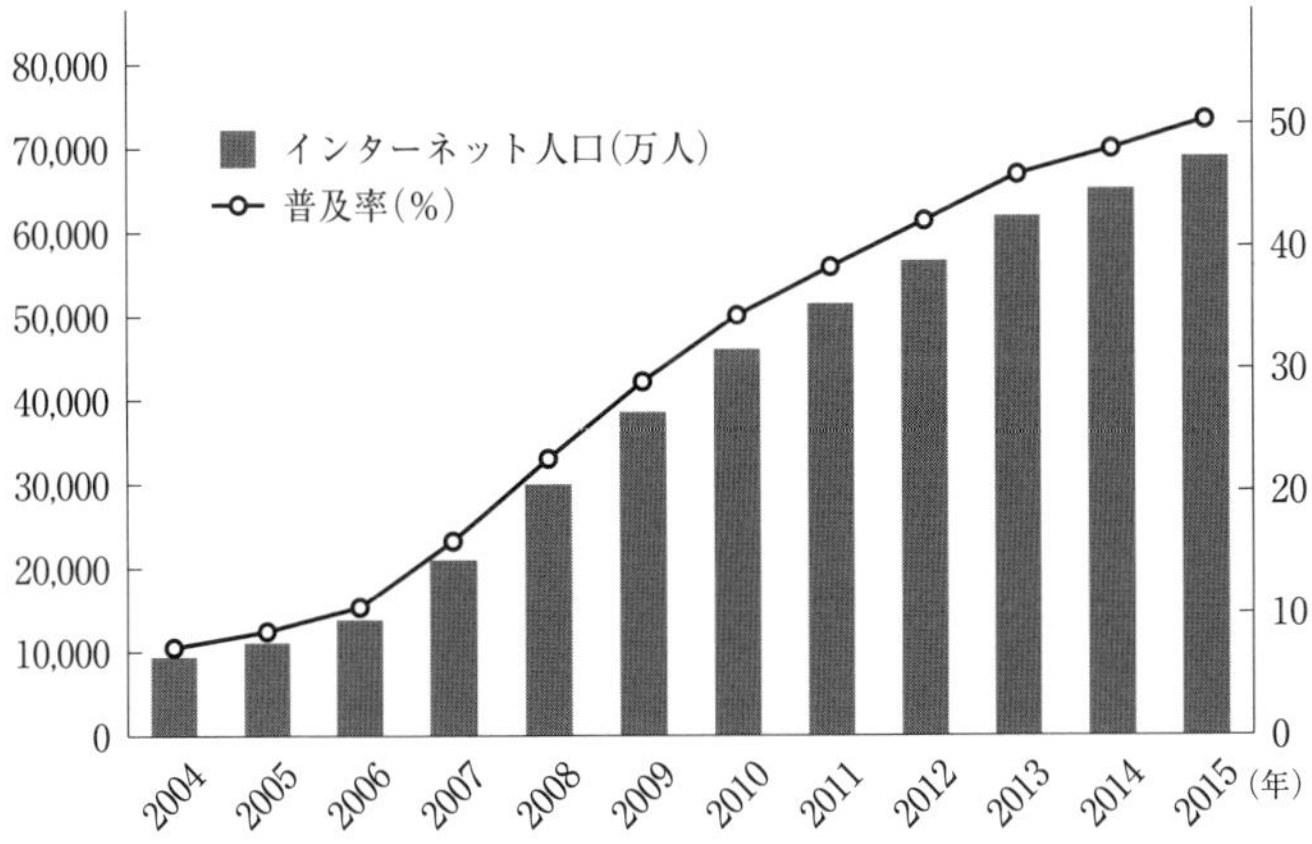

図表 2-6　中国インターネット人口推移
「第 38 回中国インターネット発展状況報告」2016 年 8 月

今日の農村では、確かに一方では、泥や埃、ごみにまみれ、裸電球の下でかまどに薪《まき》をくべて料理をする従来の伝統的な農村があり、近隣にまともな近代的な商店街も建てられていない。そんな風景の中に他方で、都会の生活に似たライフスタイルが出現するようになった。最近の農村社会についてよく指摘されることは、車を使って食べたいものを食べに外食に出かける、ネットを利用して華やかな着たい服を買い着る、遊びに行きたいところがあれば出かけて行くというスタイルの広がりである。かつて、改革開放が始まって間もない一九八四年、二度目の中国の旅をし、各地を視察した時に記したメモの中に、中国とはまるで「古代と中世と近代が重なり合っている」ようだと表現したことがある。その適否はともかく、今日の中国はさらに一足飛びに超近代のハイテク文化が農村にも流入し、人々の物の考え方においても、ライフスタイルにおいても、貧富の格差においても、古代と近代と超近代がない交ぜのようになった状態と化しているといってもよいだろう。この状態がそのまま続いていくのか、あるいは緩やかに伝統的なものが淘汰され、近代もしくは超近代の社会が出現するのかはまだ分からない。

しかし、人々の意識や生活スタイルを激変させた要因といえば、経済的豊かさに加えて、やはりインターネットや携帯電話などによるいわゆるソーシャルメディアの台頭であろう。インターネット・ユーザーは二〇一六年で七億人を超えた。携帯電話の契約数は二〇一五年で一三億人を超えた。これによって、ブログ、ウィチャットなどSNSによって政治、経済、社会問題についての大量の情報を得ることができ、家族、友人、職場の人間関係のみならず、これらのネットワークが作るいわゆる「疑似公共空間」の中に参集し、様々な情報交換を行うことが可能となった。それは単に個々人の生活や娯楽の世界を豊かにしただけでなく、汚職腐敗、貧富の格差、環境汚染被害など社会問題にも人々の目を向けさせ、被害者や活動家の発言や行動を広め促す重要な手段となっていったのである。

四　放置された非正常な社会問題

急速な経済社会の変化を引き起こす社会的緊張の問題を具体的に見ておこう。開発・経済発展を最優先する党政府は、本気でこれらの問題解決に取り組むことなく引き続き成長路線を推進した。短期的には無視しえた問題も時間が経つにつれ、目に見える問題として社会に噴出するようになった。それがまた国家と社会の緊張を高める要因にもなってきた。具体的な状況を少し見ておこう。まず大気汚染について、都市の大気汚染は年を追うごとに深刻となっている。中国環境部が主導して二〇一四年に全国の三三八都市、一四三六カ所で大気汚染（二酸化窒素（NO_2）、二酸化硫黄（SO_2）、二酸化炭素（CO_2）、PM10、PM2.5などの濃度）に関する観測調査を実施した。その結果、監視対象となった一六一都市のうち、環境空気質量基準を満たした都市はわずか一六しかなく、九割の一四五都市で汚染が基準値を超えていた(「中国環境状況公報」)。

いくつか対策のポイントを指摘しておく。⑴例えばCO_2、SO_2、PXなど大気・土壌汚染を引き起こす物質に対してはすでに様々な規制を試みいくつかの成果はあるものの、成長優先路線、汚染企業と地方政府の癒着などによって顕著な改善がみられないのが実情である。今日の状況はもはや強い規制によって顕著な成果を上げることが求められている。⑵すでに汚染され深刻な人的被害を出している地域に対する本格的な改善に取り組む。環境破壊は単一的な原因ではなく複合的な原因によって引き起こされている。例えば都市化それ自体が大量の電力・水などのエネルギー消費、大量の飲食・生産品の消費、大量のゴミの生産、大量の開発による自然環境の破壊などを引き起こしている。⑶今後の経済発展、都市建設の面で脱炭素社会、自然エネルギー、省エネリサイクルの推進など構造的な対応が重要な課題となってきている。これらは中国に限ったことではないが、中国の場合あまりにも大規模で、急激にこうした状況が進行してしまっているので、一つ一つ解決される間もなく、問題が蓄積され拡大し深刻化しているのである。

大気汚染に加えて、構造的要因として重視すべきものは水問題である。中国の水資源量はよく言われているように一人当たりの世界平均の四分の一しかない。その上、工業化、生活水準の上昇に伴い工業用水、生活用水の需要は急増している。世界銀行の報告によれば、貧困指標の一つとして一人が使用できる清潔な水が年間一〇〇〇立方メートル未満しか得られないことが挙げられているが、中国では一〇以上の省がこれに該当している。

さらに降水量の不均衡な状態もよく指摘されている。全国の農耕地の五〇%、GDPの五〇%以上を占める北部地域の降水量は全国の一二%にとどまっている。過去何十年も議論され、今日実施された「南水北調」(南部地域の豊かな水を北に流す大運河計画)も、慢性的な水不足を解消する切り札になることは望めそうにはなく、英イーストアングリア大学教授のダボ・グアンによると「二〇二〇年までに移送される追加水量は北京市の総需要のわずか五％にとどまる」公算が大きいという。[49] しかも水質そのものの汚染も深刻で、国土資源部地質調査局の調査報告(二〇一三年)では、中国の河川水は四〇％以上が飲料用に適さない、また、地下水の九〇％が汚染され、五五％が飲料用に適さない、と指摘されている。

二〇一三年の環境保護部華北監督検査センターが行った北京に流れ込んでいる三七の全河川の調査結果は、すべて環境保護部の水質基準を下回っていた。広東の週刊紙『南方週末』記者がインタビューした北京在住の水質問題の専門家夫婦も「この二〇年間自分たちは水道水を飲んだことはない。この一三年で水道水の汚染はさらに急激に悪化した」と答えている。[50] 水量の少なさと水質の劣悪化をどう解消するか。その上にすでに蓄積された広大な汚染地域をどのように浄化していくか。それも経済成長を持続的に維持することを実現しながらである。ほとんど至難の業であると言えよう。素人なりに考えられることは、省エネ、浄化、リサイクルをベースとした都市化インフラの建設、推進である。新しい都市建設計画はこのような発想でいくしかない。既存の都市のインフラ構造もそのように改造していく必要がある。その上で海水の真水化を一般化できるほどの技術向上と大量生産の実現を図らねばならない。米外交問題評議会シニアフェローのエリザベス・C・エコノミーは「社会不安を引き起こす最大の要因として環境問題が土地収用問題に取って代わっている」とその深刻さを指摘している。[51]

あるいはＮＨＫ「国際報道２０１５」の特集「中国 大気汚染対策で広がる波紋」でも、「指導部にはこれ以上不満が強まれば、その矛先が共産党そのものに向きかねないという強い危機感がありますね」という記者インタビューの問いに対して、張鳴人民大学教授が「普段、政治にものを言わない人ですら、環境汚染に対する不満は強烈です。これ以上受け入れられないレベルに達すれば、政治不満が高まり、国の統治に影響を及ぼします。だから環境問題に着手しなければならず、早急にブレーキをかけることが必要不可欠なのです」と答えていた。[52]

もちろんこのような意識は程度の差はあれ政府当局も共有するようになり、ひどい汚染源の工場閉鎖や石炭使用禁止の通達を出したりしているが、依然として抜本的な取り組みの全体像が見えてこない。さらに長期的な戦略に関しては、李克強総理が副総理時代から熱心に主張していた生物多様性保護、生態系保護の重要性を取り入れた「第一二期五カ年計画」(二〇一一—一五年)は、自然生態系・農村環境保護活動を新たな段階に躍進させることを重要課題としてきた。しかしその成果が顕著に出たかといえば決してそのようには言えない。二〇一五年三月の全国人民代表大会での李克強「政府活動報告」でも、あらためて慢性的に進む環境汚染に対する取り組みに対して強い決意を表明したが、必ずしも具体的な方針を提示したわけではなかった。

そのほか、言うまでもなく開発政策のための土地の没収などに見られる農民や都市住民の生活権の蹂躙、権力者と企業家などの間に生まれる汚職、腐敗などに対する農民、都市住民の充満した怒りなども深刻な社会問題になっている(本章第五節にて後述)。

これらの社会問題が放置されてきた要因を考えてみるならば、以下の諸点が指摘できる。第一に、何よりも改革開放路線に転換して以来、走り続けてきた成長優先政策の負債として問題が生じたということである。日本の場合も高度経済成長期に、水俣チッソの化学物質汚染、四日市の大気汚染など同様の問題が多数発生し、大きな社会問題となった。確かに政府も、企業も発生当初に問題解決への取り組みは遅かったが、やがて経済成長と誘発された社会問題の解決を住民・市民運動と並行して取り組むようになり、社会的な緊張は緩和された。中国にまだそのような対応のパターンは見られず、社会の不満は力で封じ込められた状態のままである。

第二は、経済的利益を上げる既得権益層が生まれ、権力者たちと癒着する支配構造が形成され、問題解決の大きな障壁となってきたことである。中央では指導者自身が経済活動に参加することはできないが、彼らの家族、親族、親しい仲間たちが有力企業の幹部に居座る状況は一般に見られた。地方でも同様であるが、利益と権力の癒着は地域開発競争をめぐってより露骨であるとも言えよう。

第三は、社会の不満を政策決定者、政策決定システムにインプットする異議申し立ての制度的メカニズム、あるいはチャネルの欠如である。もちろん毛沢東時代以来、共産党には「大衆路線」というキーワードがあった。大衆の中に入り、大衆の声を聞き、それを政策に反映させるという意味である。しかし、それは政治的に利用されることが多く宣伝的なスローガンにとどまった。一九八〇年代の後半、ある中国の知識人に「毛沢東の大衆路線をどう考えるか」と問うたことがある。毛沢東研究は筆者の重要なテーマの一つだったからである。彼が「大衆愚弄路線だ」と即答したのが印象的で今でも深く記憶している。確かに、反右派闘争、人民公社化運動、大躍進、文化大革命などのいずれを取ってみても一般大衆は毛沢東の革命的スローガンに翻弄され続け、少しでも異議申し立てをするならば直ちに「反革命分子」として糾弾、圧殺されてきた。

大衆が自分たちの不満や希望を上級の権力機関に訴えるチャネルが全くなかったかというとそうではない。「上訪」は地方の農民や市民が地元の政府から不当な圧力を受けたときに上級権力機関に直接陳情しに行く行為であり、「信訪」は同じく上級機関に手紙を書いて自分の不満や窮状を訴える行為である。庶民にとって異議申し立ての機会やチャネルが乏しいためにこれらにすがり、訴える数量は膨大な数に上る（六四頁参照）。

各級の党政府には上訪、信訪を受け付ける窓口があるが、しばしば数カ月とか、一年以上といった長期にわたって放置されることが多く、問題処理としては効果的には機能していない。さらにこれらは一時的、もしくはごく一部として機能したとしても肝心の政策に影響を与えるほどに効果を上げることはほとんどなかったといってよい。

ではメディアはどうか。一般的には新聞、テレビなどの大衆メディアは人々の声を反映し、世論形成にとっての重要な手段となる。しかし、社会主義体制下では長きにわたってメディアは党の宣伝の手段、いわゆる「党の口舌」と呼ばれてきたのであって、決して一般の人々の声を反映するものではなかった。経済利益の優先、市場化の進む今日でさえ、公的なメディアはしっかりと党の監視下に置かれている。民衆の抗議を公的メディアがすくい上げて問題解決の役割を担うということは、今日に至るも期待できない。

五　自立し始める市民、爆発する民衆――市民・民衆VS権力

しかしそれでも社会は様々な変化を引き起こし、様々なアクターが自己主張をするようになっており、国家―社会関係も必然的に重大な変化を示し始めていった。一九九〇年代後半からの国家―社会関係の変化を少し整理しておこう。これまで見てきたように経済構造の変化に伴う社会の構造的変化の中で、中間層・市民と言われる人々の割合も年々大きくなってきている。人々の物質的生活、価値観、生活様式、消費文化なども多様化し、自らの利益を優先し、権利主張をする人々が増えている。これに伴い国家の社会に対するかかわりも大きな変化がはじまっている。一言で表現するなら、二〇一〇年あたりまでは従来の国家による社会の全面的なコントロールというものが大幅に減少してきて、社会は相当程度、自立的あるいは自律的になり得る状況が生まれ拡大していった。言い換えるなら社会が多元化し、自立的非政治的社会団体が急激に広がってきたのである。

呉茂松は近年の中国政治研究が直面した課題を「まさにアクターの多元化であり、……階層の多様化、様々な分野で登場した民間団体、イデオロギーの形骸化がもたらした価値の空白、インターネットの普及を背景に爆発的に増加した情報など、近代化のただ中にある中国社会の変化は大きい」と論じ、この社会の変化と政治への影響を考察している。[53]一九九〇年代中頃以降、都市においては様々な利益団体やそれぞれの権利を主張するグループの動きが活発になっている。この頃から注目されるようになった非営利民間団体の「社団」が二〇〇〇年前後、雨後の筍のごとく次々と出現してきているのは、その典型例である。そして同年九月の福建省厦門市郊外での筆者自身がおこなったイン

タビュー調査に見られるように、ある郷政府指導者は、「直接我々が社会をコントロールし、あるいは管理できる範囲は、昔に比べるとものすごく減少して、非常に限定的なものになってきている」との状況が生まれていた。

北京大学の李景鵬教授は二〇〇二年新春の学術討論会で、政府の社会に対する関与の範囲が減少し、また政府の社会関与の方法が変化してきたことを指摘し、政府機能弱体化による負の効果として市場と社会利益の調整能力と行政執行部門の腐敗抑制能力が減少してきたと力説していた。と同時に、社会の側からの主体的な力量の増大が見られ、特に利益集団の発生とその政治構造に対する作用に注目していた。ここで李教授は今日の主な社会集団として職業的社団、専門的社団、学術的社団、公共的社団、聯誼的社団の五種類を挙げた。その中で職業的社団が最も重要で、すでに初歩的な利益集団の特性を有し、この面の指導者は社会と政治領域での地位が益々向上していること、職業的利益擁護の指導者だけでなく参政系列に参入し、その地位を上昇させ始めていること、地方の政策決定に一定の影響をおよぼしていること、利益集団の形成は社会の多元化、最終的には政治構造の多元化を意味すること、などを力説していた。(54)

さらに、人々の政治体制に対する意識に関して、やや古くなったが北京での知識人を対象とした貴重なアンケート調査がある。これは北京市党委員会関連部門の一九九六年と九九年の二度にわたる調査(九九年のものは九六年の追跡調査)で、三四〇〇通の結果であるが、以下のような特徴が見られた。例えば「党の指導思想が実生活の中に貫徹されているかどうか」という質問に対し、「気にもとめたことがない」という回答が約半数を超え、その中には三一％の党員が含まれているという結果が出ている。(55)あるいはまた、「一党国家体制への異議申し立て」というものを除けば、マスメディアは以前に比べて自由な報道を展開できるようになってきており、このことからも社会の「自立・自律性」を見ることができたのである。農村でも、主に土地の収用をめぐって地方政府、不動産業者、開発企業主と農民たちの摩擦、対立が顕在化するようになっていった。

このような状況を全体的に見ておくと、本格的な工業化、都市化がダイナミックに進み、経済社会の全面的な構造変化、社会の大規模な流動化が劇的に進んだが、経済の発展に伴う政治や社会の制度改革が追い付かず、様々な混乱や矛盾が構造的に発生するようになった。あるいは不備な制度を乱用、悪用し、あるいは隙間を巧妙に利用してあるものは不当に富を膨らませ、既得権益を強固なものにしていったのである。まさに園田茂人の指摘する「不平等社会中国」の出現であった[56]。あるいはこうした不平等、腐敗から生まれる中国の社会的緊張状態を何清漣は社会学者ロバート・マートンの「構造的緊張」という概念から説明しようと試みてきた。すなわち、「ある社会の支配的なイデオロギーが金銭と富裕化を過度に強調すると同時にその社会が提供できる利潤獲得の手段が不足する場合、その社会は一種の「構造的緊張」状態となり、社会的矛盾が激化、犯罪、衝突が激増することになる。まさに今日の中国はこの状態にある」と指摘していた[57]。農村や都市底辺に滞留する貧困者の数も膨大なものになり、彼らがしばしば不満を爆発させて上級統治機構への直訴やデモ・ストライキ、暴動など様々な抗議行動をとるケースが急増していったのである。

社会矛盾が深刻化している二〇〇〇年代以降の一般的に考えられる社会状況を整理してみると以下のような特徴が見えてくる。①権力腐敗の現象が深刻化していったこと。②利益構造の分化(あるいは多様化)が進み、貧富の格差が拡大していったこと。③国家のコントロール能力が低下していったこと。④イデオロギーによる求心力が低下していったこと。しかし、⑤国際プレゼンスの増大とともに大国意識、排外的愛国主義も高まっていったこと。⑥民衆の抗議行動などが頻発し社会不安が増大していったこと。⑦エスニック運動による分離主義が顕在化していったこと。⑧人権・民主化要求など反体制運動も静かに広がっていったこと、などである。これらは総じて変容する社会の中で、人々が自己主張をし始めたこと、時には政治・権力に対する様々な不満をぶつけ、はき出す行動に出るようになったことと密接に関わっている。

例えば、公安当局の公式の発表においても、群体性事件（民衆暴動）は、二〇〇四年に七万四〇〇〇件を数えていた。一年後の〇五年には八万七〇〇〇件にまで増えている。平均すれば、一日当たり実に二三八件である。その後、民衆の抗議行動は一段と拡大したと推測されるが、公安当局はこの種の事件の数字を発表しなくなった。しかし、〇六年の香港報道によると、一一万件以上とさらに増大していることがわかった。于建嶸によれば、群体性事件の三〇―四〇％は農民暴動だといわれる。[58] また、農民の合法的な異議申し立て行動である陳情や直訴（上訪や信訪）も〇四年の国家統計局の報道によると、全国各レベルの信訪部門が受理した民衆からの陳情や直訴は一三七三万六〇〇〇件で、各地から北京に陳情に行った数は五八・四％増加した。[59] 全国各地に広がる農民の抗議行動を描いた清水美和の『中国農民の反乱』（講談社、二〇〇二年）や、安徽省農村で悪徳幹部の不正に立ち向かった農民たちの抗議行動を三年間追い続けた陳桂棣・春桃のルポルタージュ『中国農民調査』（人民文学出版社、二〇〇四年、刊行三カ月で発禁）などからそうした行動の一端が見られる。農民たちと地元権力者との緊張は凄まじい。

二〇〇六年一二月―二〇〇七年三月にかけて、中国社会科学院が中央政府機関に官僚腐敗などを直訴するため全国から北京を訪れる陳情者五六〇名を対象にしたアンケートを実施した。その結果を〇七年四月に発表した（複数回答可）が、それによると七一％が「地方当局者による暴行など迫害が深刻化した」、四四％が「迫害によって中央政府に対する信頼が低下した」と回答しており、さらに「地方政府の横暴」、「地裁判決への不満」などを中央政府機関に訴えたいと指摘したのが、それぞれ六〇％と六六％、また「問題が解決するまで陳情をやめない」（八五％）、「汚職官僚と刺し違える」（六〇％）という声が多かった。[60] 陳情者は官僚腐敗や農地の強制収用への反発を強めていることが明確にうかがわれる。図表2-7に見られる陳情者の態度をめぐる調査からもほぼ同様の傾向を見ることができる。

さらに二〇一〇年の全国の群体性事件の特徴について、ある研究者は次のように論じている。「社会の矛盾はさまざまな形で広がり、激烈な社会の衝突を引き起こしている。これらによって引き起こされた群体性事件は二〇一〇年

（単位％）

問　　題	はい	いいえ	回答なし
上訪をやめる，運命とあきらめる	5.8	89.6	4.6
目的を達成するまでは上訪を継続する	91.2	6.2	2.6
政策・法律を広め，大衆を動員して法律で規定する合法的な自分の権利利益を守る	85.5	11.2	—
大衆を組織し，政府と対話，談判する	70.2	25.3	4.5
幹部が怖がるようなことをする	5.6	40.5	5.9
組織を立ち上げ，農民の合法的権利利益を守る	68.2	27.5	4.3
腐敗した官僚と刺し違える	87.3	11.1	1.6

出所）周永坤「信訪潮与中国糾紛解決机制的路径選択」『暨南学報（哲学社会科学版）』第28巻第1期，2006年，第1期，pp. 42–44.

図表2–7　「上訪結果に満足できない場合，どうするつもりですか」

の各種群体性事件の中で突出しており、ものすごい勢いで増長している。……それらの原因としては二一世紀の新しい波は「都市化」であり、各地で「土地財政」をめぐる問題が噴出している。違法な、時には暴力的な土地の収用、不公平な保証価格問題、「官商結合」「金と権力の交換」などの不正もはびこり、城鎮一帯で強烈な不満が起こっている」ことを指摘している[61]。このように大量で様々なアクターによる多様な形態の群衆抗議行動が噴出していったのであるが、この分野の専門家たちは一般にこれらを「維権運動」（イシュー、行動主体、争点、目的を問わず権利を侵害する行為に対抗し、また権利を要求する行為を指す）と表現するようになった。さらに〇三年を境に、農民工問題、農民・労働者・環境保護運動、感染症問題などが社会的な高まりを見せるようになり、それに伴い「維権」というキーワードが一般化されるようになった[62]。いくつかのメディアで話題となったいくつかの「維権運動」の具体例を見ておくことにしよう。

大連におけるPX工場建設反対運動

まず二〇一一年に起こった大連市での福佳大化（大連福佳大化石油化工有限公司）PX工場建設をめぐる反対運動である。いくつかの新聞、ネット情報をまとめると状況は以下のとおりである[63]。同公司はポリエステル繊維などの原料となるPX（パラキシレン）を生産する国内最大規模の企業である。毒性の強いＰＸの工場建設は〇四年、福建省厦門市で進められたが同市民の強い反発で中止となった経緯がある。大連市では〇五年一二月に建設が認可され、〇九年に生産が開始された。福佳大化は大連市の中心部までわずか二〇キロメートルの場所にあり、さらに化学工業団地内には五一の化学薬品タンクがあり、これらのタンクの事故がＰＸ工場に波及する恐れもあった。

二〇一一年八月八日に大型台風が大連を襲い、ＰＸのタンク漏れの危険が生じた。九日、『南方週末』はじめ国内メディアと警察の報道部局が同工場に駆けつけ実情を取材しようとしたところ、数十名の従業員に暴行を受けた。また同日午後、ＣＣＴＶの記者と大連市政府の職員が同工場に入ると再び小競り合いとなり、ＣＣＴＶの記者が殴打された。封鎖と暴力で情報隠蔽をはかる福佳大化は「横暴すぎる」と批判され、『青年時報』も大連市のＰＸ事業の背後には腐敗や権力との結びつきが見え隠れすると指摘した。こうしたメディアの報道によって、大連市民は福佳大化ＰＸ問題のことの深刻さを初めて広く知るようになった。一四日の午前中、大連政府庁舎前では大規模なデモが起こり、抗議の声が響き渡った。そこで大連市政府側は同日夕方、化学工場の即時操業停止と早期の撤去を異例の早さで約束したが、具体的な日程は曖昧にしたままだった。

だが八月一六日、インターネット、携帯などで情報が一挙に広く流れるようになったため、一七日、大連市政府は福佳大化のＰＸ生産プラントの操業停止と移転を直ちに決定し、事件は一件落着した（YouTube 映像「大連遊行警察打人現場」他『中国証券報』二〇一一年八月一八日などから）。

烏坎村農民暴動

大連のＰＸ工場建設事件以上に海外で有名になったのが、二〇一一年九月から一二月にかけて、広東省の烏坎村で発生した農民暴動であった。発端は、村を支配する村党支部書記ら一族が村の土地の強制収用を進め、そこに高級マンションの建設を計画する業者に高値で売り莫大な利益を得ようとしたことだった。立ち退きの資金は総額で七億元が用意されていたといわれるが収用を強要された農民への補償は村全体で四〇〇万元(一人当たりわずか五〇〇元)だったため、農民の怒りは爆発した。抗議の声が高まり五〇〇〇人以上の農民が参加し警察当局と衝突したために、村の党組織と村民委員会は機能不全に陥った。上級政府は実情調査のため調査班を派遣し、村民は臨時代表理事会を立ち上げ一三名の理事を選出し、調査班の活動を監視するとともに、村民委員会の業務を代行した。一二月九日、市政府は調査の結果、烏坎村党支部書記および副書記に党紀違反があったことを認め解任したが、同時に村民から要求のあった土地問題をすべて処理し終え問題は解決したことと、臨時代表理事会を非合法と断じ、その指導者五名の逮捕を決定した。これに抗議した村民たちの動きを上級の市政府が抑え、逮捕した暴動の中心人物のうち一人が、拷問によって死亡するという事件が発生した。これが村民の集団行動をさらに激化させた。警察は村を包囲し、水道、電気、食料の供給を断ち兵糧攻めを行い、メディアが村に入ることを禁じた。

村民側はインターネットやミニブログ(中国版ツイッター)などを利用し、自らの状況・主張を全国や海外に伝えた。この頃から海外のメディアでこの事件が大きく取り上げられたため、さらに上級の広東省政府は早期解決をはかった。省の党副書記を組長とする対策組が村民と解決に向けた交渉を開始し、一二月二〇日、村民の要求を受け入れる代わり、デモを中止するように求めた。村民もこれを受け入れ、三カ月におよぶ烏坎村の混乱はようやく収束した。翌一二年三月三日には新村民委員会を選任するための村民全員による直接選挙がそれぞれ実施され一件落着となった(64)。

しかし、二〇一二年九月、烏坎村事件一周年を記念し、実際には進まない土地問題の解決を訴え一〇〇名余りの村民が抗議集会をした。こうした動きは少しずつ他の農村にも広がりを見せ始めていた。そして、やがて村の重要政策は村民大会という民主的な方法で決めるといった村内民主を実現した中国唯一の事例、〝草の根民主の村〟として、〝烏坎モデル〟と呼ばれるようになった。

温州高速鉄道脱線事故

世界が目を見張る中国高速鉄道がその本格的な開通後、早々大事故を起こしてしまった。二〇一一年七月二三日、浙江省温州で四〇名の死者、負傷者二〇〇名以上を出した新幹線の脱線事故が起こった。その処理をめぐって、この事件の主体である鉄道省は大事故発生後、直ちに死者や負傷者の救助、対応に向かうのではなく、驚くことに列車を解体し、地中に埋めるという破廉恥な行動をとり、さらに虚偽の報告で隠蔽を図ったのだ。ところが、この状況を目撃した市民の一人が携帯写真に収め、ツイッターやインターネット、ブログを使って流したために、直ちに国内外に情報が流れてしまった。八月一日には、中国共産党宣伝部が、「新聞などのメディアが脱線事故に関する報道をしてはならないとの命令を下した」と報道された。ミニブログサイト(「中国版ツイッター」)などを使い政府を激しく批難するいわゆる〝ネット反乱〟が顕著に見られた。猛烈な批判を浴びる中で、中央当局も厳正な対応を迫られることとなった。鉄道省はやがて事件の真相の報告と、幹部の辞任に追い込まれた。もともと鉄道省は党の庇護下で巨大利権を背景に独立王国を築き、「腐敗の温床」と言われてきた組織である。そして、さらに二〇一三年三月の全国人民代表大会で、鉄道省は廃止、交通省に吸収合併されることとなり一件落着したのであった。ソーシャルメディアが果たした役割は大きかった。

ゴミ処理施設建設に反対の住民運動

そのほかにも例えば、二〇一五年四月、中国広東省の羅定市でゴミ処理施設の建設に反対する住民運動が起こり、政府が計画の撤回に追い込まれたことがあった。衝突が起きたのは四月六ー七日で、ゴミ処理施設建設予定地や地元政府の施設に大勢の地元住民が押しかけ警官隊と衝突し、数人がけがをしたり拘束されたりした。インターネット上にも、関連の写真や動画が投稿されたため、この事件は広く市民の話題になった。そこで、地元政府は八日にゴミ処理施設の計画を撤回する決定をするとともに、住民に対して過激な抗議活動をしないよう呼びかけることで決着を図った(65)。

このように市民や農民の運動、群体性事件は全国各地で広く発生しており、しかもそれらのいくつかが一定の成果を上げるようになったのは、第一に市民・農民が自らの利害に関わる問題に関してははっきりとものを言い、行動するようになってきたこと、第二にフォーマル、インフォーマルなメディアによって実態が明らかにされ、広く一般市民、農民にも伝わるようになり、特に幹部の不正や官憲の不当な弾圧などが伝わると抗議の輪を一挙に拡大できるようになってきたこと、第三に地元の党政府はガバナンスの面からも、一方的に力で抑え込むことが難しくなり、場合によっては住民の要求を受け入れざるをえなくなってきたことなどが、理由として挙げられる。

しかし、多くの研究者が指摘しているようにこの種の「群体性事件」の頻発は、少なくとも体制崩壊の兆候、あるいは促進にはなっていない(66)。以下の理由が挙げられる。

(1) 群体性事件の規模は普通、数十人から数百人程度の小規模な事件の場合が多いが、時に数千人、数万人に及ぶこともあるがまれである。多くの場合、外に広く知られる以前に地方政府によって鎮圧されている。

(2) 抗議の対象は主として村、郷・鎮、時として県の地方幹部であり、一般的にはそれ以上の上級に及ぶことはない。さらに彼らの行動は中央や省の上級党政府が介入し問題の解決を支援してくれることを期待している。「上訪」「信訪」はまさにその一形態である。

(3) 抗議する内容は主として土地、家屋、生活環境の被害など彼らの生活に絡んだ村、郷・鎮、県の幹部らの不正や強権に対するもので、そうした問題が何らかの形で決着すれば、運動はそれでおしまいになるのが一般的である。

(4) 上級の党政府がもっとも心配するのは、こうした抗議行動が横への広がりを持ち、大規模な運動になっていくことである。したがって、早い時期に決着する、できれば芽のうちから摘み取ることを目標に迅速に行動することが求められている(ただし、少数民族の抵抗運動は中央政府への異議申し立て、抵抗の場合も少なくなく、必ずしもこれに当てはまらないので、改めて検討を行う)。

市民運動・住民運動の盛り上がりと、上述した群体性事件の膨大な数を見ると、民意がかなり政策決定に反映されるようになっている。そうした運動のアクターとしてＮＧＯ、人権活動家、弁護士、知識人、市民らなどがエイズ問題、地方幹部の腐敗、格差の拡大、環境汚染や教育・社会保障での不平等の深刻化する社会問題で様々な行動を起こすようになっている。また、これらに加えて、体制の不安定化をめぐる国際的要素では、グローバル化の進展がある種の一党体制に対する揺さぶりのファクターに十分なっており、世界的な潮流である民主化インパクトも情報化、人々の海外との接触によって実際には進んでいると考えられる。このことから実質的な民主化が進展する条件は増大してきたといえるかもしれない。確かに、統治する側から見れば、こうした市民・住民行動は今までになかった下からの圧力であり、具体的な政策決定において何らかの考慮をしなければならなくなってきたことは確かである。

そして前述したいずれの事例でも、インターネットなどソーシャルネットワークサービス(ＳＮＳ)の役割が大きく、それによって事件そのものが国内外で大いに注目されるようになったことが、事態を進展させる一因となった。問題を明らかにし、広く公開し問題解決に取り組む活動の中で非公式メディアの果たす役割が極めて大きくなってきていることは疑いない。例えば有名な活動家のブログには多数のフォロアーが集まるようになり、一挙に膨大な世論を形成するほどである。ソーシャルメディアの急激な普及は社会意識の変化を促し、徐々に中国の政治変革に影響力を広げているかに見える。

このような視点からすると、大きく様相が変わってきた社会、急増するメディアの役割に対して、それらをどのように扱おうとしているのかといった権力当局の動向が注目されるのである。共産党当局も、確かに市民・民衆の発言、行動をある程度受け入れざるを得なくなっていた。二〇〇七年の共産党第一七回全国大会「政治報告」では、言論・表現の自由には強い拘束を維持するが、知る権利、意見表明の権利(表達権)、監督する権利の強化を容認した内容を盛り込んでいた。NHKメディア研究部の山田賢一はインターネットの時代の中国を期待も含めて次のように語っていた。

「ブログやミニブログが普及すると、誰でも発信できることや読者の反応も掲載されるという双方向性などが若者を中心とした市民の強い支持を集め、今や中国メディアにおける主流の座を伝統メディアから奪い取る勢いである。こうした中国のニューメディアについて、二〇一二年七月に日中メディア交流事業で来日したブログジャーナリストにインタビューすることで、中国のメディアがより自由なジャーナリズムを目指して変わりつつある現状を明らかにする。こういった一種の〝自由化〟は、……極端な民族主義、具体的には「反日」に向かうリスクも否定できないが、中国のニューメディアで活躍するジャーナリスト達の多くは、政府当局の統制の中でも真実の報道に向け、たゆまぬ努力を続けている(67)」。

権力の暴走や不正をチェックするメカニズムを共産党内だけでつくることはそもそも困難である。これまで指導者が幾度も腐敗撲滅・汚職一掃のかけ声をかけてもいっこうに改善されてこなかった事実が、そのことを証明している。腐敗・汚職の解決を可能にする非公式ではあるが新しい動向として、SNSの活発な活動が目を引くようになってきた。その使用目的についても通信とニュースの取得・検索が全体の八割を占め、主にSNSを通じて情報を得ているという(中国インターネット情報センター統計)。結果、ソーシャルメディアが、徐々に自生的に非権力者＝市民・民衆の監視と批判の力となり、政策決定過程に反映させることによってチェック・アンド・バランスのメカニズムが機能するようになってきたのである。

党政府当局の逆襲『南方週末』事件

しかし、権力当局もまたしたたかである。胡錦濤時代にすでにインターネットの急速な広がりに対して、当局は徐々に警戒感を強めていた。例えば二〇〇七年一月に開かれた党中央政治局会議において、胡錦濤は「ネット世論の主導権を掌握し、ネット誘導のレベルを高め、……積極的に政府にとって建設的な主流世論を形成せよ」と呼びかけていた。(68)習近平時代になって党は市民・民衆の言論・表現に対しては、一段と厳しい警戒と制約を強めるようになった。二〇一三年一月三日に、広東省の人気紙『南方週末』が「中国の夢、憲政の夢」と題する新年社説を掲載する予定だった。内容としても憲政、民主、自由、平等を重視するトーンであった。前年一一月に党総書記になった習近平が就任記者会見で繰り返し力説した「中国の夢」に事実上対抗したメッセージになるはずであった。しかし一月二日に突如広東省当局の宣伝部が介入して、書き換えを強要し、「夢は生命を光り輝かせる」というタイトルの共産党賛美の内容にすり替えられた。

これに対し多くのメディア関係者が当局による報道統制への不満を爆発させた。インターネットを中心に『南方週末』への支持が広がり、共産党のメディアに対する干渉への反発が強まった。一部の地域においては「報道の自由」「言論の自由」を求める小規模デモさえ行われた。北京の比較的リベラルな新聞『新京報』では、政府系新聞『環球時報』による「南方週末事件批判」の社説の転載を求められたことに同紙の記者が反発した。さらにインターネットを中心に『南方週末』への支持が広がったことで、共産党のメディアに対する干渉への反発が強まった。

しかし、党中央は強気の姿勢を崩さなかった。そしてこの事件以降、劉雲山政治局常務委員（思想宣伝担当）の下で思想的引き締めとソーシャルメディアに対するコントロールが一段と強化されたのだ。二〇一三年五月一一日の香港『明報』紙によると、党中央は内部通達として「七不講」（議論してはいけない七つのこと）と呼ばれる指示を全国の大学に向けて発した。その中身は、(1)人類の普遍的価値、(2)報道の自由、(3)公民社会、(4)公民の権利、(5)党の歴史的錯誤、(6)権貴（特権）資産階級、(7)司法の独立となっており、ここ十数年来の言論統制としてはもっとも厳しい内容となっている。

もちろん中国において「言論の自由」を求める人々は決して少数ではなく、こうした当局の締め付けにもかかわらず様々な対策を講じてこうした封じ込めの壁を突破しようと試みている。しかし、権力者の締め付けは予想以上に強固で、ネット、ブログ管理には多くのトレーニングを受けた人員を配置し、少しでも党批判につながる議論があればチェックしてアカウントを削除するなど、厳しく取り締まるようになってきた。また、必ずしも党指導を否定してはいない穏健な政治改革論者の主張でさえ、内容によっては直ちに逮捕、拘束されるといった事件も頻発するようになっている。

劉雲山の強硬な締め付けは当然にも習近平の意向を反映していた。それがはっきりとみられたのは二〇一三年八月一九日、党中央全国思想宣伝工作会議でのことだった。習近平は「イデオロギーにかかわる取り組みは党の極めて重要な取り組みの一つであ」るとイデオロギー管理の重要性を力説し、その上で「インターネットが世論闘争の主戦場となった」と語ったと伝えられている[69]。その後、各職場では習近平発言の徹底がはかられた。イデオロギー統制は胡錦濤時代に比べると予想以上に厳しいものとなった。思想宣伝工作会議の転換点として、それまでの微博の発信数が七万二四八一本だったのが、六万五一二六本と一〇％余り減少し、さらに政府系メディアの発信する微博の本数が民間オピニオンリーダーの発信数を上回るほど国家の力が増大した[70]。このように「八月一九日講話」以降のメディア統制によって、影響力のある民間のオピニオンリーダーへの圧力が強まり、西側的な民主、自由を求める声は急速に抑え込まれることになっていった。

二〇一四年二月、インターネットを包括的に管理する中共中央インターネット安全・情報化領導小組（中央網絡安全和信息化領導小組）が発足し、習近平が組長に、同弁公室主任に魯煒が就き、上からのメディア統制が本格化していった。同じ時期、習近平は思想統制の強化を図るために党中央政治局会議で「社会主義の中核的価値観」の育成と発揚を力説した。(71) さらに、同年五月四日、「五四運動」記念の日に習近平は北京大学に赴き、「五四運動は愛国、進歩、民主、科学という精神」を「社会主義の中核的価値観」に結びつけてその発揚の必要性を訴えた。本来、「五四運動」は徹底した反儒教であったが、習近平は、この演説の中で儒教の古典を多数引き、中核的価値観が「中国の優れた伝統文化の遺伝子を受け継いでいる」と主張し、彼の主張する「社会主義価値観」を中国の伝統思想から再生させようとする意図が明らかになっている。

その意味では、胡錦濤時代に彼のブレーンとも言われ、中国の目指す民主が世界の普遍的価値と一致するものであることを強調した兪可平らが、習近平時代に冷遇されるようになったのにも通ずるところがある。「民主化の新たなモデル」とも言われた烏坎村での新選挙－幹部の交代－腐敗の撲滅の動きは、その後順調に進んではいない。二〇一六年には市当局は一〇〇〇人以上の武装警察・機動隊を導入し、烏坎村に外部から人や車両を入れないようにして村を孤立させ、外への情報流出を遮断した。同村の民主化は定着するどころか、市政府当局による弾圧を余儀なくされている。噴出する社会問題解決のための下からの民衆運動も習近平政権の登場によって大きな壁にぶつかっているかのようである。一九八九年の天安門事件の挫折以来、少しずつ息を吹き返してきたように見えた中国民主主義への胎動が、再び大きな曲がり角に立たされていることは明らかであろう。

第三章

中央・地方関係から見た動態的政治構造

問題の提起

前章において主に〈国家―社会〉の変動・構造を分析することから政治体制を考える視座を提示してきた。しかしながら中国の政治体制を考える場合、もう一つの重要な側面である地勢的特徴、すなわち統治領域の大規模性からくる問題をクリアにしておかなければならない。言い換えるなら、政治経済パワーとしての地方をどのように考えるかという問題である。

改革開放路線下で変容する中国社会主義体制にとって、地方のパフォーマンスあるいは中央と地方の関係はどのような意味を持ってきたのか。おそらく政治体制変容を考える鍵の一つにもなるであろう。ところで、あらかじめ指摘すべき「地方」という概念は、ここでは中央に対する対抗概念もしくは従属概念の総称として理解しておく(72)。議論の対象としては、主として省レベルを中心に県レベルを含んだ権力実体――党・政府・人民代表大会などの政治指導体制――に重点をおくことにしたい。確かに中国政治を動態的に見ていこうとするならば、統治と自治、集権と分権、統一と分散といった問題が重要な論点として浮かび上がってくるのであり、そこには省・県レベルより下の郷・鎮・区さらには村・工場・単位といった基層レベルも対象としなければならない。だが、ここでは改革開放の進展の中で一定の「自律的実体」となりつつあった地方が、中央との間でどのような問題を生み出し、いかなる関係を作りだしたのかを課題としていきたい。

そもそもなぜ政治的アクターとしての地方なのか、あるいはなぜ中央・地方関係を重視しなければならないのか。一党独裁の社会主義体制下では、一般にトップダウン方式の集中的指導が厳しい全体主義体制とみなされ、地方は中央に基本的には従属する、事実上独自の主体性を発揮することのできない存在として認識されてきた。従属のメカニズムを制度的な側面から見ておくならば、それは主に以下の三つの点に顕著にあらわれている。

第一に、党系列下および行政系列下の指導・被指導メカニズムにおいてである。党も行政も建国以来、上級は下級に対して明確に指導組織と位置づけられ、そのことは今日に至るも一貫している(73)。第二に、計画経済時代から続いているマクロな政策決定メカニズムにおいてである。資源調達・生産・分配などの決定は、まず大枠の路線・政策および重要産業部門の具体的指標に関して中央が行い、それが順次下へ降ろされ、より具体化されていくのが一般のパターンである。第三に、下級の重要人事における決定メカニズムにおいてである。党・政府・人民代表大会・軍などの重要組織で、上級は下級の人事に対して指名権、推薦権あるいは承認権を持ち、その配置を決定的に左右してきた(74)。そして以上の三点において、地方が主体的に関与する余地は極めて少なく、主体的なケースも例外的なものに限られていたといって過言ではないだろう。毛里和子も独自の分析を進めながら「中央＝地方関係は制度から見るときわめて垂直的だった」との結論を導いている(75)。

さらに、従来、地方はそれぞれの地方として政治・経済・社会的に事情を異にし、実際にはある程度の多様な政治過程を示していたにもかかわらず、中央にとっての地方とは政治・行政的には、地域的相違をほとんど考慮することなく、ほぼワンセットとして扱われるサブシステムであったと言えよう。例えば、経済的に豊かな地域、交通が発達し情報も比較的よく入る地域と、そうでない地域の格差・政策対応の違いは、毛沢東時代においてさえ歴然としていた。しかし、目立って地方が自らの意志で主体的にある独自の方向性・政策を打ち出すということはほとんどなかった。いわば、地方とは少なくとも表面上は中央政策の忠実な実行者か、それともリアクション・アクターとして基本的には位置づけられていたということである。

しかしそれでも、しばしば地方の自律的行動が目立つことがあり、あるいは中央と地方の間に緊張関係が起こっている。群雄割拠の昔にさかのぼるまでもなく、中華民国期は形式上の統一国家体制はともかく、事実上の「軍閥割拠」状態が続き、建国以後でも初期の「大行政区」時代は地方の自律的傾向はある程度容認されている。さらには一九五三—五四年にかけて「高崗・饒漱石事件」が起こったが、それは東北と華東地域と中央の緊張として分析されてきた。毛沢東が取り組んだ人民公社の推進も表向きは賛同しつつも、いくつかの地方では実情に合わないと事実上抵抗していたといった記録もある。

改革開放期に入り、条件のあるところから先に豊かになってよいといういわゆる「先富論」が鄧小平によって提唱された。その結果、沿海地域は大量の外資を積極的に導入し先頭を競って経済発展に取り組んだ。先富論に乗れた地域は、表向きは中央の指導に従いながらも、自分の地域で得られた豊かさをできるだけ自分のところにとどめられるよう様々な形で中央に抵抗した。「上有政策、下有対策」(上に政策あれば下に対策あり)、「陽奉陰違」(表向きは上にしたがっているが裏では逆らっている)といった言い回しがこの時期によく使われるようになったのは、そうした現象が頻発するようになったからである[76]。中国政治を考えるうえで、集権と分権のサイクル的展開という見方があったが、それは見方を変えると集権化を強める中央と分権化を主張する地方との綱引き的な関係であったということもできよう。いずれにせよ、地方政権、地方政治をどのようにとらえるかという課題は、現代中国政治の一つの重要なイシューであるといえるだろう。

一　中央・地方関係と地方のガバナンス——規模の統治論

中国における統治の特徴を考える場合、第一章の「基底構造論」でも触れたが、「広大な土地と膨大な人口を抱える」という規模を問題にすべきである。統治にとって最適の規模があるという仮説は成り立つであろう。しかし、何をもって最適と定義するか、あるいは最適性を構成するファクターとして何を選択するかなどについては十分な検証を必要とする。遺憾ながらここではそれを体系的に提示できないが、主要な構成ファクターとして、⑴統治機構の制度的な体系性の度合い、⑵統治機構の軍事、警察など治安維持能力度、⑶統治者―被統治者間におけるアイデンティティの強度、⑷被統治者の統治機構・統治者への信頼度、⑸統治―被統治者間のコミュニケーション・ネットワークの整備度などが指摘できよう。

かりに、⑴統治の制度的体系化が進み、⑵統治機構の治安維持能力が高く、⑶統治者―非統治者間でアイデンティティの共有が強く、⑷被統治者の統治者への信頼度が高く、⑸統治―非統治者の意思疎通ができておれば、安定的な統治が実現するといえるだろう。したがって規模の統治は概念としては成立するが、決して固定的な地理空間を指すのではなく、上記のような条件の充足度合いによって規模は膨れたり縮んだりするのである。

共産党統治下の中国において、⑴は総じてそれほど低いとは思われない。もちろんそれでも前述した革命政党としての共産党、毛沢東の資質は留意しておかなければならない。なぜなら新しいものを創りあげるための「破壊」は必ずしも悪いことではないといった考え方が存在していたからである。ただし、今日では共産党幹部自身が強大な既得権益者・集団になってきたため、破壊に対しては保守的になるのが一般的傾向である。⑵は上に忠誠を尽くし、政策遂行能力のある党員の規模、軍や警察など暴力装置の強度などがカギとなる。⑶ではかつて孫文が「中国には民族主義が存在しない」と語ったように、近代的な国民国家意識としての民族意識は希薄であり、アイデンティティは各自の生まれ育った地域（省・県レベル）により強く求められた(77)。さらに中国全体として五十数種類にわたる多民族国家において、ナショナル・アイデンティティの形成・維持は常に不安定なものであった。それ故に人民共和国の全期間を通じて愛国主義の鼓舞は重要課題の一つであった。特に共産主義イデオロギーの権威が失墜した一九九〇年代以降に愛国主義教育に力を入れたことは現在の体制維持において重要であった。愛国主義に基づく中華民族のアイデンティティの強さが体制維持にとって重要な意義を持つこととなった。

(4)は建国から五〇年代後半頃までは、両者への信頼度は総じてかなり高いものであった。が、大躍進政策に見られる経済政策の失敗、文化大革命などの激しい政治闘争によって次第に崩れていったと理解される。文革をへて林彪事件に遭遇したある青年の次の言葉は象徴的である。

「林彪事件(一九七一年)は私たちに大きな教訓を与えてくれました。上のほうの指導者たちは今日あるものを丸といいながら、翌日になるとそれは平らであるというかもしれない、と考えるようになったのです。私たちはそうした制度に信頼をなくしました[78]」。

制度化された統治という意味では、中央権力によって繰り返される政争、政策の誤りによって民衆の制度に対する不信は高まり、今日に至るも決して解消されてはいない。習近平指導部に関して、第七章で紹介するが、徹底した「反腐敗闘争」の展開によって信頼性が高まっているといった話題がある。しかし、それも習の指導力に対しての信頼であって、腐敗を防ぐあるいは規制する制度への信頼性への高まりとは言えないだろう。

さらに、(5)についてみれば、移動の自由が制限され、交通・通信機関の発達していなかった毛沢東時代、鄧小平時代前期の状況において、共産党および党のコントロール下にある行政・大衆組織・マスメディアが、統治者―被統治者間に存在するほとんど唯一のコミュニケーション・ネットワークであった。しかし表面的には、それは一元的で強力なパイプに見えるが、実質的には被統治者の多様なニーズに対応しきれない、幅の狭い融通性の乏しいものにならざるを得ない。したがって統治に意味のあるコミュニケーションとして、現代中国においても相互に面識のある人間間の対面(face to face)コミュニケーションが重要性を増していた[79]。

この場合、統治者の被統治者との直接接触は下級に行けばいくほど対面コミュニケーションの頻度が高くなる。省都に所在地をおく省レベル統治機構の指導者が、頻繁に末端レベルに入り、基層幹部や大衆と対面コミュニケーションを行う事例がよく報道されてきたが、それは日常的なものであり、このレベルの統治者の極めて重要な工作の一つであった[80]。言い換えるなら、対面コミュニケーションの規模のぎりぎりの限度として、省レベルを想定することができるということである。もっとも今日の視点から統治の規模の問題を考えてみるならば、巨大な治安機構の設置(武装警察＋公安)と同時に、台頭してきたソーシャルメディアへの強力な権力介入の問題を抜きにするわけにはいかない。これは前章で見た国家－社会関係の問題であった。

以上のように見ていくと、統治の規模性と地方の関係を以下のように整理できる。すなわち、統治機構が強大であっても、その影響の及ぶ空間がそれをはるかに上回る広がりであったとき、その機構の機能だけでは統治は効果をあげることができない。つまり規模の大きさによる統治の拡散性という問題があること、にもかかわらず、中国では伝統的に「大一統」と表現される規模性を無視した統治への「拘り」が、今日に至るもなお為政者の間に強くあることを見ることができる。このような中央の統治者の「大一統」「中央集権」型統治と、広大な非制度的社会の不安定な流動的状況との隙間を埋める統治の実質的な主体として、地方(省・県レベル)の統治機構・統治者の役割が重要になっていたのである。

やや横道にそれるが、毛沢東は絶大な権限を集中させた中央の独裁者であったが、彼の国家観は興味深いことに分権志向の強い革命家でもあった。五四運動期、湖南自治運動を提唱した彼は、従来の中国を大国家主義と批判しながら「国家は小さいほどよい」、「(春秋時代は)上に中央政府が無く、諸侯は並立し、……故に各地は発展することができた」と論じた[81]。文革直前の一九六三年の政治局拡大会議では、「中央は、やはり、実権なき君主を戴く共和制がよい。……中央は名目的な権限を握るだけで、実権はにぎらないか、または、少ししか実権を握らないことである」と発言している[82]。

ここにうかがわれる国家における中央・地方の関係は、中央国家の規模ないしは実権をできるだけ小さくする、言い換えるなら「小さな中央」にするということと、実体としての地方の「自律化」が、反比例的に増大する関係になっているということである。逆に言うならば、「諸侯経済」や「地方自治」の広がりなどによって地方のパフォーマンスが増大することは、他方で中央における国家の縮小化が進んでいくことを意味する。改革開放期の中国は曖昧な中華ナショナリズムによって全体的な統合を保とうとしている中央政権が、それ故にかつてのハードな共産主義国家に比べて、はるかに緩やかで縮小した国家に変容していった。このような文脈に沿うならば、より「小さな中央」の下に「自律化」した地方国家の連合が成立するとき、ある種の条件付き「連邦制国家」を構想することができたのである。これに対して、様々な機能と権限を中央に集中させる政治体制を確立しようとすればするほど国家は肥大化し、強大な中央集権的国家、単一制国家に向かうこととなり、地方分権の拡大と逆行することになる。一九八〇年代、九〇年代の改革開放期は、このような二つの選択肢の間を揺れ動いていたといえるかもしれない。

少し具体的に見ておくならば、今日の中国は「中華人民共和国が中国を代表する唯一の国家」ということをかたくなに強調し、かつ共産党独裁、中央集権型政治体制を堅持しているように見える。しかし、改革開放期を通してみると、確かに行政建制の多様化が始まっていたといえるかもしれない。様々な「経済特別区」の設置、「自由貿易区」の設置、さらには一九九七年以来の香港における「一国二制度」の実施などがそれである。あるいは中台関係において、「九二年コンセンサス」が話題になっているが、習近平政権はともかく、それ以前の政権では「一個中国、各自表述」(一つの中国、各自が表現)をめぐり、九八年五月、党中央台湾工作会議では、「中国」=中華人民共和国にこだわらず、より「抽象的な中国」でもかまわないことが確認されたと伝えられてきた。もしそうであれば、台湾の政治体制をも取り込んだ、緩やかな統合体、ごく限られた権限・機能を持つ中央権力をイメージすることも可能になっていた。従来の中央・地方関係では捉えきれない新しい状況が生まれつつある段階が見られ始めたと言ってよいであろう。そしてそのことが、中国政治体制の制度的な変容を内側から促進する重大な要因になる可能性を高めることになる。習近平体制下の集権化状況を近視眼的に判断すべきではないと思う。

中兼和津次はかつて、共産党の一元的でハードな集権体制と理解されがちな中国の統治を、制度化を遅らせる体制的要因を考慮すべきとして、それを「ゆるい」集権制と規定した(83)。筆者の問題関心からこれを解釈するならば、地方の指導組織が、中央の提示する路線・政策的な大枠を考慮しつつも、それぞれの管轄範囲内の政策決定に関しては、実質的にはある程度の自己裁量権(自主権)を持ってきたところに、「ゆるやか」ではあるが同時に「集権的」でもある体制が出来上がったのである。

二　歴史の中の制度的な中央・地方——層級制と変動のサイクル

先にも述べたように、人口の多さ、面積の広さ、地域ごとの状況の複雑さ、多様さなどによって、中国の国家統合、統治は、必然的に他のいずれの国家と比べてもはるかに大きな困難を伴うものであった。制度的な統合の枠組みは建制と称されるものであるが、歴史的に見てかなり強い連続性を見ることができる。以下簡単にその流れを見ておこう。「秦漢が郡県制を実行して以来、中国の地方行政建制は、一貫して「層級制」を採用してきた。同類の地方行政単位は通常すべて一つの層に位置づけられる。「層級制」においては、一級下の行政単位は、その上の級の行政単位を飛び越えて、さらに高い行政単位もしくは中央政府と直接の関係を持つことはできず、ことがあれば層のレベルにしたがって上奏しなければならない。中央の政令も同様に各層に順次下に通達しなければならない(84)」。言い換えるなら制度的には、中央・地方関係は地方の中にいくつかの権威的な層が存在し、中央・地方関係は単純な中央の下にある一つの塊としての地方ではなく、地方の中にも重層的支配・従属の権威的構造が形成されていたのである。中国型権威主義体制を理解するうえで重要なポイントである(第六章で後述)。

歴史的な統治の構造を見てみるならば、秦朝以来中央に対する地方は層級制(建制)の構造になっており、個々の時代の層級制は以下のように要約できる。

(1) 秦、隋の二代(三七年間)＝二級制(二層制)：郡(州)—県

(2) 宋、元、国民政府(四三七年間)＝四級制：路—州—府—県　もしくは省(路)—府—州—県　もしくは省—県—区—郷

(3) その他の時代(一七〇〇年余り)＝三級制：省—県—郷など

したがって、三級制が中国における行政建制のもっとも一般的な形態であった。層級(レベル)が多くなればなるほど、上から下あるいは下から上の伝達は時間を要し煩雑になることから、集権的統治よりも分権的統治の色彩を強めると判断できよう。しかし、では層級数を少なくすれば中央集権が強くなるかと言えば、理屈のうえではそうであるが、前述したように中国の広大な統治空間、膨大な人口、地域的多様性を考慮するならば、実質的な統治の効率が低下することになるだろう。したがって、中国史上もっとも長い期間採用されていた三級制は、より安定的な集権的統治という点で、為政者たちが経験的に体得した歴史的知恵であったと言えるかもしれない。そして従来の中華帝国と全く異なった理念、イデオロギー、組織を有し権力を掌握した共産党統治が、後述するように従来の建制を強く継承していたことは、統治、社会変容のサイクルの連続性を考えるうえで興味深い点である。

中央・地方関係は、ダイナミックな政治変容からも考えておく必要がある。中国の歴史的な変動を鳥瞰するならば、そこには、興味深いことに「大一統」(帝国的安定)、「乱」(混乱、分裂状態)、「割拠」(地方分断的安定)のサイクル的な展開を見ることができる。「大一統」の概念、統治システムは次章において詳述する。そして、ダイナミックな中国の政治変容についての有名な言い回しは、「一収就穏、一穏則死、一死就放、放則活、一活就乱、一乱又収」(収束すれば安定し、安定すれば停滞し、停滞すれば解き放ち、解き放てば活性化し、活性化すれば乱れ、乱れれば収束する)というサイクル観、あるいは「穏歩—急進」というサイクル論である。「放—収」のサイクル論は、中国政治の有力な分析方法の一

つである。[85]「収」とは政策を引き締めることであり、「放」とはそれを緩めることであり、この主体はいうまでもなく中央である。これに対して「穏」とは安定状態、「死」とは停滞・膠着状態、「活」とは生き生きとした状態、「乱」とは混乱状態を意味し、この主体は一般に地方である。つまり、地方は中央に対して、従属的であったにもかかわらず、このサイクルを引き起こす中心のアクターとして存在していたことになる。中国の政治過程が、ダイナミックに「放」の状態と「収」の状態の間を揺れ動いてきたことと、その中に占める地方の特異性を考えておくことは重要であった。

そこでまず歴史的な文脈から、サイクル的な変動を見ておく。漢王朝（大一統）が長期に続いた後、その末期に黄巾の乱といった大規模な農民反乱が起こり、やがて魏・蜀・呉の三国時代という割拠の時代を迎え、さらに五胡十六国、南北朝の時代を経て隋の統一、唐大帝国の出現があった。その後、少数民族による安史の乱、農民指導者の黄巣の乱から五代十国と呼ばれる割拠状態となり、やがて宋（北宋）の統一から金の侵入による南宋との対峙状況が生まれた。次いで蒙古族の侵入、元王朝が成立した。蒙古族は一時期ユーラシア大陸全域に支配の手を伸ばした。やがて内訌と腐敗により衰退し、朱元璋の反乱によって滅び、まもなく明王朝が誕生した。三〇〇年近い治世の後、李自成の反乱によって崩壊し、やがて満洲族によって清王朝（大一統）が長期に続いた後、一九世紀の後半から太平天国の乱、捻軍の乱、回民の乱から義和団運動へと断続的に大規模な農民反乱が発生した。さらに辛亥革命によって清王朝が瓦解する中で、名前ばかりの新国家・中華民国が誕生したが、中国を実質的に統治したのは山西省の閻錫山、陝西省の馮玉祥、広西省の李宗仁ら台頭した地方実力者であった（軍閥割拠）。

このように歴史の現実は単純に大一統と反乱、あるいは集権と分権の二元的サイクルではなく、その間に「割拠」というある複数の「地方」とも言える政治主体が存在し、それらによる緊張した均衡関係が保たれた時期を見ることができるのである。そこでこの〈大一統―乱（分裂）―割拠〉サイクルのメカニズムを考えるならば、次のような説明が可能ではないか。大一統を支える最も重要な基盤は、国家レベルでの官僚体制と社会レベルでの郷村自治(農村共同体)である。両者が順調に機能し、相互補完的な関係を保っている間、大一統は維持される(第一章の金観濤の「超安定システム・モデル」に類似)。あるいは官僚体制と郷村自治の一方が一時的に混乱を来しても、他方がうまく機能している限り大一統はくずれない。しかし官僚のはなはだしい腐敗、猾官などによって官僚体制が効果的に機能しなくなり、同時に大自然災害や官僚の不当な収奪などによって郷村自治のハーモニーが崩れた場合、急速に「乱」の状態が生み出される。

中央の官僚体制と郷村自治が機能不全に陥った流動的状況の中で、直接軍事力をもって秩序を回復しようとする地方の実力者(群雄、軍閥)の動きが台頭してくる。軍事力による効果的な統治には当然空間的に限りがある。したがって彼らの動きは特定の地域(一省ないし数省という地方)に限定された統治となる。ここに地方実力者による「割拠」の状態が形成されるのである。彼らの中でやがて突出した有力者が生まれ、彼を中心に新たに中央官僚体制の再構築が取り組まれ、かつ一定期間の力による秩序の維持を通じて郷村自治も回復し、新たな大一統が出現するというサイクルである。「割拠」という状況が常態化せず、必ず「大一統」の思考が強く働きながら新しい「中央」を創り出していくところに中国的特徴がある。

三　社会主義体制下の中央―地方関係

建国以降の統治を少し具体的に見ておこう。基本的にはソ連型の共産党統治を模倣した統合スタイルで中央から基層に至る重層的中央集権型統治であった。しかし歴史的に見てこの国家統合は、秦漢以来の中華帝国の統合原理と統合方式に大きく影響されてきた。すなわち、全国で三級ないし四級の官僚制行政機構(建制)をつくりながら、人事、行政、立法面で基本的に中央に権限を集中させ、指令・命令的な手法で下部を統治し、単一的な国家統合を実現しようとしたものである。これを保証するものが共産党のイデオロギー的、組織的、軍事的コントロールであった。もともと皇帝の絶大な権力を官僚体制が支えており、共産党統治も党中央のトップに権力を集中させるべく、このような政治体制が出現した。

もっとも人民共和国初期の行政建制は、全国を基本的に六つのブロックに分けたいわゆる「大行政区制」(＝地方権力)が設置された。それは中央政権の統治能力が組織的にも、権威的にもまだ弱体であり、統治に強い影響力を持った大物軍人をトップに配し、割拠に近い分権型統治をせざるを得なかったためである。地方の権限の増大は、中央指導を正面から否定するものではないが、部分的な立法をも含む様々な権限を地方に大幅に委譲することとなり、そのことが地方権力のプレゼンスそのものを変え、中国政治のあり方に大きな影響を及ぼしていくことになった。(86) したがって当時の地方、とくに「六大行政区制」の地方では各地の共産党軍の領袖たちによる「自律的」な地方統治がなされたこと、もっとも、ここでの安定的ファクターとしての地方は、暫定的あるいは短期的なものであった。

一九五四年の第一期全国人民代表大会第一回会議が召集され、憲法などが制定され、中央政権の統治能力が大幅に強化されたとき、「大行政区」は廃止され、以来三級ないし四級制が実施されてきた。しかし中央集権の強化を目指す過程で、一九五三―五四年に「高崗・饒漱石事件」が起こった。それは毛沢東・劉少奇ら中央に対する東北、華東のリーダーをはじめとした地方勢力の反乱に対する中央の鎮圧とも解釈できる。その後では「中央―地方」関係の特筆すべき事件は、混乱した文革の後半期に各地方軍区の人民解放軍の介入によって各地の秩序回復がなされたことである。それは制度的にはともかく実質上はある種の「割拠」であった。「林彪事件」を経て「割拠」から「大一統」への安定といった流れを見ることができる。基層レベルでは五〇年代後半以降の郷を軸とする人民公社の建設、都市での相互監視を強化した「単位社会」の形成などによって、従来比較的自立性の強かった社会空間に、党の政治権力が浸透するといった状況が形成された。歴史的に見て社会への権力の浸透という点では、五〇年代後半以降の毛沢東時代がもっとも深く浸透したと言えよう。

一九七八年以降、改革開放期に入り、行政建制は基本的な変化を見せてはいないものの、実質的な多様化が進んでいる。すなわち一方で人民公社の解体がなされ、市場化にともなう社会的流動化の中で「単位社会」が崩れ始め、社会の権力に対する「自律化」が進行している。他方で、従来の省、県、郷の三級、あるいは省、市、県、郷の四級に加えて、以下のような特別の行政単位が生まれ、行政系統の分権化と多様化が進んでいった。(イ)経済特別区、対外経済開放区の設置、(ロ)行政特別区の存在、(ハ)直轄市、計画単列市の増加、(ニ)新たな「市」の増設(七八年一九〇市から九一年四七六市へ増)と、それに伴う市の行政権限の拡大などである。さらに鄧小平の分権化政策の初期段階で、地方立法権の付与という決定がなされ、その後広範に普及している。この地方性法規は地方における問題の具体的処理の法的基準になる。そして具体レベルでの法的処理は制度的統治にとって重要な作用を果たす。こうした事実は、まさに集権的な共産党独裁体制の変容を別の側面から示していると言えよう。

これらの動きに呼応して、改革開放期においては新たな中央−地方関係が生まれている。すなわち中央にチャレンジする地方、言い換えるなら中央にとっての不安定ファクターとしての地方という問題である。党一一期三中全会を前にして、鄧小平が路線の転換にあたって最も重視すべきポイントとして力説したのは、思想の解放とともに過度の権力集中による弊害の打破であった。例えば次のように指摘している。「いまのこの時期には、とりわけ民主を強調する必要がある。それというのも、これまでずいぶん長いあいだ、民主集中制を真に実行したことがなく、ともすれば民主から離れて集中を論じ、あまりにも民主をなおざりにしてきたからである。……地方、企業、生産隊には、経営管理の面でもっと多くの自主権をあたえるべきである。わが国にはこんなに多くの省・市・自治区があり、中くらいの省でも欧州の大国に匹敵するのだから、認識、政策、計画、指揮、行動を統一するという前提のもとに、経済計画や財政、貿易などの面でもっと幅広い自主権をもたせるべきである」[87]。

鄧小平のこのような考えは、下からの要求とも共鳴し、ほとんど時をおかず具体化していった。事実上一九七八年から始まる農村での、人民公社方式（統一生産・統一分配）から、各家庭が生産に責任をもって請け負う方式（包干到戸）への転換の動き、七九年七月の国務院「国営企業経営管理自主権の拡大に関する規定」により、いくつかの地域で実験的に開始された企業自主権の拡大、続いて商品経済化との言い方の計画経済から市場経済への移行などが、その主な動向である。これらは社会の末端（基層）レベルを中心とした動きであるが、それとほぼ並行して省・県レベルの地方でも重要な変化が始まった。

ひとつの動きは地方権力機構の改編、およびそれにともなう地方への一定の法的な権限の委譲——分権化、権力の下放——である。建国初期においては大行政区の設置により中央と地方の両級立法体制が採られていたが、ソ連憲法をモデルとした「五四年憲法」は地方の立法権を否定し、以後制度的にはこの規定が継続していた[88]。言うまでもなく、地方の活性化にとってこの規定は大きなネックとなり、改革開放期に入ってその改編が法体系の整備とともに浮上した。限定的ではあるが中央から地方への立法権、人事権の付与、経済自主権の下放、財政請負制の導入などは、とりわけ省レベルの地方のプレゼンスを増大させた。豊かな地方はより多くの経済的利益を自分のところへ残そうとし、貧しい地方は中央からより多くの援助を受けようと交渉し、あるいは自らの資源や産業保護の政策をとって中央に立ち向かおうとする。地方レベルのこうした動向は、基層レベルの活発化する経済活動を軸とした社会的流動化と連動し、相乗的作用を起こし、中央のコントロールを弱体化している。

一九七九年七月の第五期全国人民代表大会（以下全人代と略す）第二回会議では「中華人民共和国地方各級人民代表大会及び地方各級人民政府組織法」が審議・採択された。その第六条は次のように規定している。「省・自治区・直轄市の人民代表大会は、自己の行政区域の具体的状況と実際上の必要に基づき、国家の憲法、法律、政策、法令、政令に抵触しない前提で、地方性の法規を制定し、頒布することができる」。これをもって「事実上、中央・省両級立法体制が打ち立てられた」と言われる。[89]

さらに一九八二年一二月（第五期全人代第五回会議での「新憲法」制定時）、および八六年一二月の二度にわたる同組織法の修正をへて地方の地位・職権が強められた。八二年の憲法改正時に彭真全人代委員長は、「中央と地方の二つの積極性を発揮させるという原則に基づいて、中央と地方は適度に分権すべきである」と提起している。[90] この意向は新憲法に反映され、とりわけ政策的に地方の自律化を促したものを制度面から見るなら、(1)地方性法規制定権の付与と、(2)地方の財政請負制の実施の意味が大きかった。(1)については、第一章第三条で「中央と地方国家機構の職権区分は、中央の統一的指導下で地方の主導性、積極性を十分に発揮させることを遵守する」と明記された。同時に新憲法では、上述の「地方性法規制定権」（第一〇〇条）、「県級以上各級地方人代・人代常務委の重大事項決定権」（第九九、一〇三条）も条文として挿入された。[91] 地方性法規は例えば選挙方法、土地管理、企業経営方法など政治・経済・社会に関する当地の具体的な取り決めを制定したものである。

全国各省での制定数は一九八六年の一五二件から、八七年の二〇七件、八九年の三〇二件と顕著な増加傾向を示し、それが地方の政治運営の中で重要性を増していることを暗示している。しかし、この間の改革開放期においてしばしば問題は重大事項の内容でではあるが、中央の意向や決定が無視されるケースが発生しているのである。例えば、中央の度重なる指示にもかかわらず膨れ上がる地方の基本建設投資、乱造される経済開発区、中央規定を無視した地方の勝手な農民からの各種税の取り立てや土地の売買規定の制定などがあった。[92]

経済社会の発展に伴い、地方における経済、社会活動が全般的に活発になっていき、一面的に中央が地方の活動を引き締め、監督を強化するだけでは済まされなくなっており、地方性法規の充実は必然の流れといえるかもしれない。そこで基本的には、省など一級行政区の人民代表大会およびその常務委員会はその地域の状況、実際のニーズに合わせ、かつ憲法、法律、行政法規の内容に抵触しないという条件の下に地方性法規を制定する手続きを制度化し、拡充させるようになっている。比較的大きな市は、中央の条件に加えて一級行政区の法規にも抵触しないことを条件に地方性法規を独自に作成することも可能になっている。地方性法規の充実は地方社会の制度化に極めて重要な役割を果たすものといえよう。

四　地方への集権化から党政合一論への逆流

では中央からの権限の下放は社会各層の自主権の拡大、社会全体の「自律化」をもたらしたのだろうか。実は中央から地方への分権化は、必ずしも地方の中での各級、各領域への分権化をもたらしたものではなかった。改革開放期の政治過程を見るならば、それは地方（主として省級および県級）権力機構への集権化を推し進めたことを示している。工場長責任制が試みられたにもかかわらず、多くの工場長から依然として行政の主管部門に権限が集中していることへの不平・不満の声が出された(93)。また行政領域でも人事・重要政策の決定権において、例外的な現象を除き各機関の自律的なメカニズムが働いておらず、結局各級党委員会がこれらに対する決定権を基本的には保持し続けていた（党政不分、以党代政）。

一九八〇年代半ば頃から、こうした状況は経済の活性化を阻害するものとの認識が強まった。そこで経済近代化をさらに加速するため、八七年の第一三回党大会で採択された趙紫陽「政治報告」では、「政企分離」（行政と企業の業務・職権の分離）、「党政分離」（党と行政の業務・職権の分離）の実施が経済・政治体制改革の鍵として強調されたのである。党政分離では党のトップが行政のトップを兼任することが否定され、また党委員会に対する行政の自律化を進めるため、行政機構内にある党の窓口的組織（対口部）の廃止などが試みられた。あるいは工場長責任制を実のあるものとすべく、経営における最高責任者としての工場長の権限を保障し、党支部書記や主管部門からの干渉を制限することや、企業自主権の一層の拡大などが試みられた。

しかし党政分離や政企分離が紙の上だけでなく実際に進められるようになると、権限の再配分、既得権益の喪失をともなうだけに様々な抵抗と混乱を生み出すことになった。一九八八年のある論文は、地方での権力構造の混乱を次のように指摘している。

「一部の地方で党委員会と人民代表大会と政府の間で矛盾が際だちはじめており、それは政策決定権、指揮権、監督権を誰が行使するかという問題に集中的に表れている。概して言えば三者いずれもが多かれ少なかれ自分勝手に物事を決めようとしているのである。……こうした状況はきわめて懸念されるものであり、党の指導を弱め、政策決定の効率に影響を与え、三権鼎立の局面さえ招きかねない(94)」。

このような状況と論調は、各レベルでの権力集中化必要論が再び台頭する可能性を暗示していた。やがて一九八九年春、天安門事件が発生し、党政分離を積極的に推進した趙紫陽が失脚した。まもなく党政分離論が放棄され、党権力・党指導の再強化、思想の引き締めが強調された。そして天安門事件以降の中央の基本方針は、前述したように経済をさらに発展させ活性化するためには、「党政分離」などの政治改革に取り組むのではなく、政治を引き締めて政治安定を確保することが何よりも大切だとの考えが強まっていった。

これらに加えて、(1)地方レベルでの改革は地方が主体的に取り組み、中央がこれに関与する度合いを弱めていったこと(資金的にも)、(2)地方各地での社会治安の悪化が深刻化していたことなどによって、地方レベルでの強力な政策決定・実行能力の高い権力形成の要請が強まっていった。そこで一九九三年前後に「党政分離」論を批判しながら主張されるようになったのが「党政合一」論である。例えばある論文は次のように指摘している。

「党政関係の拡散し過ぎた状況を改変し、執政効率を高めるには、党政の職能上の同一化を強め、機構上の重複をできるだけ削減しなければならない。このために最も適切な方式は党政分離ではなく党政合一である[95]」。

別の資料はその具体的事例として、遼寧、河南、貴州、浙江、福建などの省でナンバー1の党書記が、省人民代表大会常務委員会主任を兼任するようになったことをあげ、かつこれは「わが国地方政権建設中の重大な出来事であり、重大な意義を有しており、わが国政治体制改革に与えた新思考である」と絶賛しているのである[96]。一九九四年四月段階で、党書記が省長もしくは省人代常務委主任を兼任しているケースは九の省を数え、その後漸次増加するようになり、この考えは一定の基盤を形成している。また市・県レベルでも前述した上海時代の朱鎔基、大連時代の魏富海、広東省の謝非、広州市の朱森林など各地方の党書記、市長の突出したリーダーシップが目立つように、地方の政治運営における個人への集権化、権威化が大きな意味を持つようになった。もちろん周知のように、分権化の政治傾向はその後強く抑制され、中央および地方の党書記への集権化志向が強まっていき今日に至っている。

五　財政請負制から分税制移行期の中央・地方関係

ここ約四〇年の改革開放期に限って見るならば、中央・地方関係をめぐる問題は経済発展をめぐる問題を中心に展開していた。経済をめぐって中央・地方関係が問題化し、そのことが社会の安定・不安定問題、さらには国家統合のあり方を変える問題に発展していったと見てよいだろう。この意味で「中央・地方関係の現状は、市場経済化の進展の成果であると同時に、それがなお未完成であることから生じたものである」との見方は、改革開放期の中央・地方関係のポイントとなっている[97]。ではこの市場化がどのように取り組まれ、いかなる中央・地方関係を生みだしたのか。一九八〇年代に入り、経済の活性化、市場化を進めるために鄧小平が採用した中心的な政策は、地方への大幅な権限の委譲（放権譲利＝下放）であった。もっとも、人事の決定、重要問題における決定などのイニシアティブは中央が掌握し続けているが、地方の行政的処理、経済政策、経営管理、生産活動などの具体的な問題の決定などの権限は大幅に下放された。その主なものが地方の財政請負制の導入、地方の経済自主権の拡大であった。これらによって経済は基本的に順調な発展をたどることとなり、こうした地方の経済プレゼンスは、やがて中央対地方の新たな関係、様々な緊張、対立を引き起こすことになる。まず経済の活性化を促進するために取った政策は、財政請負制である。

そこで、財政制度の改革について毛沢東時代が終焉し、近代化――「四つの現代化」――路線が最重要視される新たな時代の到来を告げた一九七〇年代あたりから振り返り、地方権力機構への分権化の動きと関連させながらフォローしておこう。毛沢東時代の財政制度はよく知られているように、「統収統支」すなわちすべての収入をいったん国家に上納し、その後国家から必要分を再分配されるという方式であった。地方政府の必要とする財源は、地方で得られる国家財政収入(国営企業収入・税収など)を中央とその地方で分け合うことによって確保してきたが、赤字の地方の場合は中央が不足分を補助するというやり方であった。

地方を活性化させるために、この「統収統支」方式の見直しが始まったのは一九八〇年二月一日の国務院決定の「通達」以降であった。「〝画分収支、分級包干〟の財政管理体制実行」に関する同通達では、「〝調整・改革・整頓・向上〟の方針を実行・貫徹するために、中央と地方の二つの積極性を十分に発揮させるべく」、「省・県など各級ごとに収支を分けて決算し、その管理を各級に請け負わせる」財政方式の採用を決定している(98)。この文脈からは、直接の要因として華国鋒指導下の「洋躍進」と呼ばれる高速度近代化政策による財政の逼迫化が「調整」政策をとらせ、その一環として財政管理権限を地方に委譲させたと読める。が、前項の論旨を合わせ考えるなら、あきらかに改革開放路線にともなう基本的な政策転換の一つであった。

国務院は二年余りの各地での試みを整理し、再び「画分収支、分級包干」に関する通達を発した。そこではこの方式が「地方一級財政機関の責任・権限・利益の相互結合を比較的よく体現し、各級党委・政府の責任感を強め、地方財政支出増加に効果的であった」と認識している。そして国務院は、一九八三年以降はそれを整備する方向で広東・福建両省を除いた全国で、一律に「収入按固定比例総額分成の包干方式」すなわち、ある年の収入を基準にして中央と地方の請負比率を定め、それによって総収入を配分する方式の実施を決定した(99)。

しかし、こうした請負制は、必ずしも全国で同じように実施されたわけではない。確かに発展の条件が備わっている地方では、財政請負制は経済インセンティブを大いに高めるもので、財政収入が増えればそれだけ地方への留保分が増えるということになった。沿海地域、とりわけ発展戦略条項で特別の待遇を受けた広東・福建両省は、対外開放政策推進の特別地区として、「定額上納」(一定期間固定された中央への上納額以外は、すべてその地方の財政収入となる)方式が認められ、極めて有利な財政請負制を享受した。さらに浙江、江蘇、山東各省も財政請負制の恩恵を受け経済成長はめざましく、これらの省の財政は一挙に豊かになった。他方で中央にとって最大の財政源であった上海では中央の統制は厳しく、財政請負制が導入されたのは一九八八年になってからであった(100)。中央は以下で見るように近代的な財政制度(税制)の採用を求めて様々な試みを行ってきたが、結局は八〇年代には地方によってやり方が異なりながらも財政請負制が全国的に普及していった。

財政の「統収統支」から請負制への転換は、経済の活性化、とりわけ地方財政の増収に大きな効果をもたらした。例えば、国家財政総収入は改革開始時一九七九年の約一一〇〇億元に比べ、五年後の八四年は一五〇〇億元、さらに五年後の八九年は約二九二〇億元、九三年(分税制導入の前年)は四三四九億元と急増している。その中でも中央と地方の財政収入比率の変化を見るならば、中央が八四年から八八年にかけては五六%から四七%に、さらに九三年には二二%と大きく減少している。これに対して地方は四四%から五三%に、さらに九三年には七八%と大幅に増加している。加えて予算外収入は中央の一七〇七億元に対して、地方は二一四七億元であった(101)。また八八年時点で中央が掌握している外貨は全体のわずか四〇%にしか過ぎないとの報告が出されている(102)。さらに「地方には、これ以外に国家予算に計上されない〔独自に地方企業や地元住民から様々の名目で資金をとりたて〕独自に使用できる資金がある。これを「予算外資金」というが、その規模は、近年国家予算に匹敵するまでになった」[103]。

いずれにせよ財政請負制を通して、国家財政は大幅に増加し、とりわけ地方財政が一挙に膨大なものになっていったことがわかる。そのことが地方の実質上の「自律性」を高めることとなり、中央による地方のコントロールの問題に影を落とすようになっていったのである。そもそも請負制という方式は、「包」という中国語が示すように「包み込む、請け負う、保証する」といった意味で、当事者双方が一定の信頼関係を前提として細かな取り決めをせず大枠である約束事を取り決めるやり方を意味する。第一章で紹介した加藤弘之の主張ではまさにこれが「中国的特徴」であった。

しかし、経済近代化を推進する過程で国際的な関連性が強まるにつれて「請負的取り決め」で物事を処理するには不具合が多くなってきた。中央は比較的早い時期から税制度の導入をめぐり様々な試み・模索を行ってきた。例えば一九八五年三月、国務院は経済体制改革の推進にともなう様々な経済関係の変化の中で、「中央と地方の関係を有利なものとするため」、そして「各級財政の権利と責任を明確にするため」に、「画分税種(分税)、核定収支、分級包干」と呼ばれる新たな財政管理体制実施の決定を行った[104]。これは八三年より始められた「利改税」と呼ばれる税制導入と結合させ、中央収入となる税、地方収入となる税、中央・地方共有の税を明確にわけ、経済発展にともなって合理的に中央財政も増加することを意図したものであった。

しかし、税制度が整備されず、かつ国民の近代的な税観念の乏しい状況において、「利改税」そのものが十分に効果を上げておらず、したがって「画分税種……」方式が国務院の狙いどおりに機能していくことはもともと困難であった。高原明生の「この方式は現実には全く実施されなかった」との指摘もある[105]。このように事実上は「総額分成」方式が継続したままであり、中央と地方の予算配分についての規定が効果を上げないままに、毎年両者のネゴによって調整されていたのが実情であった。

その後も財政改革の模索は続き、一九八八年以降を見るならば、「総額分成」方式のほかに、「収入逓増包干」方式、「総額分成プラス増長分成」方式、「上納額逓増包干」方式、「定額上納」方式、「一般補助」方式、「定額補助」方式など様々なやり方が、中央と各地方との関係において実施されるようになっている[106]。九〇年代に入り中央は自らの財政の確保・増大のために、幾度か財政改革に乗り出した。しかし、豊かな地方はいったん確保した既得権を守ることに力を入れ、中央・地方間の厳しい緊張、駆け引きが生じていた。他方、発展条件の厳しい貧しい内陸・農村の地方などは、財政請負制の導入による経済インセンティブを受けても、効果的な成果を上げられず、発展する沿海地方に対する羨望と焦りを生じると同時に、中央に対する不満、より多くの補助金を引き出すため、その都度中央と各地方間のケース・バイ・ケースのバーゲニングを行うなど、ここでも違った意味での中央・地方関係の緊張を生み出すようになった。

このような動向を背景に、こうした現象を解消し中央財政の増加を確保するために、中央は財政請負制から、品目によって中央税と地方税を区分し、かつ税率をあらかじめ定めた「分税制」による財政体制への本格的な移行を試み始めた。例えば、財政部は一九九二年から浙江・遼寧・新疆・天津の一級行政区、および武漢・青島・大連・瀋陽・重慶の九地区で分税制を試験的に実施した。確かに、企業所得税、個人所得税、調節税、運輸税などを統一し体系化し、その上で中央と地方の取得基準を明確化するならば、両者間の不合理な対立・駆け引きは必要でなくなり、合理的な関係形成に意味を持つであろう。しかし、これは請負方式や「予算外資金」のもつうま味を地方から奪い取ることにもなり得るもので、以後も相当の困難と両者間の綱引きが続くものと思われた。そうした状況の存在自体が、地方がそれぞれの自己主張を強め、これに対して中央はもはや地方をワンセットとして対処できなくなったことを示している。

様々な試行錯誤を経て一九九四年、中央は「分税制」の本格的な導入に踏み切った。個別消費税、中央管轄国有企業、金融、鉄道、所得税、関税などは中央税として、個人、一般企業、土地使用税、不動産税などは地方税として、増値税、資源税などは中央・地方共有税として徴収が明確化された。分税制の採用によって中央の財政収入増の効果が一挙に現れた。九四年の財政収入を見ると、地方税収入は二三一二億元で前年比一〇〇〇元余りの減少であったのに対して、中央税収入は二九〇六元で三倍近い増加となり、七八年以来続いていた地方収入>中央収入の状況を初めて逆転した。以降この傾向は変わらず、地方税収も増加しているが中央税収はそれ以上の勢いで増加し、二〇〇二年には中央税収は初めて一兆元を超える規模になった。

しかし、このことによって財政的に中央が地方をコントロール下に置いたと考えるのは早計であった。任哲の研究によれば、地方政府が財源確保のために力を入れたのは予算外資金の徴収であった[107]。中央政府が財政の制度化に取り組み、一九九二年に一七〇八億元であった予算外収入は、九三年には二四六億元と激減し、その後も三〇〇億元前後で推移している。これに対して地方の財政はむろん地方税の調達によって一定の増収が見られるようになっていたが、まだ制度化されていない領域からの資金の調達であった。それは主として土地をめぐる不動産業と建築業からの取り立てであった[108]。二〇〇〇年前後の財政状況を見れば、地方の予算外収入は中央の一〇倍前後に膨らみ、地方税収入に対しても四割前後を占める規模になり、予算外収入を含めた総収入では、九四年以降も一貫して地方収入の方が中央収入を上回る状態が続いてきた。しかし税制度の実施もあって中央財政収入はその後増加の一途をたどり、財政面での中央・地方関係は逆転してきた。

地方は前節で触れたように、この体制下では制度的にも権力論的にも主体的に行為する力量をあまり付与されてはいなかった。しかし、秩序化と流動化の微妙なバランス関係が、地方のもつ意味を大きくした。例えば急進化を指向する政策が、下部に下ろされ、その推進の結果、生産力の低下(矛盾)を引き起こし、それを地方の権力機構が憂慮し、何らかのシグナルを中央に提出した場合、中央の安定化指向の政策・グループが勢いを強めていく。あるいは急進化政策を地方が何らかの理由で、積極的に取り込んだ場合、急進化は過度に加速されることになる。このように地方の軋轢反応、共鳴反応が、全国的な〈収―放〉サイクルに重要な役割を果たしたことは、中国政治過程における地方の重要性を考えるうえでの重要点である。(109)

あるいは、中央レベルで政治対立による混乱が続いたときに、地方が「自律的」に従来の政策を実行し、地方レベルでの統治を維持するという状況は必ずしも例外的にではなく存在した。例えば一九八九年の天安門事件後、中央では鄧小平の経済市場化路線を批判する「社会主義計画経済」死守を主張する声が大きくなり、鄧小平に抵抗する状況が生まれていた。しかし、上海、広州、深圳といった地方では安定的なガバナンスが機能しており、従来の改革開放は堅持され続けていた。そのことが九二年の鄧小平「南巡講話」を決断させ、「社会主義市場経済」の道、すなわち「市場化」を切り開かせる実質的な基盤となったのである。(110)

六　地方保護主義の広がり

中国経済は一九九〇年代から二〇一〇年頃まで異常なスピードで成長を実現するようになっていった。その主要な原因として、一方で前章で見たWTO加盟という外在的要因があったが、他方で土地売買、不動産業による地方政府の増収、新規企業投資の活発化、市場の拡大という勢いがあった。地域主義の台頭を少しさかのぼって見れば、一九九二年の鄧小平の「南巡講話」以来、思い切って多くの経済権限を地方へ委譲(放権譲利＝下放)することを決定したが、その主なものは、地方独自の投資決定、価格設定、企業・経営認可、物資・金融市場建設、外国企業導入、対外開放区設置、不動産売買などであった。

これらの権限の下放は全国的な規模で資金、人、モノ、情報の流動化状況を生みだし、地方の経済活性化を実現した。しかし市場化の進展が全国的なスケールで経済の自由化を引き起こし、全国的な市場形成に向かう流れを創りだしていったかと言えばそうではない。一九八〇年代初めより導入された財政請負制は、これまで見てきたように経済の活性化を促すという中央の当初の狙いを実現した。さらにそれを超えて地方は経済的実力を大幅に強めていった。地方とりわけ沿海地域は中央との個別的に取り決められた上納額分以外を地方自身に留保することができ、その額が次第に膨大なものとなり、八〇年代後半には地方財政の総計と中央財政はほぼ六対四の比率となった。無論九四年からの分税制の導入は、先述したように中央財政収入の恒常的な増加を狙ったものではあるが、それに対する地方の抵抗も見られ、地方に国家予算に計上されない「予算外資金」——その規模は国家予算に相当、さらに第二予算外資金(非公開予算外資金)も存在していた[111]——、上級の指示、規定の抜け穴的解釈などによって、地方経済力は相当のものになったと判断される[112]。

こうした地方権力のパフォーマンスの増大は、一九八〇年代末頃から特に問題視され始めた「諸侯経済」現象に示された。これは地方の権力機構が自らの域内における原材料・食糧などの他地域への流出を権力的に阻止したり、他地域の商品の自由な流入を「関所」を設置するなどして阻止し、閉鎖的、保護主義的な地域市場圏を形成し、地方エゴむき出しの政策をとったことを特徴としている[113]。こういった地方の特徴を捉えて、「地方の独立王国化」「地方政府の準国家化」と表現する研究者もでてきたほどであった[114]。その後、これに関して「地方保護主義」という表現で深刻に受けとめる論調が見られた。例えば党機関誌の『求是』で文字通り「地方保護主義を論ず」との論文が掲載され、「近年来この種の現象は消滅するどころか、ますます激しくなり、全国経済の健全な発展のみならず、地方経済の発展にもマイナスの影響をますます大きくしている」、「この現象が続くなら、無政府主義、自由主義を増長し、党の集中的な統一指導は破壊され、中央の権威は弱体化し、命令があっても実行されず、党の戦闘力は大いに弱まるだろう」と強い警告を行っていた[115]。加藤弘之の指摘によれば「改革・開放後、中央政府が握っていた管理権限が地方政府や企業に移され、中央政府が資源配分に直接かかわる指令性計画の範囲が徐々に縮小した。その結果、……一九八〇年代の経験が示すところでは、〝市場の分断〟はわれわれの予想に反してかえって強化された」とある[116]。市場分断は、「諸侯経済」「地方保護主義」「地区封鎖」などと呼ばれ、八〇年代末頃から重大な問題と見なされるようになっていた。

もう少し詳細に見ておくと、計画経済性の強い重工業部門や、経済発展条件の厳しい内陸地域などは、軽工業や沿海地域に比べて、相対的に発展が遅れ、業種、地域的な経済格差の増大現象が一般的となっていった。さらに経済自主権の下放によって、利潤の高い企業建設の乱立とか、対外開放区の過剰な設置、異常な不動産売買ブームなどが発生した。中央の統一的なコントロールが弱体化すれば、内陸などの経済的に弱い地方も、自分の権益を守る独自の行動を採らざるを得なくなってくる。地場産業の保護のために外省からの同種産物の流入を防ぐ「関所」をもうけたり、現地の原材料、資源保護のために流出に対して多額の税をかけたりといった地方保護主義の現象が生まれた。しかもそれは責任生産制、原材料・生産品・労働力などの市場化といった他の経済体制改革、経済特別区、沿海発展戦略といった対外開放路線の諸政策、人々の価値観やニーズの変化、国際情勢の変化などと結びつき、構造的変化とも表現できる変動の道をたどった。すなわち、地方への財政請負制の導入に加え、様々な項目における経済自主権の拡大は、従来の経済方式に比べてはるかに高いインセンティブを提供することとなり、経済の活性化を引き起こした。しかし、それが直線的に統一的な全国市場の形成に向かうのではなく、既得権益を獲得したいくつかの地方では公然と、あるいは面従腹背的に中央に逆らい自己主張をし、やがて中央対地方の新たな関係、様々な緊張、対立を引き起こしていったのである。

その特徴としては、(1)地方ごとの「自律化」とそれがもたらした多様化、格差の拡大、(2)その裏返しの特徴として、中央による地方のコントロール・メカニズムの変化とその弱体化といった点が指摘できる。「諸侯経済」の事例として言われたのが以下のような現象であった。一九九〇年代、原材料・農副産品の供給が極めて逼迫した状況下で、省・地区間で激烈な「原料大戦」が繰り広げられた。例えば資源の豊富な省の行政機関は関門所の封鎖など様々な手段をこうじて農副産品・原料の流出を防ぎ、他省・地区との対立をつくり、かつ全国的な物価の高騰を引き起こした。あるいは農副産品、原材料の過剰と同時に加工品の盲目的生産によって供給過剰となり、地方行政機関による市場封鎖の状況が生まれたことを特徴としている。当地の市場保護を目的としたこの封鎖は全国に広がったが、各種の行政・経済・法律的手段によって進められ、全国性市場の疲弊、経済の鈍化、地方間の関係断絶といった状況をもたらした(117)。

このような具体例にみられる地方レベルの政策決定は、当地域内に限らず明らかに全国的にも深刻な影響を及ぼすものであった。これは、中央の法令や指示に拘束されるはずであったにもかかわらず、地方権力当局が自己本位主義をつらぬいたことがもたらした結果であった。そして、このような地方の「自律的」な経済活動は、第一に地域間の経済・社会的な格差を拡大させ、第二にいくつかの省あるいは県にまたがる「地域経済圏」を生み出していった。前者の主な要因としては、①先に豊かになれるところから豊かになることを認めた「先富論」、②沿海開発発展戦略といった中央の基本政策と、③各地域の異なった経済基礎条件(土壌・気候・インフラ・資金・人材など)などが指摘できよう。

地域間格差拡大の具体例として、各省・自治区・直轄市を東部・中部・西部に分けて一人当たりの国民収入比率を見れば、図表3-1のように格差は拡大の一途をたどっている(118)。

また地域経済圏への動向としては、経済特別区を抱え、かつ香港と深く結びついている広東・福建・海南島などを含むいわゆる華南経済圏が最も顕著なものであろう。また一九九〇年代では浦東開発を進める上海をセンターとした長江経済圏も現実的な形となった。さらに華東地域で目ざましく発展する山東、そして天津、遼寧などが含まれる環黄海経済圏、南北朝鮮やロシアを巻き込み吉林・遼寧・黒竜江にまたがる北東アジア経済圏などが注目されていた[119]。

少し古い話になるが(一九九一年)、華南経済圏の中心であった広東省の当時の省長・葉選平は、日本人記者のインタビューに答えて、広東方式を次のように語っていた。「広東省のあらゆる建設は、自分で資金を探し、国は財政支出をせず、また基本建設投資もしない。すべて自分で解決する。……我々が言う「橋で橋を養う」「電気で電気を養う」やり方だ。……まず借金で橋を作り、通過料を取って借金の返済に当てた。〔これによって〕一一年間に一二〇〇本の橋を作った。……省が中央に財政請負をしているのと同じく、省内では、省、市、県とそれぞれ各級毎に財政を請負う。各級は一定の留保金を持っており、橋、道路、学校その他何をするのにも各級が自分ですることになった。……広東省全体の経済が活発になったのは、省および省内の市、県、鎮がそれぞれ一定の事業をする上での財力を持ったためである[120]」。それは行政主体、経済活動主体としての広東が、まさに中央から実質的に自律していく方式でもあった。こうした趨勢は一九九〇年代に入って、他の地域においても広がっている。

一九九〇年一二月の党第一三期七中全会を前に開かれた全国省市責任者工作会議で、いったん地方へ委譲した権限のいくつかを中央に取り戻し、再び中央の行政権限を強化しよう

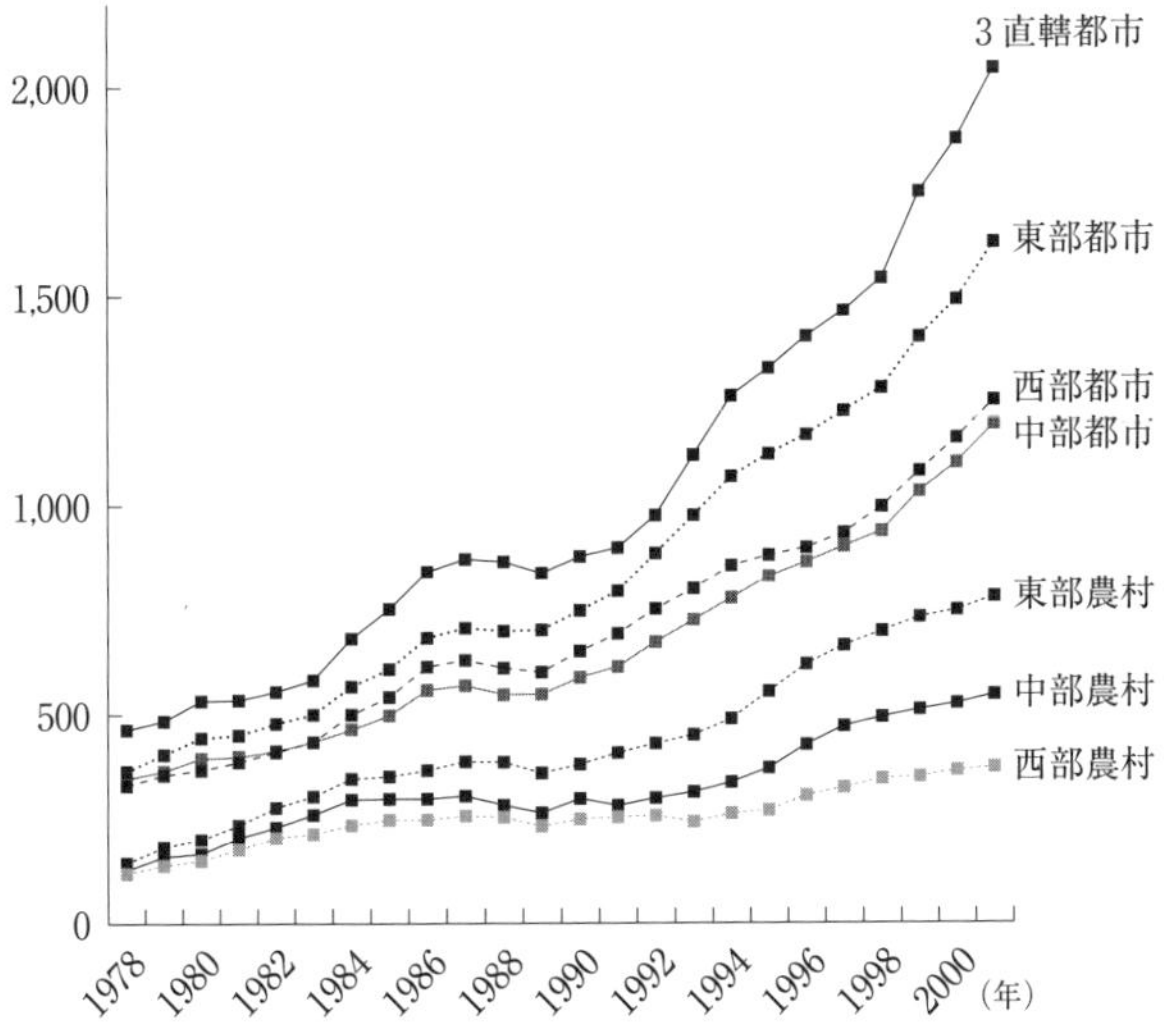

図表 3-1　都市・農村世帯1人当たり実質所得
(1978年価格，元/人)

とした。しかし地方とりわけ沿海部の各省は、この間培われてきた地方の経済ダイナミズムを損なうとして強く反発・抵抗し、結局七中全会も含めて、中央は地方を屈服させるにはいたらず、この論議は棚上げになった。ここで地方のリーダー格となったのが、先に引用した葉選平であった。彼は同会議で口火を切り、「中央の案ではやっていけない」と発言し、七、八人の省長がこれに同調したと伝えられる。[121]

こうした中央の地方に対するコントロールの弱体化は、一九九二年以降の地方レベルでの盲目的な「開発区」建設ラッシュにも顕著にみられた。さらにこの傾向はやがて直接政治レベル、すなわち省指導者の人事決定にも及び始めた。従来、省の重要人事は中央の意向を受けた省党委員会があらかじめ各ポストの候補者を指名したが、それが事実上の決定を意味していた。しかし、九三年の第八期全人代第一回会議を前にした各省での代表者および主要人事の決定に際し、貴州と浙江の二省では党の推薦する候補者に対して、省人代の代表が対抗馬をかつぎ、党委員会の説得にもかかわらず、選挙に入り結局その人物が省長に当選するといった事態が発生したのである。[122]

中央の党・全人代指導者は、当時は正式な手続きを踏んでいることから、それらの事態を容認する決定を下さざるを得なかった。なお二省に過ぎないが、その後の波及的な効果を考慮すれば、地方は政治的な領域でも自律的な行動を示し始めるチャンスでもあった。それは言い換えるなら、中央の地方に対するコントロールの弱体化が、局部的な問題に留まらない段階に入ってきたことを暗示していたのであった。当時の香港誌によると一九九三年春、最長老の一人陳雲が国務院に意見書を出したと伝えられるが、その中で「党や政府の指導者層は親族主義や地方主義の影響を受け、党の路線と方針・政策の貫徹が阻害されている。……農業政策における中央から地方に対する指導性が欠如し、具体的な政策遂行に効果がなくなっている」と厳しく判断している。[123] 江沢民も九六年の党中央委員会で「十二大関係論」と題する基調報告を行ったが、その中で「中央に集中すべきものが十分に集中せず、ある面でバラバラになりすぎた現象がある。われわれは全体の利益を損なうような地方の利益の存在を求めない」と力説している。[124] 中央と地方のこうした緊張を整理するならば以下のとおりである。

第一に、地方すなわち省・市・県・郷・村といった各レベルで、限定付きではあるが政治権力主体の「自律化」、政策決定過程の多様化、多層化が進んでいった。

しかも第二に、地方幹部が多大な権力を持ち、巨大な汚職を含め、今日の地方経済、ひいては中国経済全体の持続的経済発展を動かしつつあった。それはこれまでの驚異的な高度経済成長を支えるエンジンとなっていたが、中央から見れば深刻な桎梏となっていた。発展の環境に恵まれたうえに、見通しを持ち、目先の判断力を持ったトップがいる地方は経済発展が目覚ましいのは当然でもある。例えば、上海のような海外との接触が普通の沿海地域で、経済が発展し比較的豊かな市民が多数存在し、幹部もそれなりに開放的開明的であり、制度化もある程度進んでいるような地方政権と、内陸で人や情報の流動性が少なく、伝統的な因習や思想の残る地方政権とでは、指導スタイルや政策の決定が異なると考えるほうが自然である。格差が拡大するのも必然であろう。

しかし第三に、そうだからといって国社会全体の分権化が画一的に同じようなテンポで進展するとは考えにくい。全国的な経済、教育活動、政治意識の不均衡性などが大きなネックになるからである。したがって、各地方レベル内においては党委員会もしくは党の中心的な指導者に権力が集中する権威主義的意思決定メカニズムが当分の間機能すると判断される。しかも、単純に横並びに「割拠」するのではなく、何らかの規準、関係、程度において中央権力の権威を受容し、かつ省・市・県・郷・村といった縦のヒエラルキーを保ちながら、各地域、各レベルで多様性を保ちながら、そうした地方権力が形成されると考えられる。

第四に、経済の大きな変化に伴う人々の収入、利益、価値観、情報交換手段などの劇的な変化、さらに言えば共産党の統治に関する距離感の多様化、地方独自の利益などは、否応なく一党体制の実質的な変化にインパクトを与え、地方政権にも緊張を生み出すはずである。民意を無視した開発が急激に進めば、環境汚染、土地の不当な強制収用などが深刻化し、当然にも地方権力と社会の緊張は高まる。民意を十分に組み込んだ政策決定をするか、力で封じ込めるかも権力の態様を特徴づける。

第五に、経済近代化が進み、様々な問題解決の経験が蓄積されれば実質的な制度化が進み、Rule of Low が機能するのだが、中国では必ずしもそのようには見えない。実質的な制度化が進まず、指導体制における人の要素が色濃くあり、かつ地域によって経済、社会状態が大きく異なっていれば、経済発展状況もおのずと異なるのは当然であろう。確かに政治システムは全国的に共通しているのだが、政治発展の状態は実は地方によってかなり異なっているのだ。経済発展の不均等性は多くの人が認めるところであるが、筆者は政治発展の不均等性も存在していると主張したい。そうした不均等な地方の現状と政治発展の理論的理解を合わせて考える必要がある。

これらを踏まえて改革開放期の全体的な政治体制の特徴を仮説的に提示するならば以下のごとくである。すなわち、現状および近未来の政治体制は、かりに表面上は個人もしくは少数のリーダー群による強力な組織集団によって一元的に全体を統治するような権威主義体制としてとらえられたとしても、実質的には中央の下に多様な中型、小型の権威主義的権力が層をなしつつ、基本的には中央に服従するといった多層の権威的ヒエラルキーを形成していくと考えられる。中国的表現を用いれば「条条、塊塊」(条条が縦の権威主義系統、塊塊が横の内部の権威主義関係)といえるか。それはあたかも上方から流れ落ちる大滝が地形や水の勢いの相違などによっていくつもの多様な小滝(カスケード)をつくり、重なり合っているかのような構図である。したがって筆者はこのような体制を「カスケード型権威主義体制」と表現し、それを今日および近未来の中国型政治体制の特徴としてとらえられるのではないかと考えている。これに関しては第六章で詳述することにする。

いずれにせよ、毛沢東政治体制と鄧小平政治体制を比較してみるならば、鄧小平時代は、よく知られているように、毛沢東型の革命路線の道を放棄し、経済建設に重点をおいた近代化建設に移行し、具体的には強烈なイデオロギーと個人崇拝の教養を否定し、人民公社制度や一元的党体制、革命委員会、指令型計画経済方式を解体・放棄して経済発展を優先し、生産責任制、分権化、行政・立法機構の整備、市場化、請負制などの改革と対外経済の開放政策を導入していったのである。

この鄧小平時代を毛里和子は、毛沢東時代が「伝統をひきずった全体主義的な政治体制と呼ぶのが妥当」であると解釈したうえで、鄧小平時代は「一党独裁の体制、そのネットワークは毛沢東時代と少しも変わっていない」が、単一政党内での複数主義的傾向の出現、「豊かになりたい」という曖昧なメンタリティによる支配、極端に減少した政治動員、近代化を目標としたことによる権力の合理性・予測可能性の増大などにより「権威主義的な体制、すくなくともそれへの移行過程にある体制ととらえることができる」と論じている。(125) 近代化への邁進による社会の構造的変容がもたらした政治体制の変化を、これまでは一般的に権威主義体制への移行として捉えることに異論はなかった。しかしながら、これまでの分析を踏まえて、今日の中国の「権威主義体制」の中身をどのような特徴として捉えるかは、中国政治を理解するうえで重要なテーマになる。

筆者の理解は次の通りである。毛沢東時代の一元的全体主義体制は、一党独裁などいくつかの変わらぬ部分を残しながらも変容の度を強めてきた。市場メカニズムの広がりなどによって社会的格差の拡大、規範・利害・価値などの多様化、利益集団や市民的階層の成長が進んでいくであろう。しかし、それらのことによって少なくとも短期・中期の未来において、民主主義的体制が出現するか、あるいは曲折はしながらも着実にその方向に向かって前進しているかと問えば、必ずしもそのようには断言できない。

では制限された多元性を包括しながらも、強力な中央集権に支えられた一元的な権威主義体制になるかといえば——確かに習近平への集権化は一元的権威主義を強めているかに見える——それはまだかなり不透明である。鄧小平時代は、社会の多様化、分権化、意思決定の多元化は進みながらも、重要課題に関しては鄧小平の強力な権威と指導力によって、一元的な政策決定とその一定の効果をもたらすことができた。改革開放路線への転換、胡耀邦・趙紫陽の抜擢と失脚、天安門事件の諸決定、「南巡講話」などがそうした例である。

しかし、ポスト鄧小平の移行期における今日および近未来の政治体制を考えるならば、江沢民、胡錦濤が毛沢東や鄧小平のような強大な権威を獲得したかといえば、とてもそのようには言い難い。今日の習近平が時として毛沢東、鄧小平に並ぶ権力者という言い方がされるが、前二者の持つ実績と権威に比べるなら必ずしもそう断言しきれない。また国家やそれを支える社会は、前節で分析したようにますます多様性を強め、質的な社会の自律化が進み、ダイナミックな態様を示す趨勢にある。そこで、中国の現体制は権威主義体制であるといえるが、一九九〇年代初頭のソ連・東欧社会主義体制のように急激に瓦解しないという前提に立つことができる。

しかしそうは言うものの二〇一〇年前後あたり、とりわけ習近平指導部は党指導の絶対化、一元的な指導を強調するようになってきた。中国の政治体制ははたして「カスケード型権威主義体制」と表現することが適切なのだろうかという疑念が生まれ始めてきた。カスケードを生み出すそもそもの基盤は、経済発展が急速に進みながらも、それを推進する重要な根拠として「先富論」という格差是認政策があり、あるいは経済発展のための分権化政策があり、近代化が産み出す画一化現象に対してはもともと根強く存在していた地域ごとの強い個性――例えば「諸侯経済」、「土皇帝」と呼ばれる現象やアクターの存在――のほかに、流通・情報インフラの脆弱性、人的移動などの厳しい制約などがあった。それらによって改革開放路線は画一的現象よりも、地域的多様性の現象の方が目立つ形で進展していたからである。

しかし、二〇〇一年のWTO加盟によって、国際経済とのリンケージが飛躍的に拡大したこと、それにともない一挙に外国からの直接投資が大幅に増加し、沿海地域を中心に労働集約型産業の外資系企業が乱立するようになった。また四〇年近い改革開放政策は中国全土の鉄道・高速道路・空港など流通インフラの整備に大いなる成果を上げた。

これらのことが従来の歴史にない規模での内陸農村から沿海都市への人口大移動現象を引き出したのである。今日三億前後と言われる農民工の出現がその典型例である。その上、コンピューター、インターネットなどいわゆるＩＴ情報産業の波が中国全土に一挙に押し寄せ、経済社会のあり方を大きく変えていったのである。これらはすでに前章で見てきた。

ダイナミックなモノ・カネ・ヒト・情報の動きは、確かに中国全土を大きく変えつつあるかのように見える。しかも経済の発展の主要な流れは、地域的個性に基づいて進むというよりも、ある種画一的な経済の法則によって進み始めたかに見える。大量の人の流れやカネ・情報の流れは、むしろ地域的個性を踏みつぶしながら、より大きな発展やより深刻な矛盾を生み出してきているように見える。経済発展のための開発は各地で共通して土地の収用をめぐる問題を起こしている。さらに深刻な問題となっている大気・水・土壌の汚染も中国全土に共通しているものである。確かにこれらの問題の対処は、多くの場合個々の地方政府が負わねばならない。

しかし問題自体はこのように地域個別のものではなくなってきた。しかも、改めて論じるが、習近平体制は上からの締め付けをかなり強化しており、地方政府が上級を事実上無視して独自の政策を進めたり、独自の勢力圏を作っていくような試みは極めて困難になってきた。したがって、このように見るならば一九九〇年代から二〇〇〇年前後に見られた「諸侯経済」「陽奉陰違」の現象は急激に減少しており、それにともなって「カスケード型権威主義」も終息に向かっているようにも見えるのだが、それもまだ断定できない。この問題は中国の体制変動論を一般的な社会科学の枠組み――例えば全体主義、民主主義といったモデル――から解釈することで妥当だといえるのか、それとも中国社会のオリジナルな特徴から分析すべきか、という問いとして我々専門家に跳ね返ってくる。その問いには第六章および「おわりに」で私なりに挑戦してみたいと思う。

第四章

体制維持のガバナンス——軍と警察、ナショナリズム

問題の提起

経済発展とともに人々が動き、ものが動き、社会が流動化し始めた。そして第二章で触れたように貧富の格差の拡大、汚職・不正など権力腐敗の浸透などに対する社会的不満が蔓延するようになって、数々の不満や抗議行動が噴出した。多くの研究者はこうした動向、およびそれらを引き起こす市民や農民の権利意識の成長などを重視し、中国政治の下からの変革、より具体的には政治改革や民主化の兆しとしてとらえる傾向が強まっていった。確かにこのような社会状況は、まさにダイナミックに変容する社会と、変容を認めつつも体制安定を懸命に図ろうとする国家とが厳しい緊張関係にあることを示してきた。中国語流に表現するならば、生きるために生活の権利を主張しようとする民衆の声（＝維権）と社会安定を最優先しようとする権力当局の主張（＝維穏）の確執・対立の高まりというふうに見ることができるだろう。そして体制移行論的にいうならば、格差や腐敗などの深刻化、民衆暴動の頻発、権利意識を持った市民の台頭など、まさに民主化に向けての移行が進み始めたと言えるかもしれない。

いみじくもケビン・オブライエンたちが主張しているロジックである。すなわち市民・住民暴動が普遍化する事態となれば、地方のガバナンス機能は麻痺し、通常の政策執行も困難となる。その場合、党中央は国家の頽廃を防ぐために多党制の導入を含むドラスティックな改革を実施せざるを得なくなる。また、大規模事件が増加することになれば、中央が民衆の要望に応え切れない局面も徐々に増加することになる。それにつれて、それまで断片的であった抗議の矛先は、徐々に中央へと結集していくことになるだろう[126]。このロジックは十分すぎるほど理解できる。しかし、筆者はこのような解釈をとらない。その根底にある疑義は、第一章でしつこく論じた中国の基底構造の特徴が作用することによって、こうした政治学理論から引き出される社会変動論の一般的なロジックの展開を困難にしているからである。しかしその議論は本書の「おわりに」であらためて行うこととし、ここでは中国の権力者が考え実践してきた統治、すなわちガバナンスの特徴に絞って考察を進めておこう。

ガバナンスをめぐる検討課題は大きくは三つある。第一はガバナンスを保証する物理的な力（物質的基礎）、主に社会の不安定化、秩序を乱す要因を抑え込み排除する力量、すなわち軍事力、警察力といった武装力となる。第二はガバナンスを保証する心理的な力（心理的基礎）、すなわち、社会の成員の一体感、凝集力を高めかつ権力への支持へ向かわせる人々の内在的な凝集力、ここでは特にナショナリズムの高揚、強化に注目したい。第三はガバナンスを保証する制度・機構である。伝統的王朝から続いた官僚制システムも、一九四九年以来の共産主義統治システムもガバナンスを保証する重要な制度・機構であった。以下、順にこれらの特徴を見ていくことにしよう。

一　統治の物理的基礎＝軍と警察権力

軍事組織

中国の軍隊はそもそも共産党の軍事組織として誕生し「紅軍」と呼ばれてきた。一九四七年国共内戦の本格化の中で人民解放軍と改称され、以後現在に至るまで強大な軍事組織として共産党政権を支えてきた。一般的に見て軍隊は国家統合、秩序維持の基礎にもなるし、分裂、不安定化の最大の要因にもなりうる。一九二〇年代の革命運動の中で毛沢東が提示した二つの有名な言い回しがある。一つは「銃口から政権が生まれる」であり、他のもう一つは「党が鉄砲を指揮する」であった。前者は革命を武力闘争として認識した毛沢東が、政権奪取において軍事力が最終的な決定力であることを力説したものであった。都市における議会政治の幻想を打ち砕き、農村における地主階級との熾烈な暴力による闘争を実感する中で主張されたものであった。ただし、前者が強調されすぎると、政策決定過程における軍部の発言権、影響力が増大し、軍主導の政治権力が形成される危険性が増大する。さらに各地方レベルでこうした状況が生まれるなら、割拠、分裂の可能性を高めることとなる。

そこで毛沢東はもう一つの言い回しを強調するようになる。つまり後者は伝統的な私兵としての軍隊からの脱皮を図り、革命に奉仕する軍隊として党の軍に対する指揮権、イニシアティブの優先を強調したものであった。党による軍へのコントロールは、中央から地方部隊に至るまで政治委員制度を導入し、各軍隊における司令官に対する政治委員の優位を明確にすることによって保証された。政治委員制度は一九二〇年代に国民革命軍党代表制度を基盤とし、ソ連のコミッサール制度の強い影響を受けて確立されたものである。が、政治委員は「ソビエト政権の紅軍内での代表であるばかりでなく、さらに中国共産党の紅軍内での全権代表である」(「中国工農紅軍政治工作暫行条例」一九三一年)とあるように、政権と党の二重の代表の地位が与えられており、コミッサールの権限を超える強力なものであった。実態的に見れば、人民解放軍はもともと各地におけるゲリラ戦争の中で形成されており、その最大の集団が第一から第四に及ぶ野戦軍であった。各野戦軍の最高実力者が政治委員となって個々の軍を掌握し、彼らを中央指揮下に置くことによって最高政治指揮者・毛沢東が解放軍全体を統括したのである。軍は絶対的な「鉄の規律」が求められただけでなく、毛沢東思想に基づく「思想的武装」の教育が徹底化された。

「党が軍を指導する」考え方は、中華人民共和国憲法にも強く反映している。すなわち「人民共和国の武装力量は共産党中央委員会主席によって統率される。……人民解放軍はプロレタリアート独裁の柱石である」(一九七八年憲法第一九条)と明記され、基本的にはこの原則が堅持されてきたといえる。したがって〈党−軍関係〉の建国以後の歴史を見る限り、「党の軍隊」は一貫しており、政治社会安定、さらには一党国家体制維持の物理的基礎として軍が効果的に機能したと判断することができる。

しかし、人民解放軍はもともと中国という広大な領域における国内革命戦争、陸上における戦闘を想定して生まれたものであり、毛沢東の独特の戦争観に基づき多くの人民を巻き込んだ人民戦争、ゲリラ（遊撃）戦争を主な戦闘形態としていた。紅軍以来、第一野戦軍（司令員・政治委員：彭徳懐）、第二野戦軍（司令員：劉伯承、政治委員：鄧小平）、第三野戦軍（司令員・政治委員：陳毅）、第四野戦軍（司令員：林彪、政治委員：羅栄桓）の四つの野戦軍から成り立っており（その他、華北軍区が特別に設置）、それぞれが地域的な事情に基づいて戦闘を行うため、指導部、指揮系統など自立性の強いものであった。そのような軍系統の派閥性は、毛沢東時代は無論、鄧小平時代においても根強く残り、誰が地方軍（野戦軍）を指導してきたかで指導部の人事も左右されたほどであった。

例えば、一九五〇年代において党中央の分裂の危険性もはらんだ重大政治事件、「高崗・饒漱石事件」では、東北地区の軍・政府の最高司令官が高崗その人であり、饒漱石は華東地区（上海・山東一帯）の最高指導者（華東軍政委員会主席兼党中央華東局書記）であっただけに深刻であった。毛沢東、劉少奇、周恩来ら中央の主流派は、当時の地方の軍のリーダーであった林彪や鄧小平、陳雲らを中央に呼び寄せ、結束を確認してこの事件の処理に当たった。その結果、軍自体が彼らに組みして毛沢東・中央に反逆し、分裂行動をとるということはなく、党中央によって軍がコントロールされたことを見ることができる。

さらに建国以来の最大の政治混乱といわれる文化大革命期においては、正規の党組織、政府組織が破壊され機能麻痺を起こし、社会は無秩序の状態と化したが、一党国家体制とりわけ毛沢東指導体制は一貫して堅持された。その最大の物理的保証は人民解放軍によるものであった。とくに中央では非林彪系の軍事指導者は批判され、中央軍事委員会そのものが機能不全に陥る中で、地方は各地の野戦軍区によって秩序の維持・回復が図られた。そうした秩序の回復・維持に地方軍区は大きく貢献していた事実を物語っている。一九七六年の毛沢東の死、江青ら「四人組」逮捕・失脚事件、華国鋒の登場から失脚に至る過程でも、軍は安定装置、秩序の維持者として機能しており、反乱、混乱のアクターになってはいない。ここに建国以来の中国人民解放軍の持つ意味が鮮明に現れているといえるだろう。

しかし、文革時期あるいはその後においても野戦系派閥のつながりの強さは残っていた。したがって、いかにして野戦系の派閥性を弱体化させ、中央軍事委員会の下に統一的な指揮体系を確立するかが課題として問われ続けてきた。近代的な軍隊への改編、そのための国防大学の設置などそうした試みが鄧小平時代から実施された。

天安門事件の危機を脱した党指導部は、改めて軍を党自身のコントロール下に置くことに精力を注いだ。一九九六年初頭、『求是』に掲載された遅浩田国防相論文は、経済建設における軍の役割の重要性を強調し、次のように指摘している。「現在は平和な時期だとして国防建設はもはや重要でないと見る思想は誤りである。……平和的に経済建設と社会発展を進めようとすれば、激烈な国際競争の中で足場を固め、国防を後ろ盾としなければならない。……国防がなければ外患が頻発し帝国主義列強の割譲という民族的恥辱にあうこと、また平和な時期にも強大になることを怠ってはならないと銘記すべきである」[127]。九七年三月に採択された「中華人民共和国国防法」でも、「中華人民共和国の武装力は中国共産党の指導を受ける」(第一九条)が明記され、「党の軍隊」としての性格が依然として堅持された。

江沢民時代、胡錦濤時代の詳細は省くとして、習近平時代の二〇一六年二月一日に、これまであった七つの「大軍区」を、戦略的地理と民族分布を考慮して五つに整理統合するとともに名称を「戦区」に変更した。五つの戦区はそれぞれ東部戦区、南部戦区、西部戦区、北部戦区、および中部戦区と名づけられ、それぞれの戦区内の各部隊は戦区連合指揮部の指揮下に入り、統一的な指揮を受けることとなった。機能的には「大軍区」では軍令・軍政の両方を兼ね備えていたのに対し、「戦区」では軍令の機能のみを有する。他方、これまで海軍司令員・政治委員や空軍司令員・政治委員などは管轄下の部隊に対して指揮・指導する権限を有していたために、指揮系統が複雑で不明瞭な部分があった。今回の戦区新設によって、各軍司令部は各軍内組織の運営事務や人事管理、教育訓練などの軍事行政に専念し、戦区の連合指揮部が戦域別に統合作戦指揮を執ることになり、指揮・指導の体系性が整った。

兵力を見れば、人民解放軍の人員数は建国以来増減を繰り返してきたが、今日の推定では、現役兵は二二八万五〇〇〇人、予備役五一万人と言われ、世界最大の常備軍である。このほかに準軍事組織の人民武装警察(武警)も推定で六六万人と言われる(二〇一二年一一月時点)[128]。ほかにも軍指揮下の中国民兵があり、過去には三〇〇〇万人を擁していたが二〇一一年の発表によると、なおその人員は八〇〇万人を数えている[129]。

軍事費も経済発展(GDP成長率)と並行して図表4-1のように一九九〇年から二〇一五年まで前年比二ケタ台の増額を続け(二〇〇八年を除く)、二〇一七年ではついに一兆二〇〇〇億元(約一四七八億ドル)となり、世界第二位の軍事費となった。したがって、その規模を他の国と比較するならば、おおよそ図表4-2のようになり、核兵器、ミサイル、原子力空母、その他ハイテク兵器の保持などを合わせ考えるなら、すでに米国に次ぐ軍事大国といっても過言ではない。

人民解放軍の任務としては、海外からの侵略や圧力に抵抗し強固なプレゼンスを示し、あるいは反撃能力をもって領土や領海を守るために国境防衛に当たり、外敵の侵攻を防ぐことに最大の任務があることは言うまでもない。しかし、同時に国内における反体制、反共産党的な不満勢力や秩序を攪乱する反乱分子、さらには共産党的に言えば「海外の帝国主義勢力と結託した国内の批判勢力」などの行動を封じ込め、治安の維持を図ることも軍の重要な任務であった。以下で触れる公安警察のほかに、上述した武装警察、および民兵組織が主にこうした役割を担ってきたが、近年においてはさらに特にテロリズムの暴発に対する粉砕、制圧を主目的とした陸軍機動作戦部隊が編成されており、一八個集団軍および軍区直轄の独立諸兵科連合師団(旅団)がそれに相当する。

公安・人民武装警察

国内治安を維持するもう一つの巨大な組織が人民武装警察である。その前身は中華人民共和国成立の前日に創設された「人民公安部隊」であり、人民解放軍の将兵一八万名がそこに移管されたことから始まる。

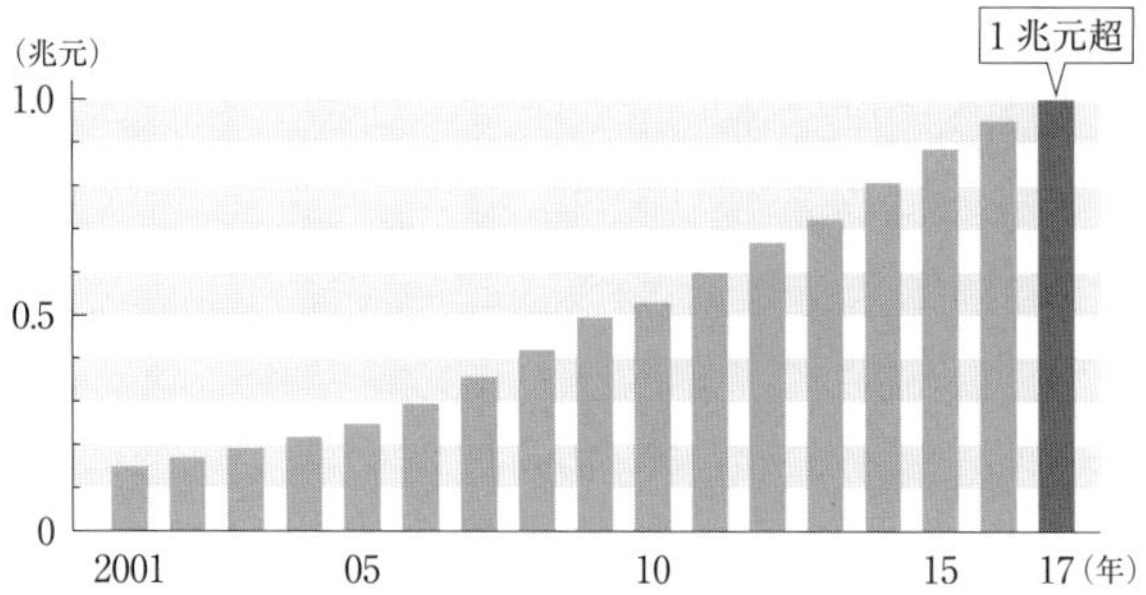

(2016年までは中国政府発表，17年は全人代報道官による)

図表 **4-1**　国防費の推移

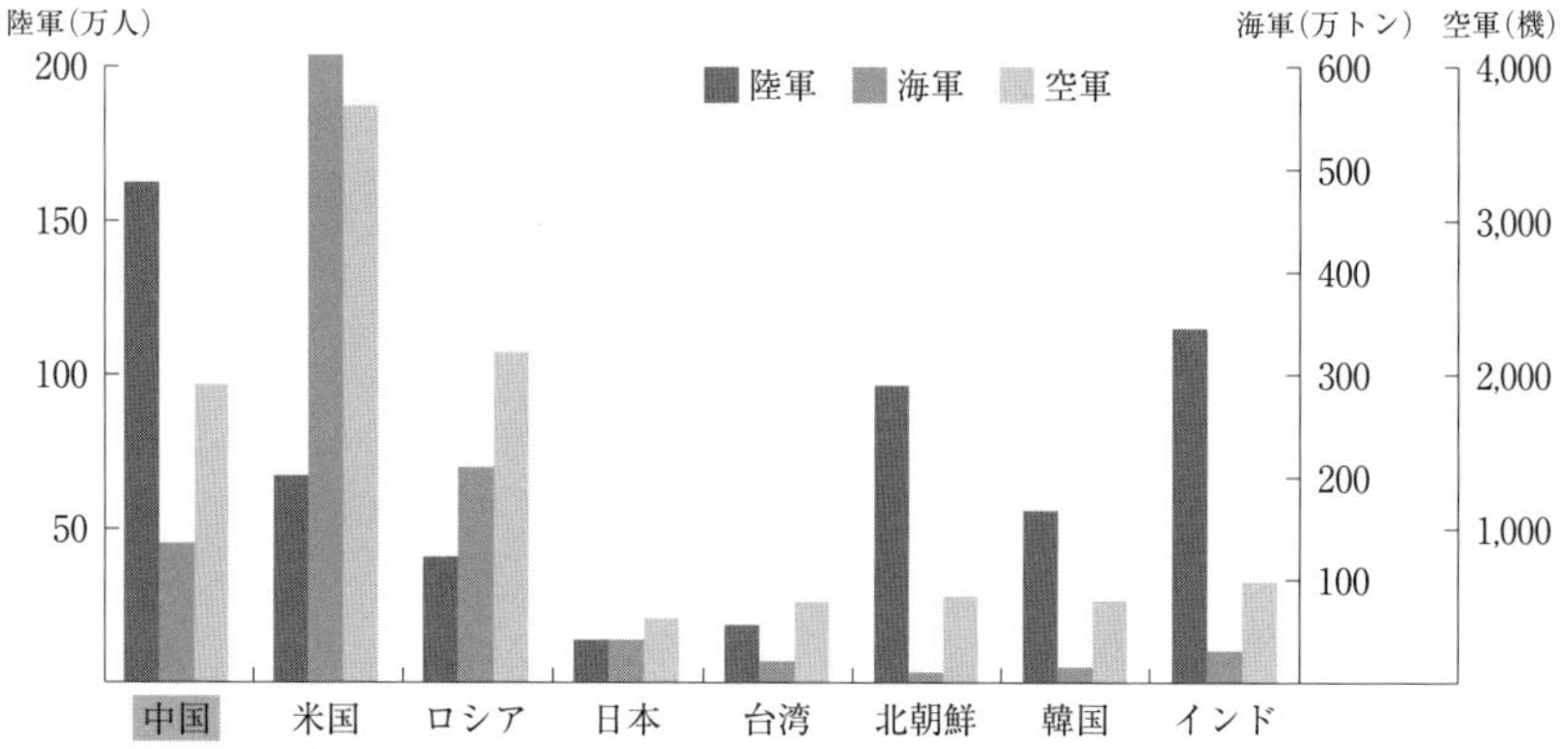

出所）防衛省「日本の防衛」(防衛白書)，2010年度版から抜粋して筆者が作成.

図表 **4-2**　中国兵力の国際比較

1949. 9	180,000	人民公安部隊
1951. 1	320,000	人民解放軍公安部隊
1952. 6	542,000	
1955. 7		人民解放軍公安軍
1959. 1		人民武装警察部隊
1963		人民公安部隊
1966		公安部隊消滅，解放軍に統合
1982. 6		人民武装警察部隊，軍事委員会下で復活

図表 **4-3**　人民武装警察の沿革
(表内数字は公安部隊の人数)

一九八二年六月に、党中央は人民解放軍の国内防衛の任務部隊、義務兵役制の武装、辺境防衛、消防、警察を統一的に組織編成し、「人民武装警察部隊」とした。国家の武装力量の構成部分で党中央・国務院・中央軍事委員会の統一的指導を受けるとされた。武装警察の任務に関して、『中国国防白書』は以下のように規定している。

(1)国家の定める警備防衛対象、目標、重大活動の武装警備防衛
(2)国民生活に重要な公共施設、企業、水源地、電力・通信施設などの武装警備防衛
(3)主要な交通幹線の橋梁、トンネルなどの武装防衛
(4)一級行政区の政府所在地の都市、その他の重要都市の重点区域の武装巡察
(5)暴乱、騒乱、重大犯罪事件、テロ襲撃、その他社会安全を脅かす事件への介入処理
(6)国家に託されたその他の安全保障防衛任務

などである[130]。

同『国防白書』によると武装警察の実施部隊を以下の三系統に大別している。すなわち、(1)内衛部隊武警の治安部隊で、武警総部の直轄下の集団警備力、(2)省級行政区ごとに「総隊」として編成され、地元公安当局と連携して機動隊に当たる局地警備部隊、(3)武警総部により一括指揮される国内軍としての「機動師団」である。一九九七－九九年の人民解放軍の兵員削減に伴い、一四個師団が部隊編成を維持したまま武警総部の指揮下に移行して、「機動師団」となった。とくに国内治安維持軍としての性格が強く、組織・装備・訓練は人民解放軍の歩兵師団と同様である。建国以来の歴史の中で国内治安のために軍が重要な役割を果たした大きな事件としては、(1)文化大革命期の文革左派と穏健派の激しい武闘などによって全国が無秩序になっていく状況における秩序の回復、(2)天安門事件における学生の異議申し立て行動に対する武力制圧、(3)チベット、新疆における少数民族の反乱の鎮圧があげられよう。それぞれを少し具体的に見ておく。

文化大革命の混乱と軍による秩序の回復

文化大革命は大躍進政策の失敗以降、劉少奇の威信・指導力が高まり、最高指導者として孤立しつつあった毛沢東が、一九六六年初めごろから毛沢東を崇拝する若い青年たち、「紅衛兵」に呼びかけて劉少奇・鄧小平攻撃をけしかけた。それが地方の若者たちにも火をつけることとなり、全国で地方の権力者批判に広がる激しい奪権闘争となり、一九六七―六八年にかけて全国は深刻な混乱、無秩序の状態となり、日常の生産活動、行政的業務もストップしてしまった。毛沢東は六七年初めごろから、紅衛兵らの反乱によって「全面的内戦」に陥っていた状態を打開するために、「三支両軍」の指示を発した。これは解放軍が前面に出て、革命左派、労働者、農民を支持すること、軍事管制と軍事訓練を行うように毛が指示したという意味である。ほぼ同じ時期に毛は文革当初に呼びかけた「人民公社＝コミューン」方式の権力構想を放棄し、「革命的な」幹部・軍人・大衆の「三結合」による新しい権力機構、すなわち「革命委員会」の設立を呼びかけた。

一九六七年一月三一日に黒竜江省において最初の革命委員会が設立されて以降、「三結合」による省レベルの権力機構の再建＝革命委員会の設立は急ピッチで進んだ。二月の山東、貴州、上海、三月の山西、四月の北京、八月の青海などと続き、翌六八年九月のチベットと新疆両自治区での革命委員会の成立を最後に、全国二八の一級行政区の権力機構は再建された。しかもそうした権力は事実上ほぼ完全に軍人によって掌握された。例えば全国の革命委員会の主任(トップ)についた指導者の内訳は、それまで省軍区(第一)政治委員だった者が一六名、副政治委員が一名、軍司令員が八名、副司令員が三名とすべて軍人であった。無論革命委員会が成立したからといって直ちに社会が安定したわけではなく、なお各地で混乱は続いていた。したがって政権の再建は各地方軍区の介入によってかなり、強引に進められたと見てよいだろう。

チベット・新疆の革命委員会成立によって全国一級行政区の地方政権が形を成した後、直ちに翌一〇月、中共第八期一二中全会（拡大）が開かれた。そして劉少奇の「永久除名」、鄧小平の「留党監察」のほか、ほとんどの党・軍の長老が批判され、林彪系、江青系の台頭が目立った。そして第九回共産党全国大会の準備が開始された。翌一九六九年四月に第九回党大会に出席した各地方、機関代表一五一二名は、規約にしたがって選出されたのではなく、毛沢東、林彪、江青らの指名によるものが大半であった。新指導部の顔ぶれを見ると、第九期の中央委員一七〇名、中央委員候補一〇九名のうち第八回党大会から選ばれ、継続した者は合わせてもわずか五三名（全体の約一九％）でしかなかった。また軍人の台頭がここでも顕著で、中央委員中の軍関係者は七七名、同候補は五〇名で全体の四五％を超えるほどであった。他の任期の中央委員に占める軍人の割合が二〇％前後――例えば一三期が一九％、一四期が二三％、一五期が二一％――であったことを考えるなら、この時期がいかに異常であったかが理解されよう。

言い換えるなら、文化大革命というとてつもない内乱を収拾するにあたって人民解放軍の存在、役割が決定的に重大であり、解放軍なしには早期の秩序回復はあり得なかったといってよい。もっとも、第九回党大会後、一九七一年に、毛沢東の後継者といわれた林彪の「毛沢東暗殺未遂事件」が起こり、林彪一族、および林彪系軍指導部が連座して失脚することになり、解放軍自体も指導部は安定的ではなかった。それでも文化大革命の大混乱が、国家の分裂を引き起こすことなく統一中国として体裁を維持し続けてきたのは、毛沢東というとてつもないカリスマ的指導者と、分裂しないで治安機能を維持し続けていた人民解放軍の存在があったからだといっても過言ではないだろう。

天安門事件における軍の「民主化運動制圧」

一九八九年の天安門事件とは、八七年に学生の民主化要求に軟弱な態度をとったとして辞任を余儀なくされた胡耀邦総書記が、党の腐敗に真剣に取り組むべきことを訴えながら心筋梗塞で倒れた八九年四月の死に端を発して広がった、学生・知識人らの民主化要求運動に対し、鄧小平ら指導部が解放軍を導入して鎮圧した事件である。鄧はすでに触れたように、下からの大衆運動的な民主化要求に対しては強い警戒心と強硬姿勢を堅持していた。そして政治安定を極めて重視していた。天安門事件勃発前の二月末、訪中したブッシュ大統領に対して、鄧は「安定がすべてに優先する。安定した環境がなければ何事もうまく出来ない。すでに得た成果さえも失ってしまう」と力説している(131)。そして学生や知識人の要求を受け入れればやがて党の指導が崩され、ひいては政治安定の局面が失われ、経済発展戦略自体の後退を余儀なくされると考えたのである。

今少し、天安門事件の経緯を要約しておこう。急死した胡耀邦の名誉回復から始まり政治改革を求め始めた学生に対して、鄧小平はこのような動きを「動乱」と規定し厳しく批判した。他方当時の党総書記であった趙紫陽は、「動乱か、愛国的民主運動か」の問いに悩んだあげく、これを「愛国的民主運動」として受け入れることを決断した。公式の会議、あるいは私的な関係などを通じて何度も鄧に「動乱決定」の撤回を求めているが、強く拒絶された(132)。その後、党中央は趙のこの主張・行動こそが党指導部の分裂を公にしたもので、学生運動をエスカレートさせた要因とみた。学生運動は確かにその後、大きな盛り上がりを見せハンスト突入など激化の一途をたどった。五月一六日、初めて訪中していたゴルバチョフと趙紫陽の会談で、趙は「重要事項の決定は鄧小平同志が舵を取る」との一九八七年の党中央秘密決議を明らかにした。

五月一七日の朝、鄧の私邸で楊尚昆、薄一波を加えて政治局常務委員会が開かれ、「北京に戒厳令を布告する」ことが事実上決定された(133)。夜の中南海での常務委員会でも戒厳令発布には趙と胡啓立が反対し、趙は総書記辞任を申し出た。中南海の外ではデモは最高潮に達し、国家安全部報告で一二〇万人を数え、改革派知識人による公然と鄧小平批判をした「五・一七宣言」も出された。一九日午前四時、趙は天安門で学生を見舞い「来るのが遅かった」と対話した後拘束され、以後死に至る二〇〇五年まで公に姿を現すことはなかった。

新華社報告では一一六の都市で大規模な学生の抗議デモが繰り返された。翌二〇日、国務院総理の立場で李鵬が戒厳令実行命令に署名した。しかし二一日には、北京はじめ各地での大規模な抗議行動もどこ吹く風で、鄧小平私邸では陳雲、彭真、楊尚昆ら八人の長老たちによる「八老会」が開かれ、趙紫陽批判と彼の失脚、趙の後任問題が討議され江沢民の名が一挙に浮上していた(134)。こうした中で天安門広場には「民主の女神像」が登場し、戒厳令部隊の入城を阻止しようと学生市民らの行動は続いた。五月末各地ではなお中央当局への抗議行動は続いていたが、徐々に先細りの様相を呈し始めていた。北京の特派員の報告でも「五月が終わりに近づき、そして六月を迎えるころ、天安門広場で座り込みを続ける学生、市民の数は……最高時は三十万と言われたが、万を割るまでになっていた。……往時を知る者にとっては、敗残兵の集まりのようにも見えた」と記している(135)。にもかかわらずなぜ軍隊投入に踏み切ったのか。

六月二日朝、李鵬・喬石・姚依林の常務委員も加えて「八老会」が開かれ、多数の違法組織が地下活動を計画し、米国・香港・台湾などが支援していることなどが議論された。そして参加者の多くから「これ以上、神聖な天安門広場の放置は許せない」といった意見が強く出され、最後に鄧小平が「みんなの意見に同意する。戒厳部隊は今夜、排除計画を実行に移し、二日以内に完了する」と提案して会議を終えた(136)。六月三日未明から戒厳部隊は天安門に向かった。各地で学生市民の抵抗を受けたが、天安門前を東西に走る長安街の広場から西側数キロ離れた木樨地から西単方向にかけての一キロ足らずは最も激しく、学生、地元市民、バリケードをつくり戦車に向かって抵抗した人々などが銃弾に倒れ、「文字通り血の海となった(137)」。

しかし軍は六月四日午前一時までに天安門広場に到着し、翌午前六時前までに広場の学生らは一掃された。政府当局のその後の発表でも死者は三一九名、負傷者九〇〇〇名に達している。当時の他の報道では死者の数二〇〇〇名前後が多く、一部外国報道では軍の無差別発砲により三万人も殺されたと報じていた。その後、続々と各軍区、省・自治区の政府・党委員会などが中央への支持表明を行い、九日には鄧小平が戒厳令部隊幹部を慰問する形で久々に公に姿をあらわし、事件の終結を宣言した。以上が、第二次天安門事件のあらましである。

『天安門文書』が明らかにしている興味深い特徴がある。上で述べた動乱規定、趙紫陽失脚、戒厳令、江沢民の新総書記抜擢、天安門広場への軍の突入などをめぐっては、疑いなく鄧小平が決定的役割を果たしていた。その意味では「半ば毛沢東化」した鄧の独裁的決断であった。にもかかわらず、形の上ではすべて「八老会」を開催し彼らの間でほとんど討議・合意し、八老の意思として決定していたことである。おそらくこれは責任を自分一人で背負わないという鄧の用心深さによるものであったろう。同時に、党中央政治局(常務)委員会が最高政策決定機関として存在しているにもかかわらず、正式には存在しない「八老会」などが、非常時の重大政策の決定をすべて牛耳っていた。このことは中央政治指導者の政治意識、民主意識の程度を見事に表している。このような発想は、後の習近平を党のトップに選出した過程でも、「太子党」の人物こそ信頼できる「われらが息子」という理屈が当時の長老たちの間で幅を利かせたことにも通じている。

チベット反乱における軍の制圧

少数民族の中でも特に独自の宗教、歴史を持って、文化、生活、価値観など容易に漢文化に同化されないチベット族とウイグル族の場合、中央政府、漢族との対立は厳しい。まずチベットについてみておく。一九四九年以前、チベットは事実上の「独立」した国として独自の政治運営を行っていた。五一年、人民解放軍がチベットに入り、力によってダライ・ラマ一四世の政権を中華人民共和国に編入し、「現政権を容認し改革を強要しない」ことなどを盛り込んだ「一七条協定」が調印され、チベットが人民共和国の管轄下に入った。しかしその後、チベット人のこの過程に対する不満と中央政府の「一七条」の破棄に伴う「社会主義化」に対して反発が高まった。五〇年代後半には中央政府は人民解放軍を増派し、チベット東部に配置し、ダライ・ラマ政権への威嚇を強めた。五八年三—八月には甘粛—

青海一帯でチベット人一三万人が武装蜂起し、人民解放軍が制圧に乗り出し、うち一一万人を殲滅し反乱を鎮めた。その後も不穏な事態は続いた。五九年三月にダライ・ラマ一四世の拉致の危険を感じたチベット族三〇万人が宮殿周辺に集まり、解放軍との小競り合いが始まった。三月一七日ダライ・ラマ一四世はインドに向けて亡命し、わずか二日間で解放軍がチベット軍を制圧した五九年以降、幾度か反乱は起こったが、情勢は安定化していったかに見えた。武力による鎮圧で、六六年文化大革命の勃発後間もなく、正式に「チベット自治区」が成立した。

鄧小平の改革開放時代を迎え、チベットも経済発展のための優遇処置がとられ、いわゆる「慰撫政策」によってチベット民族の「傷」はある程度癒されるかと思われた。しかし一九八七年秋から八九年にかけても断続的に規模の大きな暴動が発生し、ラサに戒厳令が敷かれる事態も発生するほどであった。自治区の人口は二七四万人(二〇〇四年)、そのうちチベット族が九三%を占める。二〇〇〇年代に入り漢族の入植者も次第に増え、二〇一〇年の国勢調査ではチベット族の占める割合が九〇%に減少したのに対して、漢族は八%強に増加した。

近年では二〇〇八年三月、チベット民族蜂起四九周年を記念し、ラサで拘束されているチベット族の釈放を求めて僧侶によるデモがおこなわれ、直ちに武装警察の催涙ガス弾などによって弾圧された。蜂起はラサにとどまらず、チベット自治区全土、青海省や四川省のチベット自治州、甘粛省のチベット寺院などに広がった。中央政府は、暴徒が多数の僧侶に扇動されていると考え、ラサ市内の三カ所の大僧院を封鎖し僧侶たちを拘束し、暴動参加者への自首による罪の減免措置を呼びかけるなど力による制圧を行った。ラサ以外の地域も含め、軍、武装警察の導入によって一カ月以内にほぼ鎮静化された。数の正確さは確かめようがないが、〇八年四月二九日には、チベット亡命政府は死者数二〇三人、負傷者は一〇〇〇人以上、五七一五人以上が拘束されていると発表した[138]。以後今日に至るまで、チベット民族に対する権力当局の目は厳しく、「チベット独立」を目指すチベット青年会議勢力、ダライ・ラマ勢力に通じそうな人物・集団の捜査、拘束、外国のチベット支持勢力との関係断絶などと徹底した監視、鎮圧が続いている。

ウルムチ暴動における軍の鎮圧

新疆ウイグル自治区は面積一六五万平方キロで中国全土の約六分の一を占め中国の省・自治区の中で最大である。中華王朝との間に独立と併合の歴史を繰り返してきたが、共産党が全国を統治して間もない一九五五年に同自治区が成立し、今日に至っている。建国当初、同地域ではウイグル族が全人口の約八割を占めていたが、長い年月をかけて漢族の移住が進み、二〇一〇年の同自治区の人口比は、漢族が四〇%でウイグル族が四六%となっている。二〇〇〇年と比べてほぼ横ばいの数値となっているが、建国直後の状況と比べて漢族の人口比が大幅に伸びていることがわかる。経済面で見れば、ウイグル族は農業、牧畜業、林業など第一次産業に従事するものが多く、一〇年の人口センサスによれば漢族の約二・五倍である。また国家や党組織、企業などに従事する割合は漢族の方が圧倒的に多く、その数はウイグル族の六倍となっており、経済・社会水準において漢族の優位が目立っている(139)。同自治区は、石油、各種鉱石なども埋蔵が豊富であるが、これらは殆んど中央や沿海大都市に直接送られ、現地の経済発展に役立つというわけではない。ウイグル族と漢族は経済的格差にとどまらず、政治・社会的にも格差は拡大し、ウイグル族の漢族に対する不満、反感は増大している。

こうした中で、二〇〇九年六月末、広東省韶関市の香港系玩具工場で漢族によるウイグル族従業員への襲撃を受け数十名が殺害された。これに反発したウイグル人が七月に入り五日、ウルムチ市で抗議デモを始めた。およそ三〇〇〇名がデモに参加し、デモを鎮圧しようとして治安部隊がデモ隊に発砲し混乱を封じ込めた。その直後の七日、今度は数万人の漢族による反ウイグル族デモが起こり、再び漢族とウイグル族の衝突が起こった。したがって一連の騒乱は漢族とウイグル族の相互の不満が爆発したものと見ることができる。デモ隊が暴徒化した経緯、デモの鎮圧過程、犠牲者の数などについては中国当局とウイグル人住民の間で大きく見解が異なる。当局は七月一〇日、死者は一八四人、そのうち漢族が一三七人であると、世界ウイグル会議は当局および漢族武装グループによる武力弾圧で殺されたウイグル人の数は最大で三〇〇〇人に上ると主張している(140)。

当時の状況はまだ不明な部分が多いが、少なくともそれ以降もウイグル族の暴動は引き続いて起こり、それに対する当局の引き締め、弾圧は一段と厳しくなっている。二〇一四年五月二三日、公安部は「新疆を主戦場とする暴力テロ活動取り締まり特別行動」の強化を指示した。また五月二八―二九日に第二回中央新疆工作座談会を開催し、「テロ」との戦い、社会秩序の安定を強調した。翌一五年一月、新「新疆ウイグル自治区宗教事務条例」が施行され、国家機関、学校、公共事業単位などではいかなる形式の宗教活動も認めない、メッカ巡礼に際しては国家と自治区の規定に基づいて手続きをとることなど厳しい細かな規制が設けられた。続いて二月、ウルムチ市で顔を隠す衣服の着用を禁ずる規定が施行された。これら一連の規制を制定した目的として「社会安定を維持し、宗教の過激思想の浸透を防ぐ」ためということで引き締めが一段と強化された(141)。

共産党のガバナンスのロジック

周知のように中国における少数民族はチベット族、ウイグル族に限らない。満洲族、朝鮮族、モンゴル族、回族、チワン族など公認されたものだけでも五五種を数える。中央政府の少数民族に対するガバナンス方法は、基本的には「慰撫」と「力の制圧」、つまり「アメとムチ」の使い分け、加えて「同化政策」による統治である。同化とは様々な領域で用いられる概念であるが、社会科学的には異なる性質、因習、態度、価値観、ビヘイビアなどを持つ民族、個人、国家などが感化して同じような性質、態度、価値観、意識などを持つようになることを指す。中国の歴史はある意味で時の政権が周辺を同化(漢化)していく歴史であったということもできる。

春秋戦国時代では、各地の漢族の支配の周りの蛮、夷、戎、狄らが漢族と融合し、同化されていった。その後の漢、五代十国、唐、宋、明の時代にも漢化が進んだ。とりわけ元、清の時代には、中国の支配者自身が異民族であったが中国大陸に定住し、漢族と交わることによって漢化されていったことを歴史の中で見ることができる。今日、上述したチベット族、ウイグル族の抵抗の歴史を除けば、基本的には他の少数民族は教育、出産生育計画、経済支援などの「慰撫政策」と、漢族との結婚、漢字文化教育など「同化政策」によって、複雑な民族感情は残りながらも、中国という領域内に自らのアイデンティティを感じるようになっていく。筆者自身が一九九二年に広西チワン族自治区に入った時、同行してくれた政府の若い女性職員はチワン族と漢族の混血であったが、チワン族語はしゃべれず、文化的にはほとんど漢族と同じであった。こうした同化によって比較的安定した統治が実現してきたといえるかもしれない。

しかし統治制度としては、少数民族自治区、自治州、自治県のいずれにおいても一党支配体制を貫徹・適用し、それらの地域における政治的実権は政府主席ではなく、党委員会書記が掌握している。党書記ポストは少数民族が選ばれることはなく、五つある自治区、その他の自治州・県、すべての書記ポストは漢族が占有している。したがって少数民族にとって一党支配体制という権威主義体制と同時に、漢族が政治権力を独占するという二重の意味での統治の重い圧力が効いていることになる。確かにこの二重の統治は少数民族が不満を抱く要因となっている。上で見てきたように新疆ウイグル自治区やチベット自治区などでは特にそうした不満が深刻である。

もっともウイグル族、チベット族への優遇策を高めることは彼らからの信頼を得るには有効だろう。しかし逆に、政府のガバナンスにとって不安定となっている。特に少数民族区でも漢族の存在は多くの場合マジョリティで極めて重要な意味を持っており、少数民族優遇政策は漢族からの支持を損なう可能性を高めてしまう。特にウイグル問題に厳しく対処することは、国際的にイスラーム過激派の動きが深刻な問題となっている中で、マジョリティ集団である漢族から強い支持を得ることができ、当地における中国共産党の統治能力を高める構図となっているとも言えよう。

では、少数民族に対する統治以外の民衆統治も含めて共産党のガバナンスはどのような特徴が見られるのか。第二章で見てきたように、改革開放路線の深化とともに深刻な汚職・腐敗や富の不公平・不公正な分配、公害など様々な矛盾や問題が噴出するようになっていった。世界的に見れば、こうした経済近代化に伴う諸問題の抜本的な解消に向けた取り組みにおいては、台頭する市民・住民をその主要な原動力とすることはこれまで一般的に見られる趨勢であった。しかし、中国の場合、共産党は「人民に依拠し、人民のために実践する」、いわゆる大衆路線を看板に掲げてきたにもかかわらず、実際には根強い「大衆不信」があることを否定できない。歴史的に見ても、中国の統治者は過去の中国の歴史を紐解きそれらを教訓とする指向性が強い。その中でも民衆が爆発したら大変なことになるという根本的な強い不信感、恐れは過剰ともいえるほどである。古くは後漢、唐、元、明などの王朝体制を崩壊に導いた数々の農民大反乱を思い浮かべることができる。現代においてはやはり文化大革命の経験は突出している。前述したように、若者を煽り立てて中央から地方に至る既存の権力機構の破壊に向かわせたのは確かに毛沢東であったが、間もなく若い紅衛兵たちは毛の意図をはるかに超えて全国各地で暴動、赤色テロ、歴史文物や公共施設の破壊に奔走したのであった。多くの高級幹部たち自身、彼らの家族たちも犠牲になった。

脱毛沢東を推進し、「改革開放の総設計師」といわれた鄧小平でさえ、文革の手痛い犠牲者であり、大衆不信は半端なものではなかった。例えば一九七八年一二月の有名な第一一期三中全会の総括演説では、「いまのこの時期には、とりわけ民主を強調する必要がある。……ともすれば民主から離れて集中を論じ、あまりにも民主をなおざりにしてきたからである」と言っておきながら、わずか三カ月後に鄧小平支持を叫び、民主化を求めた青年たちに対してさえ厳しい態度で立ち向かった。「最近の一時期、一部の地方では少数の者が騒ぎをおこしている。……それればかりではない。かれらは「飢餓反対」「人権要求」など、人びとの耳目をおどろかすスローガンをかかげて、一部の人をデモ行進に扇動し、……この連中は、ふつう民主という看板をかかげているので、人びとの耳目をまどわしやすい。……中国人民がこんにち必要とする民主とは、……敵にたいする独裁とは切り離せず、民主をふまえた集中とも切り離せない」と発言し、「共産党指導の枠」に必ずしも縛られない下からの動きには過度の警戒心を示した[142]。

二〇〇〇年以降の比較的開明的といわれた胡錦濤・温家宝政権でさえ、市民の様々な社会参加活動をポジティブに受け止めていたが、突き詰めれば民衆不信の心情はぬぐえなかった。例えば、二〇〇八年五月に四川省で起こったM八・〇の大地震に対して、ネットを中心に市民・学生らが立ち上がり積極的な義援金募集活動を展開し始めた。本来ならば、現場の被災者たちとこうした市民活動に、政府の関係機関が連携して問題解決にあたり、試行錯誤する中で問題解決の方法を探し出し、それらを蓄積することによって相互依存、相互協力のメカニズムが生まれ、社会全体の発展が可能となる。こうしたプロセスが日本でも台湾でも見られた漸進的な民主化の基本的なパターンともいえるものであった。四川大地震でも、各地の環境公害問題でも、地方幹部の汚職・腐敗問題でも市民、弁護士、専門家らのこうした動きが始まり広がりつつあった。中国当局は当初はこうした下からの動きをある程度黙認していたが、やがてそうした運動の広がりをひどく嫌い、抑え込むようになった。市民、学生たちの善意の支援活動もすべて許可制にし、民政部や共産主義青年団の指揮下に置くようにした。社会問題の解決に向けた極めて重要なアクターともいえる市民に対して、指導者を拘束したり情報を封じ込めたりする当局の態度が、実は問題をよけいに深刻に複雑にし、死傷者の救護、生活環境の回復の支援を遅らせ、あるいは放置したままの状態にしているともいえるのであるが、ここでも党の指導下での秩序の回復を優先したのであった。

二〇〇〇年頃から頻発するようになった民衆の抗議行動、いわゆる「群体性事件」は第二章でも若干扱ったが、現状においては少なくとも体制崩壊の兆候を示しているとはいえない。そこにも基本的には中央、地方を含む権力者の「アメとムチ」政策が貫徹し、一定の功を奏しているからである。すなわち、抗議の規模が数十人から数百人程度の小規模な事件にとどまり抗議の対象が村、郷・鎮、県の地方幹部の場合、時に上級幹部は彼らの言い分を聞き、ある程度満足させる処置をとって問題を決着させる(アメの政策)か、表面化する前に地方政府が鎮圧に踏み込む(ムチの政策）かである。二〇〇〇年代に多発したこのような「群体性事件」の数量は権力者の制御可能な範囲に留まっていたという判断をしている研究もある。[143] 抗議が各地方で普遍化する事態となれば、地方のガバナンス機能は麻痺し、通常の政策執行も困難となる。

オブライエンたちは、そうした状況を受けて、共産党中央は、国家の頽廃を防ぐために多党制導入を含むドラスティックな改革を実施せざるを得なくなるだろう。あるいは、全体的な数量の増加に比例して大規模事件も増加することになれば、中央が民衆の要望に応え切れない局面も徐々に増加することになる。それにつれて、それまで断片的であった抗議の矛先は、徐々に中央へと結集していくことになるだろうと見通している。[144] しかし、そのような見通しを立てることはいささか安易である。目下のところ共産党当局がとっている方式は、批判勢力に対する徹底した弾圧、そして特に分断統治のやり方が巧妙である。おそらく長い歴史の出来事の中でしばしば体制を転覆した農民暴動を、そして冷戦崩壊の過程でのソ連や東欧諸国の共産党崩壊を中国共産党は徹底的に研究し、如何に生き残るかを熟慮してきた。天安門事件は党内指導部が分裂し、危うく反体制の学生や知識人と党内の分裂勢力が結合するところであった。

党当局は、その後はこの経験も十分に生かし、社会の不満分子になりそうな貧困層、中間層、西側の影響を受けた市民層、知識人、党内傍流勢力などが結びついていかないよう細かく注意し、それぞれに対して「アメとムチ」を使い分け、不穏な動きは「芽のうちに摘む」ことをしっかり行ってきた。一九九九年の法輪功の弾圧、中国民主党結党の動きの弾圧、チベット・新疆等の少数民族の弾圧、その後の劉暁波、胡佳、浦志強ら開明的啓蒙的な学者・弁護士・ＮＧＯ関係リーダーら知識人の弾圧、ソーシャルメディアの広がりに対する分断、こうした動きは裾野を広げながら末端まで行き渡っている。一般的にいえば、社会の様々な要求や意見が噴出し、その安定が揺らいでおり、従来のままの上からのハードな統治による社会安定の確保は困難になってきている。「言論や社会活動の自由」をある程度認めながらも、秩序維持に関わる肝心な部分では「力による抑え込み」を行使する。むき出しのものではなくややソフトなタッチであるが、「アメとムチ」の統治ガバナンスは貫徹している。

しかしとりわけ最近の習近平の統治方式の特徴は、情報や提案が下のレベル、民衆から出されることはかまわないが、それらはあくまで政策決定者にとっての参考意見であり、政策決定はトップダウン方式(頂層設計)で行い、ボトムアップ方式の市民運動を断固として認めないという強い姿勢を示すようになっている。政治的には、社会の底流において民主化を求める動きが深化しているようにも見えるが、他方で、共産党指導下での「経済成長の成果」が強調され、また、少しでも一党国家体制を突き崩す可能性のある動きを強引に徹底して押さえ込むために、実にきめ細かい抑圧のネットワークを構築し、統治のメカニズムを強化してきたようにみえる。治安維持に充てる公共安全予算の金額を見ただけでも、ここ数年大幅な増加を遂げている。例えば、二〇〇八年に公共安全の総予算は四〇九七億元から一〇年には五一四〇億元、一二年は七〇一八億元と増加し続けたが、一五年は一兆五四一九億元にまで達し、ついに国防費予算八八八六億元を上回る数値となっている[145]。

しかし、それにしても経済では従来の社会主義計画経済を徹底して破壊し、新しい市場経済方式、WTO加盟などグローバル資本主義を積極的に導入し、人々の日常生活の面でも豊かさ、私的利益を追求する新しいライフスタイルを容認してきたにもかかわらず、統治の手法、ガバナンスは伝統的な王朝期も含め、基本的には旧態然とした方法が維持され続けている。そこには第一章で指摘した断層社会論、とりわけ〈エリートと民衆〉、〈政治と経済〉の断層の反映を見ることができるのである。近代化された社会に対応する新しいガバナンスは思考されていないのかとさえ思いたくなる。確かに共産党当局においても様々な模索は始まっている。それがどのようなものなのか、民主化とはいかなる関係を持っているのか、これは本書の最後のところで改めて問うことにしたい。ここでは引き続き、物理的強制力に続いて心理的強制力、統合の吸引力とも言えるナショナリズム、あるいは中華アイデンティティについて少し検討しておきたい。

二　統治のイデオロギー的基礎＝中華ナショナリズムの台頭と鼓舞

創造した「中華民族」「中華ナショナリズム」

我々が歴史の中で中国のナショナリズムを考えようとするとき、まず孫文の『三民主義』の「民族主義」第一講の次の言葉を思いだす。「中国人はバラバラの砂だといわれる。然るにその理由はどこにあるのか。中国の一般人民には、家族主義と宗族主義があるだけで、国族主義がないからであります[146]」。ここでの国族主義は今日的には「民族主義」の意味である。今日、盛んに「中華民族の偉大な復興」などが強調され、あたかも秦、漢、唐などの伝統的王朝にさかのぼり中華民族が存在したかのように語られているが、孫文は二〇世紀の初頭にこのように中国に民族主義は存在しないと指摘していた。この点は中国のナショナリズムを考えるうえで重要なポイントである[147]。しかも、これは伝統的王朝体制から近代的国家の形成を目指していた清末民初期の多くの知識人の共通した認識であった。近代国家はネイション・ステイトとも言われ、その重要な構成要素の一つが統一的な民族の存在であった。当時の著名なジャーナリストである梁啓超は、孫文の『三民主義』の講演よりも少し早い一九〇二年に王朝体制を引き継ぎ、現存している版図に含まれる多民族を包み込む一つのまとまった存在体を創造し、それを「中華民族」と表現した。この概念はただちに多くの知識人の中で論争を引き起こした[148]。孫文も後にこの概念を用いて「五族共和」を唱えるようになった。最終的に「中華民族」の概念は中国五六の民族から構成される共同体の総称概念となった。

しかし、孫文が指摘しているように、「中華民族」の概念が創られたからといって、それを核とした「民族主義」が育ったわけではなかった。中国における民族主義の実体化を歴史の流れから見るならば、あくまである対象に対抗する形で刺激され、形を成していったと考えるべきだろう。孫文の民族主義論は、当初は「排満興漢」と言われる漢族の民族主義であったが、以後欧米の帝国主義列強の中国侵略、やがてはそれに日本帝国主義の侵略も加えられ、「反帝国主義」的な民族主義という論調が強まっていった。中華ナショナリズムをもっとも激しく煽ったのは日本の大陸侵略の拡大であった。

日本は徐々に侵攻を深め、一九三一年の「九・一八事変」(いわゆる関東軍の謀略による南満洲鉄道爆破事件)、続く宣統帝・溥儀を担いだ「満洲国」建国と、以降、日本の大陸侵略は本格化した。三三年の日本軍に後押しされた熱河侵攻、三五年冀東防共自治政府の成立といった日本軍の強引な侵攻に対する反発として、中国人の抗日民族ナショナリズムは大いに高揚した。中には蔣介石とは別行動をとって抗日に立ち上がった国民革命軍一九路軍の行動に鼓舞され、全国各地、各分野で抗日救国会が立ち上げられた。三五年八月一日、中共中央の名前で「抗日救国のために全同胞に告げる書」(いわゆる「抗日八・一宣言」)が発せられた。それは毛沢東のライバルであった王明の執筆といわれるが、いずれにせよ徹底した「救国ナショナリズム」を呼びかけたものであった。例えば次のように訴えていた。「この数年来、わが国家、わが民族はすでに危機一髪の生死の関頭に立っている。抗日すれば生き、抗日しなければ死ぬ。……われわれは、国が亡び、民族が滅亡するのを坐視し、自らを救うために起ち上がらないでいることができるだろうか？いやできない！　絶対にできない！……祖国の生命のために戦え！　民族の生存のために戦え！　国家の独立のために戦え！……大中華民族の抗日救国の大団結万歳！」(149)

もちろん中華ナショナリズムは共産党の専売特許ではない。当時の中国の指導者・蔣介石自身も、以下のように中華民族の危機を語り、奮闘を呼びかけた。「中国五千年の歴史は、ただちに各宗族運命共同の記録である。……この一部の悠久な歴史は、中華民族固有の特性に基づき、中華民族の崇高なる文化を発揚せるものである。……近百年来中国の国勢陵夷し〔衰え〕、民気消沈し、五千年来未曽有の変局を開いた。民族生存の要求する領域は割裂の痛苦を受け、不平等条約の束縛・圧迫は国家・民族の生機を喪わせた。政治・経済・社会・倫理各方面において、再生の基礎は毀滅せられ、復興の根源は杜絶しようとしている。それは実に歴史に先例のないところである[150]」、「歴史の教訓はただ一つである。すなわち国民が奮発するのでなければ恥を雪ぎ強を図ることは出来ず、国民革命でなければ、民心に適応し、民志を斉一にし以て雪恥図強の工作に従事することは出来ない[151]」、「国民党のみが、革命を指導し、……中華民族復興と国家建設の大動脈たることが分るだろう」などと、中華ナショナリズムを鼓舞したのである[152]。

「中華民族」は概念としては梁啓超以来使われていたが実体のないものであった。それを一挙に内実化し実体を付与したのは、上で述べてきたように日本との戦争においてであった。いみじくもそのことを率直に、的確に表現したのが一九五六年訪中した日本元軍人らとの会見での毛沢東であった。「我々はあなたたちに感謝しなければならない。あなたたちがあの戦争をし、中国人民を教育してくれたために、バラバラの砂のような中国人民は団結することができた[153]」と語っている。強烈な「敵」を設定し、それに対抗させるために人々のナショナルな感情を鼓舞する。これがその後一貫して用いてきた中国共産党のやり方であった。台湾の中華民国政府を後押しするアメリカ帝国主義に反対、ベトナムを侵略するアメリカ帝国主義に反対し、復活を企てる日本軍国主義に反対し、社会帝国主義となり中国への侵略をたくらむソ連社会帝国主義に反対し、愛国主義、ナショナリズムに訴え、中国人に団結を呼びかけたのである。二〇一〇年、一二年に発生した「尖閣問題」をめぐる大規模な反日運動も、こうした文脈で理解することが重要である。首相の「靖国参拝」は日本軍国主義の復活の批判にはなっても、大規模な民衆運動には発展しない。「釣魚島という中国固有の領土が日本に奪い取られた」という民族感情を奮い立たせる言い回しこそ、いまだに大規模な民衆運動を展開できる大きな根拠となっているのである。これらの用語は実態的な問題以上に政治キャンペーン的に使われ、民衆の一体感、高揚感を煽った。

愛国主義から「中華民族の偉大な復興」

改革開放路線が始まった一九八〇年代は、それ以前の過剰なイデオロギー重視のリアクションとして、経済発展重視、脱イデオロギー化が急速に進み、人々の間には拝金主義が蔓延するようになった。同時に欧米的な民主主義の波が中国を襲った。そうした流れの中で、八九年にいわゆる「天安門事件」が発生した。鄧小平はそれを国内外の「和平転覆」(平和的な社会主義体制の転覆)の陰謀と断定し、ナショナリズムの感情をむき出しにした。すなわち八九年七月の先進七カ国首脳会議(G7アルシュサミット)で民主化弾圧非難、経済制裁の「G7宣言」が採択されると、鄧小平は次のように反駁した。「私は一人の中国人である。西側先進国首脳会議での中国制裁の決定を聞いたとき、直ちに一九〇〇年に八カ国連合軍が中国を侵略した歴史を思いだした。G7のカナダを除いた六カ国と、ツアーロシア、オーストラリアを加えたのが当時の八カ国連合軍であった。中国の歴史を理解しなければならない。これこそが中国の発展の精神的な動力なのである」[154]。さらに「今回の事件の性質としては、ブルジョア自由化と四つの基本原則堅持の対立であった。四つの基本原則堅持に対する一貫性が十分ではなく、教育、政治思想工作が大変劣ってしまっていた」と断じ[155]、以後よく知られているように、動揺する国民、とくに青年たちを対象に「愛国主義教育」を徹底するようになった。

天安門事件後、間もなく各大学の学生に対し「愛国」をテーマにした軍事訓練が課されることとなり、やがて一九九四年に党中央の決定として「愛国主義教育実施綱要」が発せられた。そこでは「中華民族は豊かな愛国主義の光栄ある伝統を持った偉大な民族である。愛国主義は中国人民の団結、奮闘を動員し鼓舞する旗幟であり、……各民族人民の共有した精神的支柱である」と愛国主義教育を通して、中国人の一体感、団結力を強化することが意図されている。したがって、「愛国主義思想を社会の主旋律とするには、濃厚な愛国主義的雰囲気を創造し、人々が社会の日常的な各方面でいつでもどこでも愛国主義の思想と精神に感染するようにしなければならない」と力説しているのである。[156]

一つ確認しておくべきことは、共産党という政党にかかわらず、共産主義イデオロギーは統治を正統化し、かつ中国人民を指導する共産党自身のイデオロギーとしては捨て去られ、完全に愛国ナショナリズムに取って代わられたということである。共産党は実質的な意味ではこれまでの自分自身を自ら解体してしまったといってよいだろう。それは言い換えるなら、中国が歩んで来た、またこれから歩む文脈の中で求められるニーズに合わせ、自己の生き残りをかけた適応、脱皮ともいえるものかもしれない。いみじくも二〇〇二年に開催された共産党第一六回大会「政治報告」のキーワードは、「中華民族の偉大な復興」であった。同報告は次のように言う。

「中国共産党は中華民族の中に深く根を下ろしている。中国共産党はその誕生の日から、中国の労働階級の前衛部隊となり、また中国人民と中華民族の前衛部隊となり、中華民族の偉大な復興というおごそかな使命を担っている。……わが党は中国の特色のある社会主義を建設する正しい道を探しあて、民族の復興に強大かつ新たな生命力を注ぎ込んでいる。中華民族の偉大な復興には、さんぜんと輝く前途が現われている」[157]。

そして中華ナショナリズムを旗印に「中華民国」を樹立したちょうど百年後に、中国の最高指導者・習近平が以下のような言葉を発した。

「中華民族の過去は「雄関漫道まさに鉄のごとし」(険しい妻山関の関所は堅牢で突破できないと嘆いていたが、それを突破し苦難を乗り越えることができた)であった。近代以後、中華民族が受けた苦難は重く、それに伴った犠牲も大きく、それは世界史上でも希な事態であった。しかし、中国人民は屈服することなく、不断に奮起し抗戦し、最後には自分の運命を自身の手でしっかりとつかみ、自らの国家建設の偉大な行程を歩み始め、愛国主義を核心とした偉大な民族精神を十分に発揮していったのである。中華民族の今日は、「人類の正しい道こそ変転の本質」と言うことができる。改革開放以来、われわれは歴史の経験を総括し、苦しみながらも絶え間なく模索し、ついには中華民族の偉大な復興を実現する正しい道にたどり着いたのである」[158]。

以上のことからわかるのは、梁啓超、孫文ら清末民初の指導者から、蔣介石、毛沢東、鄧小平そして習近平に至るまで、中国の知識人・エリートには共通した強烈な歴史認識が脈打っていたということである。伝統的な王朝時代を「栄光の歴史」と認識し、近代史においてはその栄光が欧米列強、やがては日本の暴力的な侵略を被り、領土・資源を奪われ人民が蹂躙された。彼らにとってはまさに「屈辱の歴史」として脳裏に刻み込まれているのである。この歴史観は〈原始共産制社会—奴隷制社会—封建社会—資本主義社会—社会主義社会—共産主義社会〉と語られてきたマルクス主義の階級闘争史観からの完全な逸脱である。急激な経済成長、強大化する軍事力を背景に二一世紀に入ってから「中華民族の偉大な復興」を掲げるようになったことが一つの着目点である。

二〇一二年一一月に共産党総書記に就いた習近平は、むき出しの愛国主義に粉飾された「中国の夢」の実現を目標として掲げた。「二つの百年」、すなわち共産党創設の百周年(二〇二一年)と中華人民共和国建国の百周年(二〇四九年)に対する目標である。それらは国内目標と国際目標の二つに分けて考えることができよう。前者は、現在のＧＤＰを二〇二一年頃までに米国に匹敵できるレベルに増大させ、さらに人々の生活水準を「小康状態」(まずまずの状態)にすることである。また、極端に拡大した格差を調整し「和諧社会」を実現することもその中身である。二〇四九年に向けての目標は、かつて唐の時代から清の時代まで世界の中でもっとも影響力を持ち続けてきた中国の過去の栄光を復活させることである。習近平自身の言葉で表現するならば、「今世紀の中葉までに、わが国を富強・民主・文明・調和の社会主義現代国家に築きあげて、中華民族の偉大な復興という中国の夢を実現することである」となる[159]。言い換えるなら、栄光のある中華民族を代表する中華人民共和国が総合的な国力で米国と並び、あるいは追い越し、世界の冠たるリーダー国として君臨することがその意味だと思われる。このように愛国ナショナリズムが共産党の公的イデオロギーとしての地位を得るようになった。

下から芽生えてきたナショナリズム

もっとも少しばかり頭に入れておかねばならない点は、以上のような共産党による上からの愛国主義教育の推進の中でもっと無関心にクールにしたたかに這いずりまわって生きている民衆がいることである。例えば、愛国主義教育基地と呼ばれる場所で、実は日本兵の軍服を着て笑顔で記念写真を撮る若者がいることが時に問題になってきた。愛国主義教育の基地にもかかわらず、単なる観光地となってしまった場所は少なくない。いわゆる「赤色旅行」は本来の目的を離れて、現地の経済発展および交通などインフラ整備の名目になっているのも現実である。[160] あるいは二〇一五年末ごろから話題となった中国人の大量の訪日、「爆買い」と呼ばれる日本製品の購入は、「政治何するものぞ」の驚くべきパワーであった。

もちろん、憤る青年(憤青)の下からの愛国主義の間で、共産党の愛国主義キャンペーンが推進された一九九〇年代ころに、民間レベルでのナショナリズム感情を憚りなく主張するような社会的気運が高揚していたことも押さえておかねばならない。持続的に経済成長が見られ、二〇〇〇年にはGDPでついに一兆ドルを超えるまでになり、少しずつ一般国民、とくに若者も自信のようなものが芽生えてきていたのだろう。一九九六年春に宋強、張蔵蔵ら若手の知識人らが共同で書いた『中国可以説不』(邦訳『ノーと言える中国』日本経済新聞社、一九九六年)が中国で出版され、短期間で三〇〇万部を超えるほどの記録的なベストセラーになり、日本語、英語などにも翻訳され世界的にも注目されるようになった。[161] 同書の執筆者たちはその勢いで同年、姉妹書といえる『中国還是能説不』(邦訳『それでもノーと言える中国』日本経済新聞社、一九九七年)を発表した。これらは共産党の公式的な中華ナショナリズムの主張とは異なって、欧米人、日本人との会話の中での印象や、具体的な事件に対する彼ら自身の思いなどを語りながら、中国人の民族的な感情をむき出しに米国や日本に対する強烈な批判、侮蔑を行っており、誤解した感情も含めある種の新鮮さを感じるものがあった。同時に八〇年代初頭より試行錯誤を重ねながらも経済の高度成長を持続し、天安門事件の政治危機を乗り切り、軍事強国の歩みを進める中国自身に対する青年たちの自信にも似たものが芽生えていることを示しているようでもあった。

二〇〇一年、ＷＴＯ加盟以降も一段と経済加速を示し、〇六年には軍事費で日本を超えるほどになった。やがて〇九年、一部執筆者は替わっているが、彼らは『中国不高興』(邦訳『中国が世界を思いどおりに動かす日』徳間書店、二〇〇九年)を出版した。これは〇八年三月の「チベット暴動」の鎮圧に対する外国の政府や報道に対する強い反発を表明したり、国内の粉ミルク事件における民衆に代わっての憤りを表明したりしたものであった。しかも同年八月には、北京オリンピックを国家の威信をかけて成功させた。オリンピックでの多数のメダル獲得、一〇年の上海万博に史上最高の入場者数を記録し、その年に長く世界の経済大国として君臨していた日本をＧＤＰで追い抜き、米国に次ぐ世界第二位の経済大国になった。これらのことは、多くの人々に中国人の誇りを抱かせた。彼らは愛国主義をくすぐられ、「中華民族の偉大な復興」に心酔していたように見えた。

もちろん共産党も積極的に愛国主義教育を進めており、経済力、軍事力の肥大化とあわせて大国主義的なナショナリズムがある種の吸引力になっていたことは否定できない。こうした中で中国国内でも『中国不高興』のような主張をポピュリズム(大衆迎合主義)と批判する声も少なくない。本書の日本語訳のタイトルはその内容からの意訳ではあるが、ある意味で日本を含む西側のプレッシャー、先進性に対するコンプレックスの裏返しとしての強烈なポピュリズム的反発であったといえるかもしれない。愛国的ナショナリズムが上からだけでなく、下からも盛り上がっていったことは中華ナショナリズムを幅の広い太いものにしているとも言える。しかし、下からの愛国ナショナリズムは時として政府当局批判につながる可能性をはらんでいる。もしそのようになるならば統治のイデオロギーどころか、反乱のイデオロギーにならないとも限らない。統治者はそのことに注意深く警戒しながら手綱をひいていくことになる。

確かに、中国という国家体制を考える場合、人民共和国建国前の抗日愛国主義のナショナリズムはともかく、建国以降、下からの愛国ナショナリズムが国家体制の凝集力になってきたことはなかった。今日、体制支持と体制批判の「諸刃の剣」的な意味を持っているが、いずれにせよ下からのナショナリズムが政治的凝集力においてある種の重要な意味を持つようになってきたことは明らかである。二〇一二年秋、日本が「尖閣諸島の政府購入」を決定した時、中国全土でこれまでになかったほどの反日抗議のデモや暴動が起こったのは、たんに共産党の上からの指示だけでなく、下からのこうした民衆レベルの広範な愛国的感情の高揚があったことを否定することはできない。トップリーダーはこうした民衆からの新現象をどのように巧みにあやつり、中華民族の一体化に向けての新しい体制づくりを試みていくのか、はたまたそれに失敗し政治的混沌を迎えることになるのか、習近平体制は大きな岐路に立っているとも言えるのである。

第五章

歴史から見た政治体制の構造

問題の提起

これまで考察してきた政治体制を取り巻く主要なイシューを様々な角度から分析してきたが、それらを踏まえながら中国の政治体制の変容をどのように考えるか。このテーマは誰しもが強い関心を持っている問題であり、これからの研究課題である。私なりのオリジナルな分析とそれに基づく政治体制のとらえ方は第六章で行うこととし、本章では歴史的、かつ制度論的な文脈から中国共産党の政治体制を検討しておこう。四〇年が過ぎようとする改革開放路線の歩みは、それまでの毛沢東時代と比べ構造的変動とも言えるほど、明らかな変化をもたらしてきた。とりわけ非政治領域ではこれまで述べてきたように、計画経済から市場経済、グローバリゼーション、閉鎖型社会から開放型社会、多元的利益社会への移行、社会・階層の流動化といったような極めてクリアな変化の跡を見ることができる。無論、政治領域でも後述するような重大な変化があった。

しかし、一九八〇年代に芽生えた政治的多元化の動きは、八九年の天安門事件で激しい弾圧を受けた。二〇〇〇年代の胡錦濤・温家宝時代に若干息を吹き返したかに見えた時期もある。胡錦濤のブレーンといわれた兪可平教授の「民主とは良いものである」（原題「民主是好的東西」）が共青団機関紙『中国青年報』二〇〇六年一〇月に大きく掲載されたのはその雰囲気を示している。(162) しかし今日に至るまで民主化の動きは周知のように基本的には「封じ込め」られたままである。さらに一九七九年に鄧小平が提出したハードな引き締めを象徴する「四つの基本原則」（社会主義、共産党の指導、人民民主独裁、マルクス・レーニン主義・毛沢東思想）の堅持は、その後も幾度か基本原則として維持され続いていった。制度的な政治改革の核心となっていた「党政分離論」も天安門事件前の第一三回党代表大会「政治報告」で党自身によって強調されたが、その後は否定されていった。むしろ流れとしては党指導者が他組織を直接コントロールする「党政合一論」が強調されるようになっていった。統治組織として規模の面からも、質の面からも共産党は他の組織を圧倒している。党を物理的に支える軍との関係も従来の関係が維持されている。このように共産党を指導組織とする一党国家体制は、鄧小平時代も、ポスト鄧小平時代の今日も変わらず堅持されたままである。言い換えるなら、改革開放路線を推進してきた約四〇年の過程は、一党国家体制という意味では少なくとも「体制変容」を引き起こしてきたとは言えない。この点は中国の政治体制論を議論するうえで最初に確認しておかなければならない点である。

しかし、そのことが中国政治に意味のある重大な変化をもたらしてこなかったのかと問えば、後述するように答えは「否」である。では何がどう変わったのか、あるいは何が変わらなかったのか。ここでは、二つの角度から構造変容の問題を考えてみたいと思う。第一に、今日の中国は各領域において「伝統中国」との連続性を持ち、あるいはそれを引きずってきたと考えられるが、中華人民共和国体制における「伝統的部分」が、改革開放のプロセスを通じて今日どのように連続し、あるいは変容、転換してきたのかという問題意識からの理解である。第二には、言うまでもなくこの国家体制は共産主義理論とりわけレーニン主義理論に基づいて構築された体制であり、今日なおその堅持を国是としているのであるが、それでも改革開放期は、それ以前のレーニン主義的政治システムと比べ、部分的には重大な変化が始まっていると考えられる。そうした特徴をどのように把握するかという点からの理解である。

伝統的政治体制、毛沢東期の政治体制、改革開放期の政治体制を連続と不連続という問題意識で眺め、統治という視点から意味ある比較を試みようとするならば、そこには四つのキー・コンセプト、すなわち統治政党、国家統治システム、社会統治システム、制度化という切り口があるように思われる。本章ではこれらを念頭に置きながら、改革開放路線の推進の中で維持され続ける共産党による一党国家体制の動態的な変容の意味を考察する。そして、それらを踏まえながら次に扱う習近平時代の政治体制、およびそのこれからを若干展望してみることにしよう。

一　歴史の中の毛沢東型統治体制――伝統型国家との連続性

政党なき皇帝支配＝人治型官僚制プラス国家と社会の二元的統治体制

一九四九年一〇月、新たな国家として中華人民共和国が樹立されたとき、国内外の多くの人々はこれまでの中国になかった全く新しい国家が打ち立てられたと認識した。それは国名「中華人民共和国」が示すように「人民の国家」「人民が主人公の国家」であると主張され、文化大革命の「虚像」が崩れるまで、長きにわたってそうした認識が生き続けていた。いわゆる「中国革命」の勝利による、旧来の伝統中国の打破、新しい国家社会の誕生という「歴史の不連続論」による解釈であった。しかし、最近の中国研究の特徴的な傾向の一つは、「歴史の連続性」という観点から現代中国の事件や趨勢を捉え直すということである[163]。現代中国の統治体制をこのような問題意識から再検証するならば、どのような特徴が浮かび上がってくるのか。誤解を恐れずに述べるなら、四九年以降の共産党体制は、伝統的な官僚体制を破壊したうえに新たに構築したものというよりも、それを土台とし、その上に乗りかかりながら、レーニン主義的共産主義型統治システムを付着させ、より全面的に細部にわたって支配の網の目が形成されたピラミッド型統治と見なす方がより適当ではないかと考える。では中国の伝統的な国家体制はいかなる特徴があったのか。

中華帝国の国家機構は、秦・漢時代に萌芽し、唐王朝の時に形を整えた。それは一言で表現するなら、官僚制のピラミッド型統治体制であった。すなわち皇帝、中央権力機関、各行政部門、地方権力につながる体制であり、その担い手がいわゆる「科挙」によって選抜された官僚群であった。官僚群はその身分的地位について論ずれば、「彼等は皇帝及びその一族に次ぎ、民衆の最上位にある一団の人々である。……社会階級としての官僚群の存在は、支那国家の一特性であ」ると表現できる[164]。

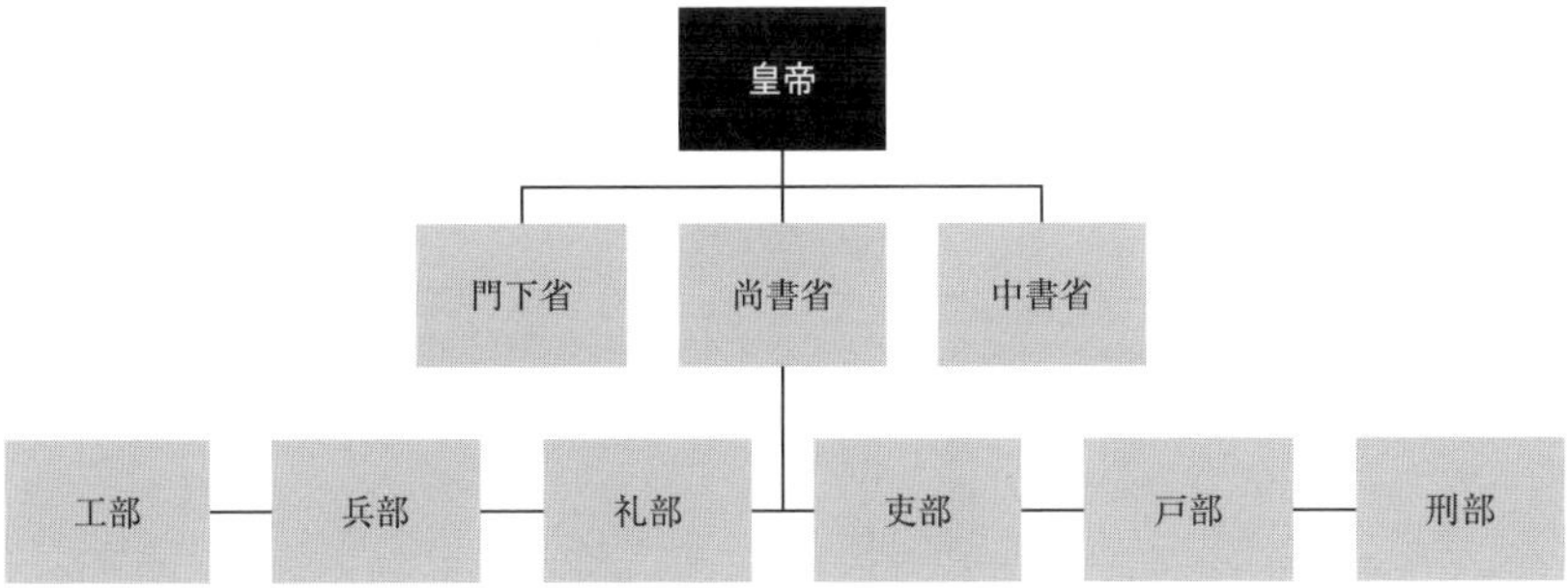

図表5-1　中央の官僚統治体制

官僚統治体制としては、首都における中央行政は基本的には有名な「六部」、すなわち吏部、戸部、刑部、礼部、兵部、工部（堤防工事など）によって構成されていた（図表5-1）。

さらに例えば、明王朝はそれらに加えて、帝政の初期に帝国学士院（翰林院）、最高裁判所（大理寺）、資料編集所（国史館）、帝室牧場（太僕寺）、その他饗宴（光禄寺）、祭祀（太常寺）を司る官庁を設け、これら全体を包括するものとして内閣が存在した。清王朝はこうした機構をほとんど継承したが、さらに新しく軍機処を設けた。それは一七二九年、軍事その他重要な事項を処理するためにつくられたものであるが、これ以降内閣は形式的な統治組織となり、それに対して軍機処が実際の最高行政機関となった(165)。

こうした中央の官僚機構の下に付随し、一般に〈省―府・州―県〉と連なる地方官僚システムが形成された。官吏の等級はよく知られているように九品からなり、各品にはさらに上下の別があり、官吏の特権、称号、位階は細かく法令の中に記されていた。行政単位の最下位は県であるが、県の長官である知県の地位からいえば底辺に近い（六品か七品）が、その官は二五万人ほどの人口に対して責任を持つ長官であった。そして最下位の九品も県レベルの官吏に止まった。

以上のような伝統的な官僚統治システムは、しばしば「東洋的専制国家」と呼ばれるものであるが、国家と社会の関係をより構造的に眺めるなら、我々は近代的な全体主義とはかなり異なった統治構造を伝統中国の中に容易に見ることができるのである。まず官僚群の規模はどの程度のものであったのか。この点に関してJ・K・フェアバンクは次のように指摘している。「官僚機構における門番、小使、車夫にいたるまでの人的要員が一〇〇万を数えたことは疑いない。しかしもし、皇帝の代理としてヒエラルヒーの中において公式の行為をなし、公式の報告のできる純然たる官吏の地位にあるものを探し求めるのならば、そのような連中は非常に少なく、しかも全国的に散在していて、二億の人口――十九世紀の中ごろまでにはおそらく四億になっていた――をもつ国を統治するのに、官吏の数は全体で多く見積もっても三―四万以上を出なかったことを知るであろう[166]」。

このように中華帝国の行政機構の規模は今日的な感覚からすれば極めて小さかった。

中央集権的な国家官僚体制を維持するには、それなりの統治の術というものがある。清水盛光の要約によれば、以下の四点がその特徴となっている。第一は、県の長官(知県)に至るまでのすべての官吏を皇帝自身が任命したことである。これにより官吏全体はみな天子(皇帝)に依存し個人的忠誠をつくす義務をもつことになる。第二は、官吏交代の制度を確立したことである。官吏は誰でも一つの同じポストに三年以上長くても六年以上はおられず、ポスト異動の際にはいったん首都に来て皇帝に謁見し、支配者との接触を新たにしなければならなかった。第三は、「回避の制度」であり、すなわち官吏は誰でもその出身地の官吏にはなれないという制度がとられた。出身地に着任した場合、皇帝に対する忠誠が血縁、地縁関係者に対するものによって妨げられるかもしれないからであった。さらに第四として、親の死後三年間(実際は約二五カ月)は喪に服さなければならないという制度であった。これにより官吏を一定時期権力から遠ざけ、その肥大化を防ごうとしたのである[167]。さらに先にも触れたように、伝統中国の官僚組織の神経末梢は、県レベル(知県)に至って止まり、しかも官僚組織が極めて小さいために、官僚の行政的活動を県以下に拡大することができなかった。したがってそれ以下の行政機関を人民の自営にゆだねるほかに道がなかったのである。すなわち郷村において農民を直接支配し指導するのは官僚自身ではなく地主らを含む広い意味での「郷紳階級」の仕事であった[168]。

村社会が国家の官僚統治体制に直接的に組み込まれていなかった事実とそれを論じたものは多い。「支那の村落は、一箇の自治的単位である。村落は名義上、官吏の体統組織〔統治体制の組織〕を通じて中央政府の支配下に置かれているが、事実上では、名目的地租の納付及び他の若干の場合を除いて、中央政府から全く独立した地位を占めており、恰も英国の自治植民地が帝国政府から独立しているのに似ている。……支那の村落が世界中どこにあるものより統治される程度が一番少いということは事実である[169]」。

長谷川如是閑も、村落社会が中国王朝の興亡史とは没交渉的に独自の社会形態として数千年にわたり存在し、「国家はただ人民から収奪していただけであって、村落自治体は全く自治的に生存する外はなかったのである」と指摘している[170]。

以上の点を踏まえ、さらにいくつかの点を加えて、伝統的な統治体制の特徴を次のようにまとめることができるだろう。第一に、国家としての官僚システムは厳密な位階制秩序を維持し、しばしば専制的絶対的権力といわれてきたが、そのスケールは統治空間から見て大きくはなく、その機能も比較的単純であった。第二に、村落の統治は基本的には村落自治によって運営されており、国家はこれに介入しなかった。第三に、国家と村落の接点は、機能的には租税、用役の調達・提供であり、治安の維持、教育、福祉などでさえもっぱら村落自治に任せていたのである。この点だけを見るなら、改革開放期に強調され、重視されてきた「小さな国家、大きな社会」がすでに伝統中国の中で実現していたと言えるかもしれない。

したがって第四に、国家と社会をつなぐものは実態的には極めて弱く、官僚の「予備軍」あるいは官僚と民衆（老百姓）の中間的存在である郷紳階級と知県衙門（県政府）の非日常的接触でしかなかった。言い換えるなら国家と社会はそれぞれ官僚制と村落自治という独自の統治メカニズムを作動させながら、非日常的定期的に接触し合っていたと見ることができる。第五に、統治の基本は「人治」であった。村落の統治が制度的規範によるよりも、当村内の有力な郷紳によって担われ、彼らは村の伝統的慣習を重んじながら村内の統治・行政を運営していた。これに対して、国家統治の実態である官僚群は、一面官僚制システム(法治)にのっとって物事を処理していたということもできる。しかし、上述したようにこれら官僚群は基本的には皇帝との個人的な臣従関係によって成り立っていたのである。第六に、国家と社会は以上のように二元的ではあったが、同時に一つの「まとまり」として捉えられる枠組みの中に在った。その枠組みとなったものが儒教の「治国平天下」論に示される秩序イデオロギーであり、全体を包括するシンボルがその頂点に立つ天子(皇帝)であった。これらを総じて、伝統中国の統治体制を特徴づけるなら、全国的規模での政党を有さないという意味での〈政党なき皇帝=人治型官僚制プラス国家—社会の二元的統治体制〉と要約することができるだろう。

皇帝=官僚型統治の連続性

中華人民共和国の統治体制についての構造的な特徴はあらためて整理するが、新中国の国家体制の頂点に毛沢東主席が、毛の死後は鄧小平が君臨したことはよく知られている。毛沢東の象徴的意味はまさに新中国の「新」たる所以でもあったのだが、「歴史の連続性」から捉える解釈からすれば、毛、鄧といった最高権力者およびその体制をレーニンやスターリンのような共産党体制の独裁者というよりも、歴史的伝統を引きずる新たな王朝(毛沢東王朝、鄧小平王朝)、そしてその皇帝と見なしていることである。今日の習近平にもそれに重ね合わせられる特徴が見られる。これが第一の特徴である。

世界的に著名な米国のジャーナリスト、H・ソールズベリーは、歴史の連続性についてある著名な学者の言葉を引用しながら、「たぶん他の国以上に中国では、過去を知ることが現在を理解するために欠かせない」と力説し、さらに「中国の長い歴史の中で、皇帝の称号を戴く人物は数百人にのぼる。が、一個人としても、政治的にみても、毛沢東と鄧小平ほど、強大な権力を行使したものは多くはいない。彼らは真の皇帝である」。「毛も鄧も自分をマルクス主義者と見なしていたにも拘らず、皇帝と呼ばれるのにふさわしかった。二人はある種の神権に基づく天子であった」と指摘している[171]。

一九四三年の党中央政治局の「秘密決議」は、最終的な政策決定権を毛沢東に委ねることを決定し、八七年の党中央委員会の「秘密決議」は、同じく重要事項の最終的判断を鄧小平に委ねることを確認しているが、これらは少なくともマルクス主義を含む西欧的民主主義ルールでは考えられないことである[172]。毛沢東、鄧小平といったその時の最高権力者が、時として党あるいは国家を超越する存在であったことは、近代的国家の最高指導者というよりも、皇帝的存在に近いものであった。文化大革命期の毛沢東を讃えた「父よりも母よりも敬愛する毛主席」といった言い回し、あるいは造反派の間ではやった「忠の字踊り」などに、儒教的権威、皇帝思想の「臭い」を感じるのは私だけではあるまい。

「連続性」から見る第二の特徴としては、新中国が伝統的な中華帝国と類似した階層的権威主義的な国家体制を形成したことである。その一つは行政機構の基本的な枠組みの継承＝国務院下の各部の設置であり、もう一つは「行政建制」としての三層制の採用と地方政府の機能である。中央の行政機関を「六部」に倣って外交部・商業部・農業部・国防部といった「部」という表現にしたこと、幹部の「八級制」に見られる権威的なヒエラルキーは「九品中正」のシステムを思い起こさせる。また習近平時代の二〇一七年初め、党は一八年三月に政府、全国人民代表大会とも独立した権限を持つ「国家監察委員会」の設置を決定した。西側的な「三権分立論」に対して中国が目指すところは、かつて孫文が提起した「五権分立」（行政・立法・司法の三権に監察権、考試権を加えた五権）体制を目指しているのか。

また、地方幹部の任用にあたっては「下二級管理制」が採られていたが、基本的には党中央がそれぞれの中核をしっかりと掌握していたと言える。これは伝統中国において皇帝（中央）が官僚の人事を独占していた状況に比べて、党による組織的対処という差異はあるものの、中央による基本的な人事権の独占という点でかなり類似していたと見ることができよう。さらに地方行政建制におけるヒエラルキーは、人民共和国初期を除き基本的には〈省―県・市―郷・区〉といった三層制において実施された。そして、上から下への指示・命令、および下から上への上申・異議申し立ては、「層級制」と呼ばれる方式で順次行わねばならず、層を飛び越えることができなかった。これも伝統中国の上意下達方式と共通するものである。[173] もちろん、このような制度的な規定のほかに、非常時的な例外的対応として「上訪」「信訪」といった層を飛び越えた下からの訴え、これに対して上からの「巡察工作組」のような非日常的な監視システムも存在した。ただしこれら自体も王朝時代の制度の中に見ることができる。[174]

第三の特徴として、官吏と人民の断絶した関係の連続性を指摘しておきたい。共産党員は本来プロレタリアートの前衛として彼らを代表するものである。しかし実際には一九四九年時点で共産党員の構成は労働者がわずか二・五％で、これに対して農民が五九・六％、知識人が一一・九％、軍人二三・九％であった。その後の傾向としては、労働者が増加しているが一〇％台にとどまり、農民は五〇年代にはさらに増加したが、その後減少傾向となり八〇年代では四〇％弱、軍人は一桁台へと大幅に減少し八〇年代ではわずか二・八％に落ち込んでいる。これに対して、知識分子党員は、しばしば批判の対象となった毛沢東時代でさえ増加傾向にあり、八七年には三〇％近くになっている。[175]

しかも彼ら共産党員の行動様式、政治社会意識は基本的にはエリートであり、いわゆる庶民（老百姓）の代表という感じではなかった。この点に関して、E・バラーシュは人民中国の幹部について次のように表現している。「人民の公・私生活の完全な体制組入れも、その背後に長い伝統をもっている。国家公務員や党の幹部は、今日昔の文人官僚がもったのと同様な特権をもち、特に重視されない一般人民に義務を割当てることも従来と同様である。筆の代りに万年筆が使われ、儒教徒に代って共産主義者が与党を形成するが、その底を見れば指導し、命令し、管理する不可欠の機能を果すものは、常に同じ知識層である。しかも新しい党人の発想そのものが、かつての日の権威主義的、および権力主義的な独裁者たる官僚のそれを想い出させる」[176]。改革開放時代に政治改革の必要性を説いた胡振民も、改革すべき中心的な対象として「官本位制」の解消を力説している[177]。同様に今日の中国社会の腐敗の問題を考察した王雲海は、中国の官僚制の特徴を「個々の官僚個人が個人的人間関係・個人の人格的能力などの「私」的原理によって実質的に統制され、位置づけられて」いると説明し、それを伝統的な官僚制につながる「私的または人格的官僚制」と表現している[178]。

二　伝統的国家との不連続性

政党による統治

しかしながら言うまでもなく中華人民共和国は、それまでの国家とは際立って重大な相違（不連続性）を見せていた。その主要な第一点は、建国の比較的早い時期から、トップから末端（基層）に至る権力機構の中枢に共産党という強力なイデオロギー・実践政党が組み込まれたことであった。共産党自体の権力構図、機能などは後述するが、その存在が国家統治、社会統治に決定的な意味を持っていたことを力説してもし過ぎることはない。

では最大の不連続性とも言える共産党のコントロール・システムとはどのようなものであったのか。言うまでもなく、建国前から党においては基本的にはレーニン主義に基づく中央集権的な組織体制が確立していた。党中央は原則として五年に一度開かれる全国代表大会によって選出された中央委員（候補）からなるが、中央委員会全体会議（中全会）は年に一―二回開かれ、全国大会に次ぐ基本的な政策・路線、重要人事（政治局員や政治局常務委員などの補充）を決定するのみで、全国大会と同様に日常的には重要事項の政策決定は行わない。日常的な重要政策決定に関しては、党中央のトップにあたる党主席(一九八二年以降は党総書記)と、彼を中心に構成される中央政治局常務委員会、およびテーマ領域ごとに実質的に分析、審議、提言する各種の「中央領導小組」があり、とくに重要な政策事項を実質的に審議・決定していた。さらにその下に中央政治局があり常務委員会の判断を受けて重要事項を決定する。それらが党中央の指示として下部に下ろされるようになっている。

地方には行政機構にあわせて各レベル(省級、市・県級、区・郷級など各級)に党委員会が設置されている。各レベルには党の代表大会が設けられ、そのレベルでの最重要事項を決定することになっているが、実質的には党委員会が重要事項の決定機関である。すなわち党委員会はそれぞれ上級の指示、命令を受け、その範囲内において管轄内での具体的な政策決定を行うという党委員会制が確立された。各レベルの政府、人民代表大会、大衆団体などには基本的には党組(党グループ)が設置され、また政府の各部門に対応して党委員会に「対口部」と呼ばれる専門の部局がつくられ、これらを通じて党委員会はそのレベルでの指導を貫徹するようになっている。上級と下級の関係では、下からの意見が汲み上げられるチャネルは存在し、一応「民主集中制の原則」が謳われていたが、政策決定に関しては上級でいったん政策が決定され下部に下ろされた場合、その決定は絶対的であり、「各支部・党組織は党委員会に従い、地方は中央に従う」原則が強調された。

近代的国家システムの形成

第二の不連続な点としては、国家体制が曲がりなりにも、いわゆる立法・行政・司法を有した近代的な体制となったことである。人民共和国の国家体制の枠組みは一九五四年に形作られ、今日まで基本的には変わっていない。その特徴をいくつかの関連書をもとに要約するなら、第一に国家機構の中枢として人民代表大会制度がしかれたことである。中央から地方の省—市・県—郷・鎮・区に至るまで人民代表大会が設けられ、手続き的には一級下の人民代表大会から選出された代表によって、上級の代表大会は構成されることになる。これは伝統的な国家体制には全く存在しなかった機構である。中国各民族人民は定期的な選挙により自らの代表を選出し、その代表が一級上の人民代表大会の代表を選出し、このようにして各級人民代表大会を組織することになっている。「人民代表大会は最高権力機関であり、全国人民代表大会とその常務委員会は国家の立法権を行使する」ことができた(「中国憲法〔八二年〕第五七、五八条)。もっとも実際にこの制度が最高権力機構として機能したか否かは別の問題として考えなければならない。

第二の特徴として、それは民主集中制の国家体制であった。中国憲法(五四年、八二年)の第三条では「中華人民共和国の国家機構は民主集中制の原則を実行する」と規定され、民主集中制は則ち社会主義民主を十分に発揮させる基礎の下に、個人が組織に服従し、少数が多数に服従し、下級が上級に服従し、地方が中央に服従する原則であると説明されている(179)。

第三の特徴は、議行合一体制、すなわち立法・行政・司法の三機関では、中国はすべての権力を立法府に集中した議行合一のシステムをとったことである。行政・司法は原理的に立法府に従属する体制である。五四年憲法でも八二年憲法でも、「国家の最高行政機関」である国務院は、全国人民代表大会に完全に従属し、総理を含めたそのメンバーの選出はすべて全国人民代表大会(およびその常務委員会)が行う。また「「最高の裁判機関」である最高人民法院も、全国人民代表大会の監督と支配の下にあり、院長を含むメンバーはすべて全国人民代表大会が選出する」。これはレーニンのソビエト権力論に立脚していた(180)。

第四の特徴は責任制原則の体制である。この責任制には二重の意味を含んでいる。一つは政府機関間、および上下レベル間の責任である。第三の特徴で指摘したように行政機関と司法機関は権力機関に対して責任を持つ。行政機関においては下級は上級に対して責任を持ち、地方行政機関は国務院の統一的指導を受けなければならない。二つには、政府機関内の指導責任の在り方である。指導責任の形態は二種類、すなわち集団責任制(集団合議制)と個人責任制(首長責任制）である。立法機関、すなわち全国人民代表大会や各級地方人民代表大会の常務委員会では、憲法および関連した法律の規定に照らして集団責任制が実行されている。これに対して行政機関では首長責任制が一般的である。つまり首長は問題の処理にあたって決定権を有しているので、問題処理の具体的な決定に際しては表決を行わず、また少数は多数に従う原則を実施しない。例えば国務院は、現行憲法に従い総理責任制を実施しているため副総理がいるが、ただ総理の協力、補佐を行うだけで、集団的に責任を分有する集団指導体制ではない。同様に国務院総理の指導下での各部・委員会もまた部長・主任責任制を実施している[181]。

社会の権力への組み込み

第三の不連続性の特徴として、共産党が国家の統治機構を掌握したのみならず、社会領域にもコントロールのネットワークを形成し、直接民衆の統治を試みたことを指摘しなければならない。そしてある特定の意思決定者（組織）が、国家のみならず社会をも自らのコントロール下におくといった事態は伝統的な中華帝国、中華民国期において皆無であり、その意味では歴史上最初の出来事であったといって過言ではない。なぜなら前節で検討したように、伝統的帝国の統治は、末端の農村においては基本的に共同体的「自治」に依存していたのであり、国家システムとしては社会秩序、社会コントロールの装置を有していなかったからである。しかし、共産党は都市・農村の末端社会にも一九五〇年代半ばまでに支配を浸透させた。後述するように基本的には、農村における人民公社システム、都市における単位社会システムを通して、党の基層組織が民衆を監視しコントロールするような仕組みが形成された。

確かに共産党統治を通して、末端の極めて根強い血縁・地縁的結合が完全に破壊され、新たな社会結合を形成したと必ずしも言えなかった。このことはポスト毛沢東時代の研究成果によって明らかにされているが、それでも中央の決定された意思の末端への浸透度合いが飛躍的に増大したことは否定できない事実であった[182]。

これに関してE・バラーシュは次のように指摘している。「〔現代中国の〕驚異すべき新しい事態としては、大衆を馴致する党の教育・宣伝方式がある。全人口の日常生活の中に、政治を導入することによって、彼らの従来の生活慣行は、急激に変化せしめられた。……同様に新しく、しかもいくら重要視しても重要視しすぎることはないほどの、潜在的効果を期待させるのは、家族の伝統的形態の分解を強行したことである」。一九八〇年代に農村調査を行った中生勝美も、「革命以前の国家と個人との関係は、納税義務及び刑法上の犯罪が犯された場合に関与しただけで、一般に個人の生活に関与することが非常に少なかった……しかし……現在では個人の社会生活の細かい部分にまで、国家が関与している」と論じている。(183)

では歴代の為政者がなし得なかった末端社会の支配を可能とした要因は何か。第一の要因は、共産党自身が政治革命と同時に土地改革をはじめ末端の様々な社会革命を推進し社会と密着していた、言い換えるなら下のレベルの革命をも遂行したからである。一九四九年以前、華北・東北を中心とする全国約三分の一の農村地域において土地改革は実施され、五〇年から五二年末に残りの三分の二の地域で実施されたと言われる。これを通して従来の農村の権力者の多くが打倒され、共産党の威信が高まり、共産党にシンパシーを持つ多くの農民指導者が生まれたことは重要である。

第二には、一九世紀後半以来の外国の侵略を跳ね除け民族の独立、国家の統一を実現し、「人民の国家」を樹立したことに加え、建国初期の朝鮮戦争に際しての大規模な「抗米援朝」運動、腐敗・汚職の一掃を狙った「三反五反」運動などを通して、共産党の末端への影響力は浸透した。そして一九五三―五四年に全国レベルで実施された基層選挙によって、広範な庶民レベルで共産党は権力の正統性を確保したのである。

第三には、共産党自身が建国時には歴代のどの統治組織よりも圧倒的に巨大な組織となり、社会に浸透する力量を備えていたからである。例えば党員数の増加状況を見ると、一九四九年で四四九万人、五六年に一〇〇〇万人を超え、以後図表5-2に示されるように大躍進期、文革期の大混乱、八九年前後の世界的な社会主義国家の崩壊などにもかかわらず、九七年で五八〇〇万人、二〇一五年八〇〇〇万人強といった増加の一途をたどり、一六年時点で九〇〇〇万人を超える巨大政党になっている。

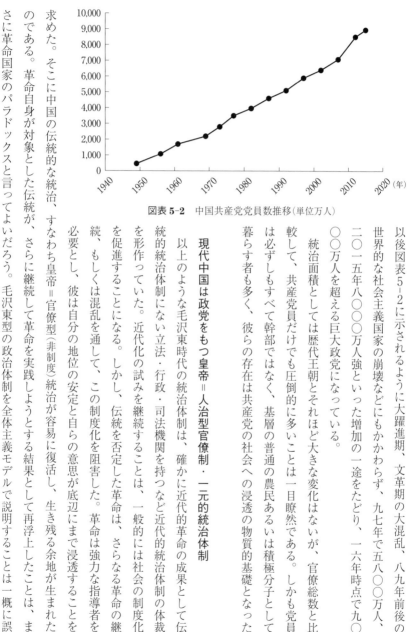

統治面積としては歴代王朝とそれほど大きな変化はないが、官僚総数と比較して、共産党員だけでも圧倒的に多いことは一目瞭然である。しかも党員は必ずしもすべて幹部ではなく、基層の普通の農民あるいは積極分子として暮らす者も多く、彼らの存在は共産党の社会への浸透の物質的基礎となった。

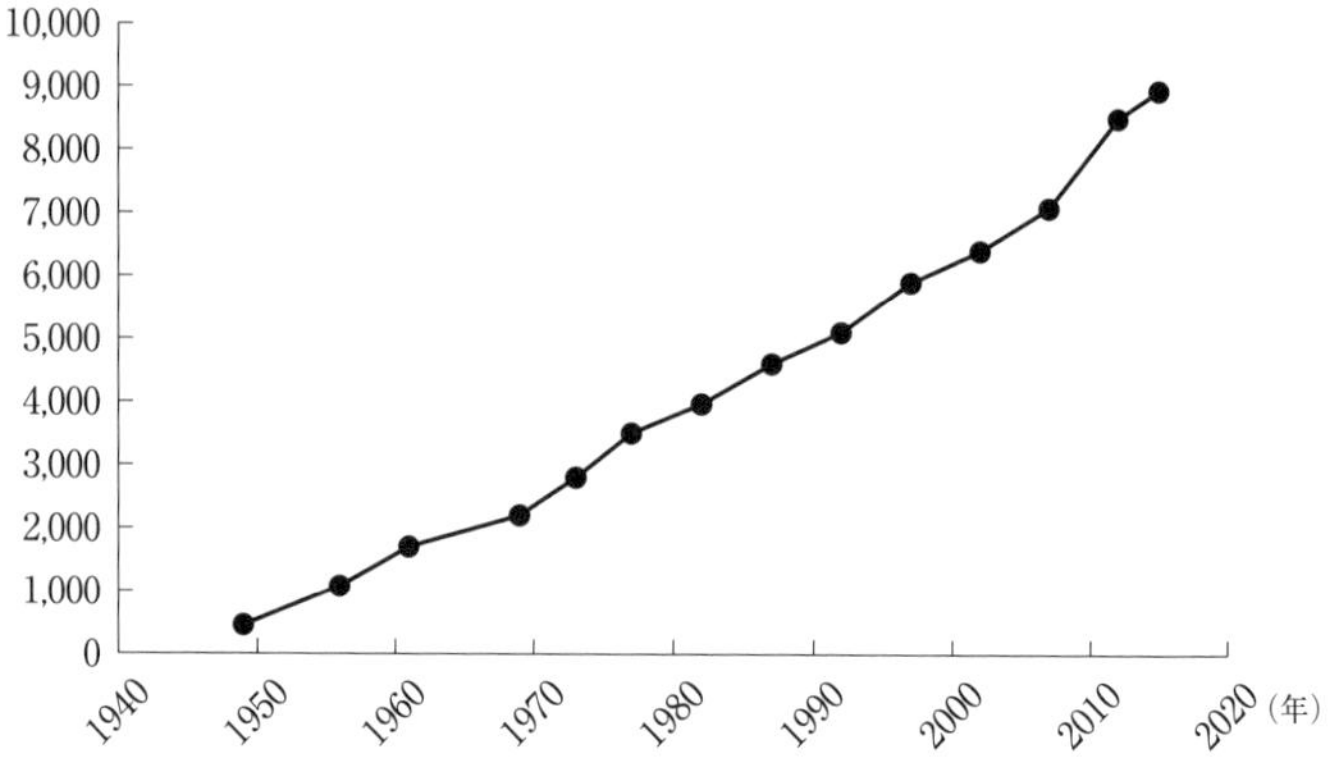

図表5-2　中国共産党党員数推移(単位万人)

現代中国は政党をもつ皇帝＝人治型官僚制・一元的統治体制

以上のような毛沢東時代の統治体制は、確かに近代的革命の成果として伝統的統治体制にない立法・行政・司法機関を持つなど近代的統治体制の体裁を形作っていた。近代化の試みを継続することは、一般的には社会の制度化を促進することになる。しかし、伝統を否定した革命は、さらなる革命の継続、もしくは混乱を通して、この制度化を阻害した。革命は強力な指導者を必要とし、彼は自分の地位の安定と自らの意思が底辺にまで浸透することを求めた。そこに中国の伝統的な統治、すなわち皇帝＝官僚型(非制度)統治が容易に復活し、生き残る余地が生まれたのである。革命自身が対象とした伝統が、さらに継続して革命を実践しようとする結果として再浮上したことは、まさに革命国家のパラドックスと言ってよいだろう。毛沢東型の政治体制を全体主義モデルで説明することは一概に誤りではないが、他方でこうした伝統の継承を踏まえたいわば「中国的特徴を持った専制主義」として理解しておく必要があるのである。

三　一党指導の国家・社会コントロールの制度とメカニズム

党の制度的なコントロールのメカニズム

建国以来築き上げられた共産党の一党体制による国家のコントロールは、第一に党が幹部を掌握すること、第二に党と国家の間にフォーマルな指導・被指導のチャネルを形成したこと、第三に国家行政機構内に形成されたインフォーマルな党のネットワークを機能させること、などによって貫徹された。

第一についてはこれを「党管幹部原則」と呼び、その特徴として主に三つの点が指摘できる。(1)党が国家の政治原則と政治方向を実質的に決定すること、(2)党幹部が国家各級政権機関の重要ポストを掌握すること、すなわち忠実で有能な幹部（党員および非党員）を抜擢し、政権機関に送り込んで工作をさせること、(3)党が教育・指導を通して国家幹部がすすんで党の指示や決定を受け入れ実行するようにさせることである。

第二のフォーマルな指導・被指導については、中央レベルでは党の最高指導中核である党中央政治局（その日常的業務を担う書記処）が、自ら決定した方針や指示を国務院常務会議、中共中央軍事委員会、中央秘書長工作会議の三種類の組織形態を通じて伝達し、実施を要求するといった党の国家に対する日常的指導・被指導チャネルが形成された。地方レベルでの党委員会が直接に各級人民政府、人民代表大会の常務会議に方針や指示を発する。

第三のインフォーマル・ネットワークとしてもっとも重要なものが、政府各部門に設置された党組（各部門と統括する政府内には党委員会が設置）である。これは党中央のすべての政府工作に関わる決定の執行・貫徹を保証している。ス

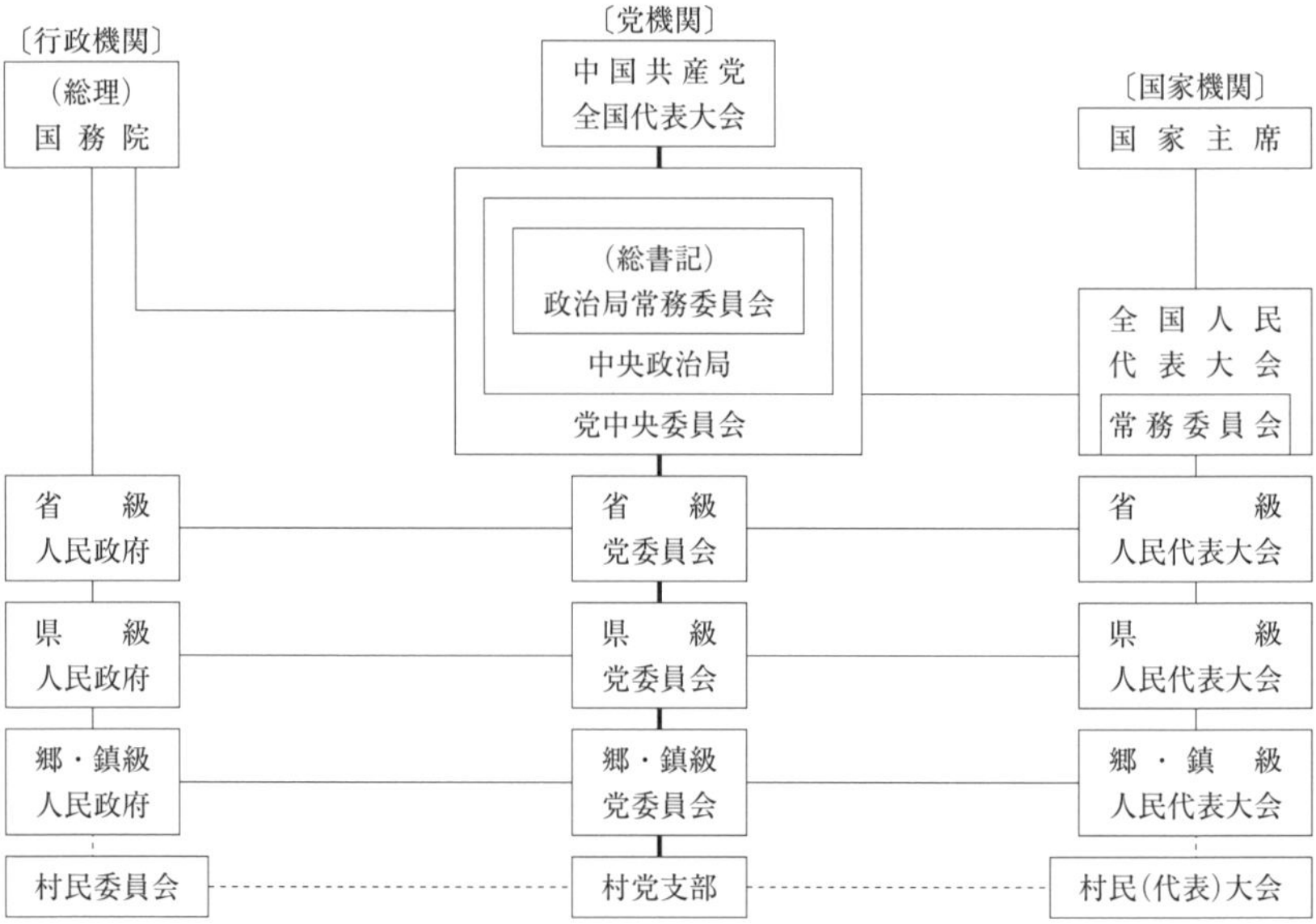

図表 **5-3**　中国共産党組織図概略

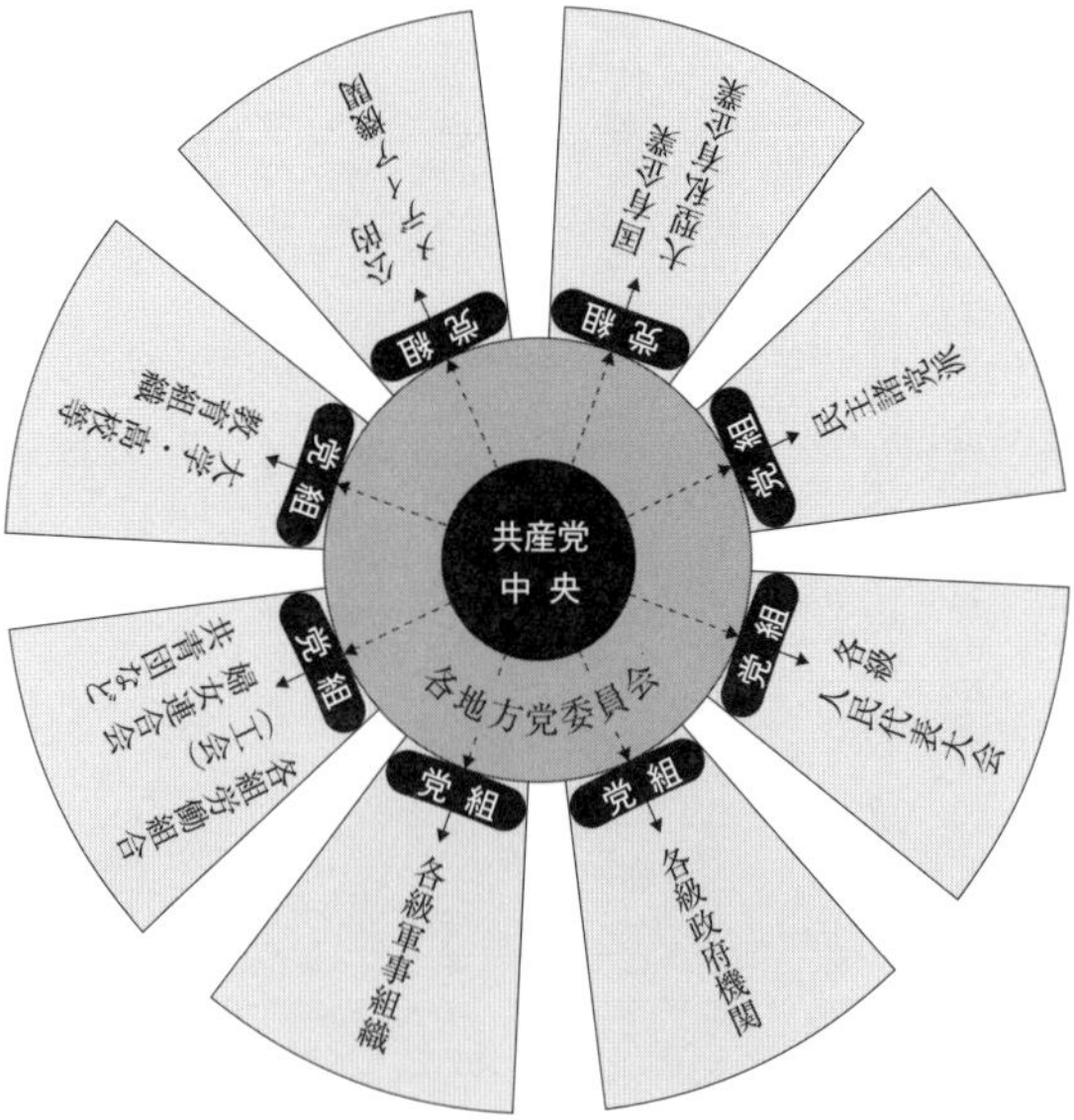

図表 **5-4**　党組を媒体とした党中央と各種組織のつながり

ーザン・シャークはこの党組について次のように指摘している。「中国はソ連以上に強い二重統治方式を採用した。党組は政府部門に設立され、その部門内の政策決定を左右した。党組はソ連に起源があるのだが、中国ではより重要な役割を担うようになった。中央省庁の党組は党委員会よりも権力を持った。党委員会の委員は論理的には選挙されるのに対して、党組メンバーは党組織部によって指名される。党委員会は省長の党員にのみ管轄権が及ぶのに対して、党組は非党員、その省庁系列下の役人にさえ管轄権が及んでいる(184)」。

党による行政・立法機構のコントロールの基本的な構造は図表5-3から理解されるだろう。

さらに党組とそれが指示・コントロールする組織(単位)の基本的な関係は図表5-4が示している。

党の国家コントロール度合いの時代的変化

以上の三点から党は国家を強力にコントロールするようになったが、その度合いは時代によって幾分異なっていた。建国以来、重大な方針や政策は党中央政治局において基本的に定められてきたが、建国初期は党中央の決定は政治協商会議全国委員会あるいはその常務委員会に下ろされ、そこでの討論を経て修正が図られ、さらに中央人民政府あるいは政務院の討論、採択を経て実施に移される。この時期の、共産党と政府の指導と被指導関係は、一般的には相互調整が機能していたと言われる(185)。

国家体制が確立した一九五四年以降は、共産党の政府に対する指導が強化された。特に五五年に開かれた党全国代表者会議では、党内の検査、監督工作の強化(党中央・地方監察委員会の設置)の外に、党の工作部門がそれに相応した政府工作部門を監督する制度(対口部)を設置した。この制度は基本的にはソ連共産党の組織構造モデルを模倣したものである。しかし、この時期各級党委員会に設けられた政府各部門に対応する対口部は、主に幹部の管理、党の決議の執行状況の検査を行うもので、直接業務を管理したり、直接政府部門に指示を下ろしたりするものではなかった。

しかし、大躍進期に入って、国家権力は次第に党系統が担うようになり、党組織の国家化、行政化が始まり、個人による決定が集団指導に取って代わるようになった。例えば一九五八年の中央文献は、「重大政策方針は政治局が決定し、具体化する部署は書記処である」、「重大政策方針と具体化する部署はすべて一元化、党政不分である。政策の具体的な執行と細部の政策決定は政府機構とその党組に属する」と規定している[186]。

このために、元来上述した議行合一制に基づき人民代表大会に対して責任があった行政と司法機関は、その責任対象を党の各級機関に改めるようになった。各地の党委員会では対口部を設ける現象が一般的となり、さらにその機能も変化した。すなわち、もともと党委員会の対口部は、ただ幹部の管理と検査監督を行うのみであったが、やがて直接業務を管理し、政府部門に政令や指示を発するようになったのである。このようにして政府の立法、行政、司法の権力はすべて党の機関に集中する、いわゆる党組織の国家化、行政化のプロセスが進んだ。この時期、毛沢東はしばしば「書記が統帥(掛帥)する」「第一把手」を強調している。大躍進期以降、過度の集権、党政不分、以党代政が一挙に進んだ[187]。

文化大革命期では、指導・統治のメカニズムとしては異常ともいえる事態が生まれた。すなわち「中央文革小組」が一九六六年五月に設置され、やがて党中央政治局に代わって権力機構に変質し、行政機構(国務院)も存在はするがかなりの制約を受けた。各地でも紅衛兵組織、造反派労働者組織などが生まれ、従来の党・行政の指導系統はことごとく機能麻痺に陥った。当時の状況について、「党はあるが政がなく、中央はあるが基層はない、中央文革はあるが政治局がないという極めて不正常な状態が出現し、極端な集中と極端な「無政府」状態が並存するといった奇妙で特異な局面が形成された」とある専門家は表現している[188]。

文革の混乱はよく知られているように、軍とくに地方軍の政治への介入を通して収拾が図られ、軍を軸に党委員会・革命委員会(行政)の再建が進んだ。ちなみに一九六七―六八年に選出された全国一級行政区の革命委員会主任はすべて地方軍区の中核的指導者であった。秩序の回復は第九回党大会によって一応達成した。しかし、文革を通して一党体制が崩れたかと言えば、答えは逆で、第九回党大会以後、軍人が党委員会に直接介入する度合いを強め、その影響力を拡大することによって一党体制を維持・強化し、それを背景に党・行政一体化の混沌とした形態が一段と進んだ。文革以前と比べていっそうはなはだしい党の一元化指導が強調されるようになったのである。

党による社会のコントロール・メカニズム――単位主義と人民公社による統治

前述したように一九四九年以降の共産党統治のもう一つの際立った特徴として、党による社会の統治システム、統治メカニズムの形成を上げねばならない。では党はどのようにして社会をコントロールするようになったのだろうか。およそ次の三つがその骨格になる。⑴党委員会・支部指導下の基層社会の統治・監視システムの形成、⑵党指導下のマスメディア・ネットワークの形成、⑶イデオロギーによる管理と統治のメカニズムの浸透である。

⑴については、特に、①都市における単位主義システム、②農村における人民公社システム、③党指導下の各種大衆団体を通したコントロールが重要である。①単位とは元来、工場などの職場、政府などの機関、学校、軍の部隊など人々が所属する生産の基本となる組織のことを指した。しかしこれが社会主義中国の中で独特の意味を持つようになったのは、生産と同時に生活の単位にもなり、各種の社会保障制度を内包した社会主義的平等を実現するシステムとして機能するようになったことである。単位主義システムは、社会主義改造が完了した一九五〇年代中頃以降形成され始め、その後党の一元的指導が強化されたのと並行して整備されていった。

しかし、単位主義システムにはもう一つの重要な機能があった。すなわち、単位は人民に彼らの生産、生活の基盤を保障する替わりに、単位という枠組みの中に彼らを閉じ込め、彼らの日常生活をチェックし、支配するという機能があった。単位という組織を管理したのはもちろん末端の党委員会もしくは党支部であった。人民管理を徹底化するために、人々の出身・学歴・政治思想傾向などを記入した「檔案袋」が公安系のしかるべき所に保管されるようになった（檔案制度）[189]。もっとも今日の経済発展の過程で、人々の大量流動化、移住が一般的になっていったことにより、このような単位による人々の統制、統治という枠組みも大きな変化を余儀なくされていった。

毛沢東時代は人々の出身の善し悪しについては、マルクス主義的な階級基準とはとても言えない政治的恣意性を含んだ「紅五類」「黒五類」[190]といった基準が使用されるようになった。これによって人々は就職、昇進、結婚なども左右されるほどであった。単位は制度、移動の自由を制限した単位許可制度、密告・通報など相互監視制度などを取り込んだ統制・監督のシステムとしても機能するようになった。趙宏偉は「「档案」とは、農民を除くすべての就労人口の一人ひとりに一生涯ついてまわる「政治行為記録」のことであり、その性格は政治性、秘密性、処罰性、連座性、終身性の言葉に集約して述べることができる」とまで表現している[191]。

②人民公社は一九五八年以降の農村の集団化によって生み出されたもので、原則的には郷を基本的な範囲とし、「自力更生」「自給自足」の精神で、工業・農業・商業・文化・教育・軍事の各事業を統一的な指導のもとに発展させ、将来の共産主義実現の基盤とみなされ農村社会主義の基礎単位となった。人民公社は公社レベル、生産大隊レベル（行政村）、生産隊レベル（自然村）の三級の所有・管理システムからなり、自然村の共同体的な人間関係を生かしながら、「大衆の自発的意思の解放」を目指し、中国独自の社会主義の典型とみなされた。

しかし、こうしたスローガン・建て前とは裏腹に、人々は自分の土地を取り上げられ、共同住宅に住み、共同食堂で食べ、すべての労働が統制された。と同時に、公社管理委員会は、住民の移動の自由制限など都市における単位制度に似た――単位制度ほど厳しくはないが――農民統制、農民管理のガバナンス機能を有した。公社管理委員会の中枢は言うまでもなく党委員会によって占められ、生産大隊、生産隊の指導・管理の中枢も党支部が掌握した。当時の党中央の人民公社に関する決議は次のように指摘している。

「人民公社を立派に運営するうえでの根本問題は、党の指導をつよめることである。……〔そうして〕はじめて、政治がいっさいを統率することが実現されるようになる」[192]。

このように人民公社のもう一つのねらいは、明らかに党による農村社会の末端までに浸透する一元的支配の実現であった。

さらに、③各種大衆団体に関しては、建国以前から労働組合(工会)、農民協会(同組織は人民公社の形成とともに消滅)といった共産党のコントロール下にある労働者・農民の組織に加えて、日中戦争期に一挙に形成された知識人、青年、商工会など様々な大衆団体(救国会)を建国以降次第に党の指導下に置くようになった。とりわけ一九五〇年代中頃以降の社会主義改造以後は、あらゆる大衆団体には党組が設置され、党の指導的人物が各大衆組織を指導するといった状況が一般化した。

例えば、全国総工会はその会員数が、一九五二年＝一三九三万人、六二年＝二六六七万人、八〇年＝七四四八万人、八五年＝九六四四万人、九三年＝一億一一〇四万人という状況であり、その指導部は歴史的に見ると陳雲、倪志福ら中央政治局員が主席を務めるなど共産党の幹部が占めた。全国婦女連合会の場合も基本的には、総工会と同様に、鄧穎超、陳慕華といった女性党幹部が主席につくなど共産党の強いコントロール下におかれていた。このように、各種大衆団体はそれぞれの利益代表団体という建て前を取りながらも、実際は共産党の大衆支配の道具に化して行ったといわざるを得ない。そして単位、人民公社、大衆団体といった組織を通して、一般大衆はその日常生活を党によって管理・拘束されたのである。

マスメディアとイデオロギーによる支配

(2)のマスメディアについて、共産党は従来の統治組織がなし得なかった近代的な意思伝達の手段である新聞、ラジオ、無線、有線放送などマスメディアをフルに利用し、社会全体のコントロールを図った。例えば、新聞の発行総部数、種類は、一九五〇年で約三〇〇万部、三八二種類だったのが、五九年には約二一〇〇万部、一四五五種類へ急増している。また農村における有線放送局、拡声器数の普及状況では、五〇年にそれぞれ、五一局、二二〇〇機であったのが五九年で一万一一二四局、四五七万機へ、さらに六四年では局数は一九七五局と減少したが、拡声器は六〇〇万機と増大している。(193) こうした趨勢は五〇年代、六〇年代を通じて、都市・農村とも急速にラジオが普及した状況を示している。これらの試みはソ連における共産党のメディア・コントロールの方法を多くの点で取り入れたものであったが、従来の支配のメカニズムからすれば、全く新しい試みであった。

しかもマスメディアは、中央から基層に至る党の宣伝部によってほぼ完全にコントロールされ、中央の党、地方の党、軍、各種大衆団体の機関紙(誌)、放送局にほぼ限定されていた。例えば、あの悲惨な四〇〇〇万人前後ともいわれる大量の餓死者を出した大躍進期、あるいは凄惨な暴力・殺戮が展開されたあの文化大革命期、いずれをとっても当時の『人民日報』『新華月報』など公式メディアを見るならば、そのような悲惨な事情は全くといっていいほど見えてこず、いずれも「中国の特色ある共産主義化を進める輝ける大躍進の成果」、「毛主席の正しい導きの下で革命的な民衆に支えられた文化大革命の成果」などが次々と報じられているばかりであった。いずれにせよ、マスメディアはいわゆる「党の口舌」でしかなかったのである。

毛沢東期のマスコミュニケーションを論じたアラン・リューは次のように指摘している。「(もともと伝統的に根強い)中国の地方主義はまだ消えていない。しかし、一九四九年以前に存在していたような地方自治が共産党体制によって弱められたことは明らかである。政治的統一の成功によって、党によって十分に統制されたマスコミュニケーションの全国的ネットワークが確立されるようになった」(194)。鄧小平時代になり、言論に対する統制が緩やかになり、それに伴ってマスメディアがたんなる「党の口舌」ではなく、部分的には大衆の声も反映する機能を持つようになってきた。ポスト鄧小平時代はテレビでの社会問題を話題にした番組が人気番組になり、二一世紀に入りインターネット、ツイッターなどソーシャルメディアにより、一般庶民・知識人が社会問題に対して積極的に発言するようになっていった。これらによって権力から相対的に自律したある種の疑似的な「公共空間」が生まれてきたかに見えた。しかし、後述するように習近平時代に入り社会とメディアは権力によって規制を一層強化されるようになり、権力とメディアの緊張はかなり厳しいものになっている。

(3)のイデオロギーによる管理と統制は、社会主義改造、反右派闘争を経た毛沢東型社会主義化へと共産党の方針を進めるにつれ、並行して強化されていった。その柱となったイデオロギーは言うまでもなく共産主義イデオロギーであり、とりわけ毛沢東思想であった。反右派闘争はイデオロギー管理を強化する最初のおおがかりな取り組みであったが、以後毛の政策的失敗をもたらした大躍進を経てさえ、管理・統制の核心としての毛沢東思想は弱体化することはなかった。毛沢東思想の浸透は、その時々の政治権力闘争と深く関係していたように見える。例えば大躍進政策に異議申し立てを行った一九五九年の彭徳懐国防相失脚(廬山会議)、林彪の国防相就任は、毛沢東の決定、言動の不可侵性を強く印象付けることとなった。とくに林彪が毛沢東思想の絶対性、無謬性を強調するとともに「毛沢東語録」を発案し、その普及に力を入れたことによるものであった。

バラーシュは「もし彼ら(庶民)が家に対する孝順の情を、国家に対する奉公の念に転換することに成功し、個人の忠誠を家族から国家に切りかえさせることができたら、それこそ歴史の全行程を変えるほどの、記念すべき業績の一つを完成したことになろう」と述べている(195)。少なくとも文化大革命期にはイデオロギー教育・宣伝の徹底化によって、このことを実現していたのである。

共産主義、毛沢東思想による人民のイデオロギー統制は、毛の死後、改革開放路線への転換とともに脆弱化していった。一九七〇年代末から八〇年代初頭にかけて、共産主義・毛沢東思想・共産党独裁などに疑義を投げかけ、社会主義体制にも「矛盾」や「疎外」が存在することなどを問題視し始めた、いわゆる「信念の危機」と呼ばれる状況が生まれた。例えば、『人民日報』編集委員であった王若水は、人道主義を「ブルジョア思想」と真っ向から否定していた従来の社会主義思想に疑義を投げかけ、あるいは社会主義がすでに解決していたと見なしていた「人間疎外」の問題を「社会主義社会にも疎外はある」と衝撃的な問題提起を行うようになった[196]。

このような「言論の自由」を求める様々な主張の噴出は、当時「北京の春」と呼ばれ、『五四論壇』をはじめ数々の自主出版の新聞や雑誌が氾濫するようになった。もちろんこれは共産党当局によって潰され、封じ込められるのであるが、やがて再び一九八九年の天安門事件となって再び噴出したのである。この時は、当時の党総書記・趙紫陽ら幾人かの中央指導者の支持もあって、自由を求める学生・知識人らの動きは一定の功を奏すかに見えた。しかし、これらの主張が共産党の指導、共産主義を事実上否定するような動きに発展していったとみるや否や、改革開放の推進者・鄧小平自身は解放軍の投入を指示し、この民主化運動はあっという間に封じ込められ圧殺された。

鄧小平のスタンスは明確であった。一方で経済の近代化、改革開放の推進に力を入れ、同時に社会主義政治体制の堅持を主張した。一九七九年に鄧小平はすでに「四つの基本原則の堅持」(社会主義、共産党指導、人民民主独裁、マルクス・レーニン主義・毛沢東思想の堅持)を提唱し、近代化の過程で発生した思想的混乱・動揺に対しては、この旗を高く掲げイデオロギー締め付けを再三試みていたのである。「信念の危機」「天安門事件」などへの対処は、たとえ脱イデオロギーが進行したとしても、これらの基本点に関しては共産党の「譲れぬ線」であることを改めてアピールすることとなった。これ以降、とりわけ強調されるようになったイデオロギーは共産主義に替わって愛国主義、ナショナリズムであり、基本的にはそれを軸に人民を統制するイデオロギー管理は堅持され、強化されることとなった。

四　改革開放期における党国家体制の変わらぬ部分

一党国家体制の不変化をどう理解するか

冒頭で述べたように、改革開放の四〇年近くは中国社会の「構造的変化」とも呼び得るような重大な変容をもたらした。経済面における市場化、社会面における利益や価値観の多元化、国際社会との緊密性を示す情報化などは、それらを象徴的にあらわしている。これらに対してよく言われるように政治はもっとも変化の少なかった領域である。無論、政治の改革を求めるいくつかの重大な動きはあった。一九七八年から始まる改革開放期以降は、鄧小平の指導下で、党政関係の混乱是正、整頓は進んだ。例えば、七八年の党第一一期三中全会直前の工作会議での重要講話、八〇年の党中央政治局会議での重要講話などにおいて、鄧小平はすでに権力の過度の集中、党政の兼職、指導幹部の終身制の弊害、改革の必要性を力説した。党・中央に集中していた権限を行政・立法部門や地方への譲渡、中核指導者の要職の兼任の回避、幹部の定年制の導入、法・制度の定着化などが進んだ。

確かに鄧小平改革によって、指導のルール、方法は一定程度改変され、党政の指導機構の職責範囲が比較的明確化された。いわゆる党は大事を掌握し、基本方針に責任を持ち、幹部を任用・掌握する。政府は憲法や法律が賦与した権力を行使し、独自に立法、司法活動を展開し、社会経済の管理を実施するということである。しかし、そこにみられる改革の発想は、同じ時期にソ連・東欧で進められた「ペレストロイカ」などの政治改革とは根本において異なっていた。すなわち鄧小平の試みには、党の指導体制を変える、あるいは弱体化するといった発想は全くなく、むしろ党組織自体も合理化し、実質的効率的にその指導を強化することが意図されていた。したがって、一九七八―七九年の「北京の春」と呼ばれる民主化、八九年の天安門事件のように、党指導を壊すものと判断した彼自身が、その弾圧の先頭に立っていたのである。その意味で、改革開放期の政治体制は、基本的な枠組みとしては従来の共産党独裁の一党体制を維持しつづけていたということができる。しかし、改革開放期に入って、一党国家体制という政治体制の枠組みは変わらなかったものの、指導・非指導関係、指導の機能・メカニズムにおいては重大な変化が始まったと見ることができるのである。党政分離論はその鍵になる概念であるが、この変容の検討は後述することにしよう。

そこでまず確認すべき共産党による一党体制は、今日に至るも維持されたままであるが、その基盤は何か。第一の基盤は、圧倒的な党員数を背景に軍を除く唯一の全国的ネットワークを持った組織を依然として堅持していることにある。党員数は既述したように改革開放前一九七七年の三五〇〇万人から、改革開放後も一貫して増え続け二〇一六年には何と九〇〇〇万人にまで達している。共産党の組織自体がこのように膨張しているのに対し、民主党派は合計しても一〇〇万人未満で停滞傾向にあり、かつ共産党の指導を全面的に受け入れていることから、執政党として共産党に代わり得る組織は存在していないのも同然であり、一党国家体制継続以外の選択肢は狭められていると言えよう。

一党国家体制を支える第二の基盤は、指導幹部の人事権を共産党が掌握することによって指導体制が保証されていることである。いわゆる「党管幹部制度」と呼ばれ、全国の幹部を政法工作幹部、文教工作幹部、計画・工業工作幹部など九類に分類し(分部管理)、中央および各級の組織部が統一的に管理するもので、一九五〇年代に基本的に形成された。改革開放期に入り、この原則は八〇年と八四年に若干修正され、特に八四年の修正は「下二級管理原則」から「下一級管理原則」に改め、下級の自主的権限の拡大を図った。しかし、「党委員会の統一的指導下、組織部門の統一的管理下での分部分級幹部管理制度の基本的構造は少しも変わっていない」と言われるように、改革開放の時代においても基本的な変化は見られない(197)。

第三の基盤は、党の国家権力、経済建設、大衆組織、軍事組織、教育工作などに対する指導が制度的に確立され、今日まで堅持されていることである。例えば党は「国家の立法、行政、司法などの職能機関の機能を十分に発揮させ、……国家事務に対する政治指導を通して、国家の政治生活における指導的作用を発揮する」とある。[198] 無論、現憲法にも「共産党の指導」は前文で謳われている。さらに党の指導を組織的に保証する各機関内に設けられた党組は、一九八七年の第一三回党大会後に一時、部分的廃止の方向に向かったが、その後軌道修正し、現在においても依然存続している。

そして第四の基盤は、改革開放期においても依然として人民解放軍が党の指導を受け入れ、党指導を支える物理的基盤として「後ろ盾」となっていることである。それをもっとも強烈にアピールしたのが一九八九年の「天安門事件」における軍の介入であった。当時、胡耀邦の死をきっかけに燃え上がった民主化要求運動は、党中央においてさえ学生運動を支持する趙紫陽総書記らと反対派との対立・亀裂を引き起こしていたが、その民主化を鎮圧し一党体制を支えたのが軍であった。体制維持機構としての軍の存在については前章で詳述した。

変わりにくい一党国家体制の中で、さらに最高指導者による個人独裁型統治も、鄧小平時代には継続して見られた。党における個人独裁は、もちろんレーニン・スターリン主義的な統治の影響によるものであったが、それ以上に「伝統的政治体制」の部分によるところが大きいと言える。例えば、既述したように毛沢東の場合は、明らかに伝統的な皇帝型に近似したものであり、党規約、憲法さえも無視し超越した独断的な政策決定をしばしば行ったと言われる。が、これに対し鄧小平は毛よりははるかに他の政治指導者への気配りや配慮を示しながら、その指導力は行使されている。しかし、それでも極めて重要な局面では鄧も他の指導者に耳を貸さず、独断的に超法規的に自らの決定をそのまま党・国家の決定にすることがたびたび見られた。

上述した一九八九年天安門事件における学生運動の「動乱」規定、戒厳令の実施、軍の投入決定、さらには九二年のいわゆる「南巡講話」に見られる改革開放の再加速、「社会主義市場経済論」の導入の呼びかけなどは、党や国家の正式な決定機関を超越した形で、鄧個人の判断によって強引に決定されている。これらのことは、毛も鄧も中国の伝統的な皇帝型の決定スタイルを引きずっていたことを示している。

個人独裁は政治システムの非制度性と関連している。政治の制度化の程度は鄧小平時代にも十分に進展しなかった。これについての中ソ比較を論じたS・シャークは、次のように指摘している。

「(中ソの)二つの政治システムは構造的には類似しているにもかかわらず、共産主義の中国方式は、ソ連のそれよりもより集中性、制度化程度が弱く、より柔軟であることがわかった。……純粋なソ連モデルに見られたような指導者による経済の強力な集権的管理は、中国ではこれまで一度も存在したことがなかった。……中国共産党の制度化程度が弱いという特徴は、経済改革を導入するにあたって計画経済派の共産党幹部の挑戦を受けた鄧小平や彼に同調する改革派にとって有利に作用した。……より分権的で非制度的であるという改革前の中国システムの特徴は、鄧小平にゴルバチョフには欠けていた可能性を提供したのである」(199)。

一党体制、個人独裁型統治は、基本的には毛沢東時代に形成され、明らかに鄧小平時代にも引きずられた中国政治体制の特徴であった。そして今日習近平がその再強化に向けて様々な試みを行っているところである。その意味では社会全体の構造的変動は、少なくとも政治体制変革にまでは至っていないということになるのである。

改革開放期の政治的変容の可能性――政治体制内部からの溶解の芽

では政治体制においては基本的には重大な変化は何ら見られないというべきであろうか。中国の何人かの政治学者も指摘しているように、答えは否である(200)。容易に変化しないと言われる政治領域の諸項目において、改革開放の四〇年近くを熟視するならば極めて重大な変化が始まっている。その変化は政治体制という枠組みの外部からと内部からの両面から始まっている。外部からの変化というのは、(1)開放政策の推進によって国際社会とのリンケージが強まり、とりわけ権力者当局自身情報を完全にコントロールすることが不可能となってきたことと、(2)毛沢東時代に見られたような党が社会をコントロールするメカニズムが変容し多様化し、社会の「自律的空間」が否応なく徐々に拡大していることの二つの現象が重要なポイントである。

そこで政治体制そのものは変わらないが、その内部からの溶解という問題を考えてみることにしよう。ここでは特に制度的および機能的な側面から検討しておき、構造的な本質に関わる問題は第六章であらためて行うことにしたい。既述したように鄧小平は改革開放の初期（一九七八年一二月と八〇年八月）に早くも、政治体制の改革が必要であることを提起している。それは主に、幹部の終身制、党への過度の集権、党務と政務の混同などの弊害についての指摘であり、それらを改善することによってより機能的、効率的に一党体制を再編強化することを意図したものであった。そうした変化を筆者なりに整理するなら、以下の三つの概念によって集約することができるだろう。(201)

第一に、一元的機能集中型権力（政策決定メカニズム）から、党を中核としながらも〈多元的機能分散型権力（政策決定メカニズム）〉への移行である。毛沢東時代は、政治における重要方針・人事の決定から、計画経済における基本指標の決定、文化・思想面での全面統制、中央による地方のコントロールといったように、過度に党・中央に決定権や機能が集中していた。地方や基層の活性化を通じて経済発展を図ろうとする鄧小平は、まずこの問題を重視し、重要方針と主要人事の決定権を保持することによって一党体制の維持を図りつつ、行政、経済、財政、法規などの決定権を下部に譲渡し（下放）、権力・政策決定のメカニズムをより分業的、機能的なものへ転換しようとした。トップダウンを強調する習近平政権においても、下級レベルにおける個別の具体的課題においては、個々の政策決定機関の自主性が尊重されているように見える。

一九八〇年代から九〇年代を通して、一元的党指導は否定され、党の指導機能と国家機関の指導機能の範囲を明確化し、党と立法機関、行政機関、司法機関、さらには経済組織、大衆団体などとの関係を機能的、合理的に処理する試みが続けられた。八七年の第一三回党大会での「政治体制改革案」は、「党政分離」「政企分離」という表現でそうした考えをもっとも強く突き出し、やがて天安門事件の呼び水となり、党指導部から否定された。しかし、市場化の進展に伴い経済の活性化のために地方へ委譲された様々な経済権限――財政請負、地域経済政策策定、対外貿易、外国資本の導入など――も、中央と地方の権限をめぐる綱引きはあるものの、実質的な党政分離、政企分離は基本的には拡大の趨勢にある。

第二に、超法規的個人独裁型指導から〈規則・手続き重視型集団指導体制〉への移行である。一九八〇年代の党指導のスタイルは、中央における鄧小平、地方における各党書記への非制度的な権力集中、いわゆる個人型独裁であった。これも九〇年代に入り大きく変わりつつある。すなわち江沢民の指導スタイルは党・国家・軍の最高ポストを独占し、いわば現代中国の独裁者として君臨しているかに見えるが、毛沢東、鄧小平と比べてはるかに組織・規則依存型の指導スタイルをとってきた。ここでも習近平指導スタイルは、毛沢東時代に向かって逆行しているかのように見えるが、果たしてそうなのか。もう少し時間をかけてみておく必要があるだろう。

党指導における制度化は、(1)指導幹部の任用と引退における規範化、ルール化の進展、(2)政策決定過程における「制度化」の進展に分けられる。前者は指導幹部における終身雇用制の廃止、定年制の導入、幹部の「四化」(革命化、専門化、知識化、若返り化)の推進、さらには「国家公務員制度」の試験的実施などによって重大な変化が進行している。後者については、従来の「一言堂」(鶴の一声)方式は否定された。今日の党の重要政策決定は、政治局常務委員会での検討・基本的合意を経て、政治局にはかられ集団討議を経て正式に党の方針として決定される。検討すべき議題によっては中央委員会、さらには全国代表大会の審議を経て正式な方針となる。最高指導者といえども、独断的に自分の考えを党の方針とすることはできず、少なくとも江沢民、胡錦濤はこれまでこうしたフォーマルな指導組織と、そこでの一連の決定手続きを極めて重視してきている。

一例を紹介するなら、一九九八年一一月末に来日した江沢民主席が、歴史問題で日本に対し極めて硬直した強い姿勢を見せ、日本側に衝撃を与えたが、北京筋ではこれも来日前に開かれた中央での一〇前後の機関代表を集めた重要会議における集団討議の結果が反映されたようである。この会議は対日工作に関連した外交部、対外貿易部、対外連絡部、解放軍などの機関が集められ、前二者を除く他のすべての機関代表は、対日強硬路線であり、江沢民はこれを無視できなかったと言われる(202)。先に引用したスーザン・シャークも、共産主義諸国の研究者は普通政策決定の制度的な枠組みを無視し、権力当局の制度的なルールや路線を考えることは見当違いで、あらゆる決定は少数のトップリーダーによってなされていると考える傾向が強いが、制度的変化をフォローすることは重要であると主張している。今日の動向を鑑みるならとくに重要なポイントであろう(203)。

第三に、イデオロギー重視・理念追求の牽引車型権力から〈脱イデオロギー・実利重視の調整型権力〉への移行である。ただし、習近平体制は検討が必要で第七章で分析する。本来共産党独裁体制は、共産主義社会の実現を最終目標とし、その実現のための道筋を指し示し、独自の戦略戦術を展開していくものと理解されてきた。しかし、党第一一期三中全会における「党と国家の重点を近代化建設に移す」決定は、無論その後幾度かの「左からの巻き返し」は見られたものの、基本的には共産党を「近代化建設のための党」、言い換えるなら脱イデオロギー政党に変えていったのである。「白猫黒猫論」で有名なプラグマティスト鄧小平自身がその推進者であった。

一九九二年に鄧小平が提唱した「三つの是非基準」――生産力の発展、総合国力の発展、人民の生活向上に有利か否かで政策や物事の是非を見よ――は、まさに脱イデオロギーを象徴するものであった。周知のように、鄧は「先富論」と呼ばれる比較優位戦略によって経済近代化を促進しようと試み、そのための経済分権化政策をとった。これは地方レベルの経済自主権の拡大と、それに伴う地域格差の拡大を意味した。したがって中央当局は、価値的理念の実現を目指す牽引者から、利益誘導や地域格差の調整者の役割を強め、自ずと指導スタイルの変更を伴うものとなったのである。以上のような指導スタイルの変化は、同時に指導幹部の構成の変化をもたらすこととなる。すなわち専門化、知識化が重視されることになり、幹部の高学歴化、知識人や経済テクノクラートの増大といった変化である(204)。ここまで論じてきて、そもそも共産党とはいったい何かという疑問が浮かび上がってくる。この点に関しては、第六章であらためて本格的な分析を行うことにしよう。

改革開放初期の下からの民主化の台頭と挫折

下からの民主化をここでは一応、労働者、農民、市民、知識人ら指導的ポストにない一般の人々が、自発性を主としてデモ、ストライキ、集会、請願、メディアなどにより政治的権利や政治参加枠組みの拡大、政治指導者への異議申し立てなどの行動を行うことと定義しておく。改革開放時代を眺めてみると、第二章でも若干見てきたが、勢いの浮き沈みはあるもののこうした下からの民主化要求が、絶え間なく湧き出すようになってきたことに一つの大きな特徴が見られる。毛沢東時代末期の一九七六年四月の第一次天安門事件は、清明節を機に「故周恩来総理を偲ぶ」ことを口実に直接には当時の支配者「四人組」、間接的には毛沢東政治に対する異議申し立てを行ったという意味で、その先駆けであった。

これは四月五日に鎮圧され、「黒幕」として鄧小平が再度失脚したが、毛の死後その鄧が復活し、華国鋒党主席と対決し近代化路線への転換を図る過程で一九七七八年秋から七九年初にかけて「民主の壁」あるいは「北京の春」と呼ばれる民主化要求運動が起こった。この運動の底流にある思想は基本的には「西欧デモクラシー」であり、すでに触れたが共産党の一党支配を揺るがすものとして、改革の旗手・鄧小平その人によって弾圧された。しかし、その後も八三年の党第一二期二中全会で「ブルジョア精神汚染批判」が打ち出されるまで、知識人の間で民主主義、政治改革などについての議論が展開され続けていた。

二中全会以降、政治改革論議はかなり沈静化されたが、経済体制改革が本格化し、やがて経済改革を進めるうえで政治体制の改革にも手をつけるべきという主張が再び浮上し、一九八六年春以降、知識人を中心に政治体制改革論議が展開され、鄧小平を含む党中央指導者も政治改革の必要性を主張するようになった。しかし秋には党中央指導部の中で政治改革への警戒感が強まり、それに対抗するように急進的な知識人・学生が民主化要求の声を高めた。結局これも八六年一二月末、政治的安定を破壊する危険な動きと見なした鄧小平その人の「旗幟鮮明にブルジョア自由化に反対せよ」の指示によって封じ込められ、こうした動きへの対応の甘さが問題にされ胡耀邦総書記が辞任した。

その後前述した一九八七年秋第一三回党大会の「政治体制改革案」の作成という上からの政治改革の試みが主流になるのであるが、この行き詰まりの中で八八年後半から再び知識人、学生らによる下からの民主化要求が高まっていくのである。彼らは北京を中心に政治犯の釈放署名活動、報道の自由、自主的自治組織の結成、指導者の腐敗(官倒)批判などを掲げ民主化を求め集会やデモを繰り返すようになった。いわゆる第二次天安門事件であった。

天安門事件以後、都市での大衆的な民主化運動は芽の段階でことごとく封じ込められているが、それでもチベット、新疆をはじめとする「人権弾圧」への抗議、国有企業労働者を中心とした失業、レイオフなどをめぐる待遇改善、生活改善の要求、さらには各地方での「民主党結党」申請など民主化につながる動きなどが起こり、後を絶たない。さらに農村では、幹部の腐敗、不当な税・上納金の取り立てに対する反発の動きも頻発している。江沢民政権は、鄧小平以上に下からの民主化に警戒感を強め、「封じ込め」は功を奏したかに見えたが、火種は常にくすぶっていた。それが二〇〇〇年代のはじめ以降の「群体性事件」と呼ばれる様々な民衆の異議申し立て行動に見られた。

以上のように、改革開放期には下からの民主化が絶えず発生しているにもかかわらず成果どころか、現段階では後退さえしている。その要因は、こうした運動が上からの政治改革と有機的に連動してこなかったところにある。もしうまく連動していたなら、下からの要求を組み入れる形で政策決定過程がオープンにされ、政治改革が進み政治の制度化を大きく進展していたであろう。しかし民主化要求の運動は、ことごとく党指導に挑戦するもの、政治的混乱を引き起こすものとして厳しい弾圧を受けた。同時にそれが大きなうねりを示し始めると常に中央の権力闘争に巻き込まれ、着実な制度化に転化することが阻害された。

一般的には、下からの民主化が封じ込められたうえで上からの政治改革が指向されたため、その中身は部分的で、さらにはそれさえ懐疑的であった。とくに第二次天安門事件以降、とりわけ第一四回党大会あたりから江沢民指導部によって語られ始めた政治体制改革の呼びかけは、共産党の指導を堅持しながら、人民代表大会の強化、政治協商会議などを軸とした民主協商の強化、党内民主の充実など現体制の堅持を前提とした部分的改革にとどまったままである。党のこのような考え方は二〇〇〇年代以降、インターネット、ソーシャルメディアが急速に一般市民の間に広がり、「疑似公共空間」「疑似市民社会」が生まれてきた今日においても、基本的には変わっていないというべきだろう。しかし、こうした動きは社会の他の領域、例えば経済、情報、社会的価値観、国際関係などの領域と深く関連しており、それらの変化の中で絶えず浮上してくるものなのである。

党のコントロールから離脱する社会

党の国家に対するコントロール・メカニズムが依然強く働いていることはこれまで述べてきたことから明らかである。しかし、経済発展、近代化の実現を目指して取り組まれた様々の試みは、人・モノ・情報・資金の流動化、政治とかイデオロギーに束縛されない価値観の多様化を生み出し、多くの人々を経済的利益追求に走らせるようになった。農民から工業労働者への転職、民工潮、「盲流」と呼ばれ、やがて「農民工」と呼ばれるようになった大量の出稼ぎ農民が求めた都市への移動はその典型である。

都市でも政府機関に勤める国家幹部の間に一時流行となった企業家、ビジネスマンへの転業（「下海」現象）、「第二職業」「第三職業」などいわゆる「地下経済」の広がり、外国企業との合弁の急成長、テレビ・ビデオ・コンピューター・携帯電話といったハイテク産業の急速な普及、これらに付随して押し寄せる情報化、国際化の波などが顕著であった。さらに地域の活性化、他者との接触の増大は、地域主義的な意識やエスニック・アイデンティティの台頭を刺激した。

これらは疑いなく党やそれに支えられている国家の社会領域への介入・コントロールの度合いを従来に比べて大幅に弱めることとなった。周知のように、農村の人民公社は一九八四年に解体を完了し、公社を基本とした党の農村統治の枠組みは崩れた。もちろんそのことが直ちに、農村における党の統治を崩したわけではなく、げんに今日でも基本的には維持され続けている。しかし、人民公社の廃止と各家庭生産請負責任制の導入、農民の移動の大幅な緩和、転職の自由などは、従来のスタティックで一元的な統治の構造を大きく変えていった。

党の末端組織が従来と同様に、イデオロギーや強権的な力で彼らをコントロールしようとすればするほど農民は反発し始めた。一九八〇年代後半から中国の新聞紙上にさえ登場し始めた基層幹部と一般農民との軋轢、紛糾事件などは、従来になかったものであり、今日なお各地で頻発していると伝えられる。さらには、党・政府の基層幹部自体が、自らの職務を投げ出し、金儲け・経済活動に夢中になっていたとの報道は例外的ではなくなった。こうした事態を深刻と見た国務院民政部の基層政権建設司(局)などは、農民自身が自ら村の指導者を選ぶ(必ずしも党員ではない)基層選挙の普及に力を入れるようになり、党が全面的にコントロールしていた統治のメカニズムが、徐々に変容し始めていたことは注目すべき現象である。

都市でも、無論単位主義システムは部分的には依然として残ってはいるものの、大きく変化した。単位主義を維持する重要な要素、住民の側からすれば自由を拘束する強い強制力となっていた戸籍制度や食料・日常品の配給切符制度などが、改革開放政策の広がりとともに崩れていった。例えば、沿海地域の都市にはその地の戸籍を持たない大量の労働者、農民、知識人などが集まり、当局もやがて暫住戸籍制を導入するようになり、さらには戸籍の売買なども行われるようになった。こうした人々は住宅や食料などを自分自身で調達し、あるいは子供の養育施設も自分で探さねばならず、従来これらを保証していた単位は彼らにとって何の意味も持たないものであった。

一九九〇年代前半、筆者自身も加わって行われた三地域の農村調査の結果によるならば、農民が仕事を求めて都市にいく場合、どういった人々に相談し、頼るかとの質問に対し、地元の党や政府幹部に頼ると答えた人は全体で二〇%、これに対して自力で行くは三五%、親族・友人を頼るは二七%であった(205)。いわゆる一般の人々が最も頼りにするネットワークは、党との関係ではなく、自分たちが個人的に形成した「関係」であるということであった。まだ普通の人々の移動が自由に行えなかった時代においてさえである。その後市場化が進み、人々の移動の増大とともに「関係」の役割は重要になっている。これらの傾向は人々の日常的な行動を党がコントロールしきれていないことを顕著に示しているといえるだろう。習近平時代においてこの傾向は変わったのか。後で述べることになるが、表向きとは異なって、基本的には脱党依存の傾向は一段と強まっているだろう。

構造的変容と政治体制の変革を見る視角

さて、これまで論じてきたことを踏まえ確認しておくべき点を上げるなら、以下の二点が重要である。第一に、党・国家関係の変容についてみるならば、一党国家体制という枠組みはかたくななまでにその強固さを崩していない。それは他を圧倒する党組織の量的質的力量、人事権の掌握、指導・被指導関係の基本的な部分の不変化、物理的強制力の確保などによって維持されていると言えよう。そこには第一章で論じた「エリートとマス(幹部と庶民)の断層」とも言うべき深い溝がある。「指導者は民衆によって選ばれる」という言葉は理念としてはあり得ても、実際の手続き、行動としてはあってはならないことなのである。もしあり得るとしたら中国の伝統的な政治文化では、それは「革命」=体制破壊でしかないからである。

しかし第二に、それでもこれまで述べてきたように、一党国家体制の枠組みはともかく、その中身において重要な部分での変化が始まっている。かつての皇帝的人治（非制度）型指導スタイルから、集団合意・手続き（制度）重視型指導スタイルへの移行が緩やかではあるが確かに始まっている。また党の立法・行政・司法など各機関、大衆団体への全面的指導から、それぞれの機関・団体の基本的な「自律的運営メカニズム」を確立、それを了解したうえで、党がそれらのメカニズムの中での指導的役割を分担するといった機能的指導への転換も進行している。あるいは党・政府などのレベルで中央と地方、基層との関係を見ても、従来は上級の決定には下級は、消極的な抵抗はありえても、基本的には絶対服従が余儀なくされていた。これに対し、現段階では明らかに地方、基層は時には中央の命令・指示を無視し、あるいは交渉し、自己利害に固執することが珍しくなくなってきた。

では今後、一党国家体制はどのような道をたどるのであろうか。一党国家体制の質的変化は、いうまでもなく経済の活性化、社会の流動化、国際化などに伴う党・社会関係の変容、すなわち党による社会の直接コントロール機能の大幅低下、社会の「自律的空間」の拡大などが、政治システムに否応なく浸透していることによるものであった。そうであるならば、経済社会の変化の大きな地域とそうでない地域の格差、あるいは国際化、情報化の波を大きく受ける地域とそうでない地域の格差は、それぞれの地域での実質的な政治体制のあり方に微妙に影響を及ぼすと考えられる。

しかも同様に重要なことは、共産党自体が自らの生き残りをかけ社会のニーズに適応しようと自己変革を続けてきたということである。確かに「社会主義」自体は、「社会主義初級段階」とか、「社会主義市場経済」といったように、依然として正統性の根拠として用いられ続けている。堅持すべき「四つの基本原則」も、今日なお高く掲げられている。しかし、それは共産党という「看板」を下ろさない限り、建て前として彼らが放棄できない用語だからである。

党の自己変革の中身として、共産党はもはや、共産主義社会の実現を目指すイデオロギー政党、革命権力であることを放棄したといっても過言ではない。目指すところは、近代化を保証する政党、安定装置としての権力になるということであろう。経済、社会の活発化、流動化は積極的に受け入れている一方で、政治の枠組みはかたくなに固定しようとしているのは、単なるイデオロギー政党としての共産党独裁の死守という理由からではない。まさに政治の枠組みを維持することによって政治安定が保証され、それによって経済活動が順調に進行するという考え方が強まってきたからである。ある種のアジア型開発独裁の選択といえるかもしれない。しかし、スハルト体制や、リー・クアンユー体制、蔣経国体制といった権威主義独裁がたどった道と中国も同じ道をたどるのかと問えば、必ずしもそのようにはいえない。そこに大規模性や断層性といった基底構造の問題を考慮せざるを得ないのである。

第六章

中国共産党型政治体制論——カスケード型権威主義体制

問題の提起――どのように政治体制の変容を考えるか

これまで政治学、あるいは社会科学の領域で政治体制の変動を考える場合、一般的には、(1)制度論的な体制移行論、もしくは、(2)社会変動論(革命論をふくむ)から論じられてきた。制度論的な体制移行の問題を考えるとき、もっともよく用いられるのはホアン・リンスの体制移行論、すなわち一般に発展途上国が後発的に近代化していく過程での政治体制変容のパターンとして、全体主義から民主主義への移行があり、その移行期における過渡的な政治体制の一形態として権威主義体制が想定されるとした。全体主義に関してはオリエンタル・ディスポティズムにみられるような伝統的全体主義と、ファシズムや共産主義独裁に見られるような近代的全体主義体制がある。これらが開発的な経済発展によって体制移行を開始するのだが、民主主義体制に至るまでの移行過程において全体主義とも民主主義とも言えない「グレーゾーン」の政治体制が存在すると考え、それを「権威主義体制」と表現した。リンスはその特徴を以下の五つとしてとらえ、主に経済発展、社会階層の変化などから漸進的に民主主義体制に移行すると説明している。その特徴は以下の点である。[206]

(1) 政策決定に参加する人が制限され、政策決定過程は閉鎖的であること、
(2) 政策決定の手続きにおいて責任の所在が不分明な多元主義を持っていること、
(3) イデオロギー的には全体主義体制のような系統だった練り上げられた政治指導的イデオロギーを持っていないこと、
(4) 国家の既定方針を国民が従順に受け入れることを求め、内容的にも広がりの面でも高度な政治動員をとらないこと、

（5）指導者もしくは指導者集団の権力行使は、形式的には無制限だが、実際には完全に予測可能な範囲内で行われること、

以上のような特徴を持った政治システムである。

このような議論の前提には、遅かれ早かれ、人類は民主主義的な道に向かって歩んでいるという認識がある。天安門事件前の中国においても、今日の中国においても、根本的にはそのような認識を前提にして議論されているように見える。そして毛沢東時代を全体主義モデル、鄧小平時代から今日を権威主義モデルとして理解する傾向が学界では主流である。確かにリンスの指摘する特徴から考えるならば、鄧小平時代を権威主義体制の時代ということは可能であり、さらには中国の今日の政治体制をも権威主義体制と表現しても間違いはないだろう。とりわけ権威主義体制下において国家と社会が協調的な関係を維持するコーポラティズムの概念を用いて、今日の中国政治体制を説明する研究者も少なくない(207)。実際に中国のトップ指導者の一人である王滬寧は天安門事件の前夜の一九八八年に政治体制改革論議が沸き起こる中で、中国が一気に民主主義体制に行くことは危険であり、強い近代化志向を持ったストロングマンによる政治の必要性を力説した一人であった。それは当時「新権威主義独裁」と呼ばれたが、まさに今日、王滬寧自身が中心的に支えている習近平体制こそ新権威主義体制と呼ぶにふさわしいかもしれない。インターネット上のトピックの一つであるが、二〇一二年三月に王滬寧が語り、その後五回にわたって修正が加えられたと伝えられる政治改革推進に当たっての文書の要約に続いて以下のようなコメントがある。

「改革の当初において、必ず蔣経国のような〝独裁〟の時期を経なければならない。この一文の指し示している方向から習近平指導部が今後推し進めようとする改革のおよその段取りと基本の流れを見ることができ、すでにそのような現実となっている(208)」。

一　揺れ動く新権威主義と民主化の狭間

民主主義体制移行へのいばらの道

蕭功秦はネット論壇で習近平新政の二年を語り、習の「鉄腕改革」を新権威主義の方向として評価している。蕭功秦によれば、統治能力の低い発展途上国ではしばしば権力の私物化が起こる。しかし後発国が下からの民主化によってそのような腐敗現象を摘発する運動を展開すると、民衆が街頭にあふれる直接的政治参加が巻き起こり、それはポピュリズムと結びつく。さらに既得利益集団もその混乱に乗じる。後発国が経済発展を遂げるためには、権力の集中が必要であり、集権によって徹底した制度改革を果たし、既得権益層を打破する必要がある。その後、中間層が社会の大多数を占めるようになれば、政府の安定性も増し、民主化への道も開けるというのが蕭の考えである。このような文脈のうえで、習近平のイデオロギー統制、ネット統制にも一定の理解を示す。過渡期には政治的安定がなによりも必要だからであって、安定が保てれば、左あるいは右からの過激な運動を抑えて、改革を進めることができる。蕭は過渡期の民意の表出を地表の変動に例え、地下で活動するマグマは、地表の脆いところから噴出するので力ずくでそれを抑えているのが習近平政権だと指摘している(209)。

二〇〇〇年に入り一〇年余り、中国の国内外で、天安門事件で一度は沈んだ政治改革、民主主義の推進の議論が再び高まった。例えば在日の中国経済学者、呉軍華や関志雄らは、これからは政治改革が最大の課題だと主張している(210)。中国国内でも二〇〇七―〇八年には、胡錦濤・温家宝政権のブレーンの一人と言われた政治学者・兪可平が、様々な場で「民主主義は素晴らしいものだ」「中国民主政治への三つの道」などを論じ、それらが『人民日報』『人民政協報』『中国青年報』など当局の権威ある新聞に掲載された(211)。当時の人民大学の前副学長・謝韜も「民主社会主義のみが中国を救うことができる」(『炎黄春秋』二〇〇七年第二期)と漸進的な民主化の必要性を訴えた。〇八年五月には、深圳市でこれまで事実上の信任投票であった区長選挙を複数の候補に競わせる選挙制度に変える「政治改革案」がだされ、その実験の取り組みを始めたことで一時期注目を浴びた[212]。

さらに二〇〇八年末には国内外の中国知識人ら三〇〇人余りによる『〇八憲章』(三権分立・人権保障を軸とする中華連邦共和国憲法要綱)が発表され、〇九年三月時点で署名者は数千人に膨らんだ。当局側でも注目される発言としては、温家宝総理が〇八年九月末に米CNNのインタビューで、天安門事件の教訓についての質問に対して、「中国の民主化の発展と関係があると信じている」と答えたことである[213]。温家宝は別の機会にも「民主主義は人類の普遍的価値である」とも発言している。天安門事件の発端となった民主化が二〇年の歳月を経て改めて問われ始めていたのである。

しかしこの問題はやはり複雑である。他方で、二〇一一年三月の全国人民代表大会で、呉邦国全人代委員長(江沢民直系の上海派)は「わが国の法律体系は中国の特色あるもので、西側の法律体系を持ち込むことはできない」と明確に三権分立型の体系を否定し[214]、温家宝らとの微妙なニュアンスの違いを見せつけた。国内における民主化促進派と消極派の対立が、二〇年を経て再び徐々に醸成されていると見るのか、それとも自信をつけ始めてきた中国が、西側の民主主義システム自体を、欠陥を含め相対化するようになり、安定を保持しつつ独自の民主主義を追求する道を模索し始めていると見るのか。中国にとって民主主義をいかに展望するのかという問いは、現代中国の核心的テーマであり続けている。

民主主義体制の移行に関して国家を構成する中核的な組織の関係から見るとどのように見えるのか。広い意味での国家体制は、国家としてガバナンスする執政党、軍組織、狭い意味での国家(政府、議会、司法の三権)の三要素から成り立っている。図式的に描いてみると以下のようになる。軍事独裁体制は軍事クーデターで権力を掌握した国によく見られるもので、一九六〇年代韓国の朴正熙政権、六五年「九・三〇クーデター」以降軍部勢力を背景にスカルノを排除していったスハルト政権、九〇年の総選挙での国民民主連盟（ＮＬＤ）大勝利後軍事クーデターを起こし、スーチーを長期軟禁し政権を維持したミャンマー軍事独裁などがこうした体制に相当すると言えよう。一党独裁体制は党が軍をコントロールしていることが基本で国民党時代の台湾、中華人民共和国の中国、その他旧ソ連、東欧諸国、ベトナムなど社会主義諸国に見られるものである。民主主義体制に関しては説明を要しないだろう。いずれにせよこのような枠組みから政治体制の移行の問題を考えるならば、図表6-1で見ると左から右、すなわち軍事独裁から一党独裁を経て民主主義体制への移行という流れとして一般的には理解されている。

この三つの体制の移行論に関して孫文の「革命方略」の構想は大変興味深い。彼はその中で中国のたどる革命から建国の道を〈軍政―訓政―憲政〉の三段階に分けて設定し、順次発展的に移行するものという見通しを立てていた[215]。訓政は党による治国であり、まさに図のような流れである。

確かに、政治体制移行は世界の様々な国において見られるもので、そうした流れをどのように考えるかという点において、リンスのモデルも上述のモデルも有力な枠組みではある。しかし、筆者自身は従来の政治体制移行論的な枠組みからだけでなく、もう少し異なった角度から分析が必要であると考えている。つまり習近平指導体制を権威主義体制ということが可能であったとしても、そのことで台湾の蔣経国政権、シンガポールのリー・クアンユー政権、インドネシアのスハルト政権などアジアの権威主義体制と同じように解釈することが適切かと問えば、筆者の答えは否である。確かに政治制度、組織、イデオロギーなどを比較してみるなら、そこにかなりの共通性が見られ、あたかも同類的な政治体制として考えた方がいいような現象、特徴が存在している。しかし、主に第一章で論じた「四つの大規模性」「四つの断層性」といったいわゆる「基底構造」があまりにも違い過ぎるからである。建国当初から農村を持たず規模としては東京二三区内に相当する領土しかない都市国家シンガポール、植民地支配からの脱却を果たした第二次世界大戦終結まで統一国家の歴史、言語、アイデンティティを持たず、今日においてもなお多言語、多民族な

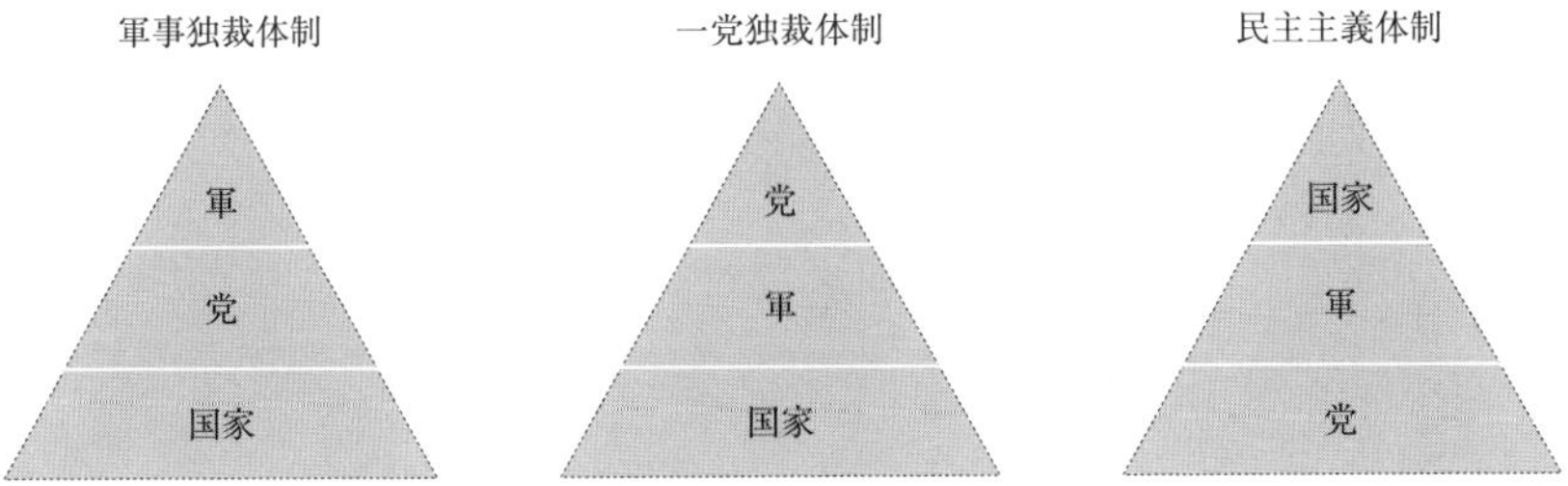

図表 6-1　政治体制モデル

どによる地域的自律性が強く、実質的に制度化が定着した中央集権国家とはいいがたい海洋国家インドネシア、これらとただ政治システム、トップリーダーの権威的独裁制などが共通しているからといって、直ちに同質的な政治体制として議論することが適切だといえるのだろうか。

コーポラティズムによる中国体制理解への疑問

あるいは最近コーポラティズムを導入した中国の権威主義的政治体制の分析がさかんになされるようになっている。例えば呉茂松は、「「上から」承認された非政府組織・民間団体は国家側からのコーポラティズム的再編成としての意味合いが強く……。コーポラティズムは、各領域にあってヒエラルキー的に組織された社会集団が政治システムへと組み込まれたガバナンス形態であり、政府による社会団体に対する統制の側面と、政府と各利益集団のパートナーシップに基づく政策の立案、運営及び利害調整の側面がある。……「自律的で国家へ浸透していく型」としての社会コーポラティズムなのか、それとも「依存的で国家に浸透される」協調形態である国家コーポラティズムなのか」。それとも両者の中間なのかと問いながら、「国家の社会に対する統制・管理の側面に力点を置く研究が、より現実的な中国理解として受容されるようになった」と指摘している[216]。あるいはコーポラティズムを市民社会から政治社会への参加と、政治社会から市民社会への統制が、利益表出機能を持つ利益集団と利益集約機能を持つ政党を介して相互に作用する制度としてとらえ、中国における集団的抗議行動の規模や強度が、経済社会環境の変化へのコーポラティズムの対応の仕方によって変化すると想定し、そうした動向分析を行う試みもある。[217]

私の主張する断層性の観点から見るとコーポラティズムのアプローチによる中国政治体制の理解にも異論がある。つまり中国当局から考えれば「コーポラティズム」的ビヘイビア、社会との関係はあくまでテクニカルな統治の手法、あるいは統治イデオロギーのレベルの話で、一九世紀のヨーロッパの政治潮流の中から生まれ、二〇世紀のムッソリーニのイタリアファシズムの実践などに典型的に見られたコーポラティズムとはかなり異なっているといわざるを得ない。少し付言しておくならば、「国家」「社会」「ネオ」などの冠が付いた多様なコーポラティズムが論じられているが、要は国家と経営団体、労働組合、非営利団体など様々な団体によって構成され、それぞれの団体の中央が政府と協調的な関係を持ち、政策決定過程にある程度参加し、国家と社会とが協調的で一つの共同体をなすようなシステムあるいは体制を指す。そこにはやはりヨーロッパ近代に見られた社会契約的関係が色濃く漂っている。中国にはそもそもヨーロッパ的な意味での社会、厳密には市民社会が広く存在してきた歴史があったのだろうか。もちろん、改革開放の四〇年近くは飛躍的に中間層を増大させ、都市のライフスタイルを大きく変貌させ、いわゆる疑似「市民社会」的な状況が出現した。しかし、その歴史はまだ極めて浅く、しかもその変容過程において政治面での「指導」と称する共産党のコントロール、市民活動に対する強い制約などが顕著である。コーポラティズム的な「現象」が目に見えるように現れてきたことは否定できないが、そのことから直ちにコーポラティズムの枠組みでもって今日の政治体制を論ずるのは早計であるといえる。

ここに至り改めて思いだされるのは、第一章でも紹介した溝口雄三の「アジアの近代を考える」にある、「日本にせよ中国にせよ、それ自体の前近代に基づいたそれぞれの「異」ヨーロッパ的独自性に即して考える必要がある」という言葉である。そのような問題意識をベースにして、中国の政治体制、とりわけ習近平の権威主義体制を改めて考察する必要がある。そこで、第一章の問題提起は、制度論的なアプローチでは表面的な議論はできても、深層部分をも十分に踏まえた体系的な分析はできないのではないかということであった。

筆者がこだわるようになってきた点は、体制の内実となる秩序が中国においてどのように考えられ、何によって維持されているのかを明らかにすることから政治体制の問題を見るべきだと判断したのである。

権威主義モデルでも全体主義モデルでも、民主主義モデルでも結局は秩序のあり方、その維持、さらには一般の民衆（時には市民、時には労働者、農民と呼ばれる人々など）がそうした秩序のあり方をどのように考えているのかという問いがカギとなっている。我が国の戦後の民主主義体制を考えても、秩序をめぐる問題から見ていくと、一九五〇―六〇年代、七〇―八〇年代、九〇年代以降などの民主主義体制が、それぞれかなり異なった特徴を持っていることに気付くだろう。「ムラ」的共同体を基盤とした民主主義体制、高度経済成長の中で核家族化・大衆社会化など社会の急激な流動化をベースにした民主主義体制、比較的持続した社会安定状況下での民主主義体制など、それぞれ実質的に重大な変化を見ることができる。そこで秩序の特徴をベースにして現在の、特に習近平体制の特徴を見ていくことが妥当ではないかと考えた。まず中国の指導者に見られる秩序観を見ていくことにする。この場合、習近平ら指導者の文書を見てみると中国の伝統思想を基盤にした主張や議論が一段と散見されるようになった。このような視角から問題を読みといていくことにしよう。

二　伝統思想から解釈する中国共産党体制論

伝統思想に見られる権威主義的重層的秩序観

「秩序」について一般的な概念として整理してみるならば、『政治学事典』（中村哲・丸山眞男・辻清明編、平凡社、一九五四年）では、「静態的には、社会を構成するひとびと、およびもろもろの社会的文化的諸要素が、全体にたいする関係において、また相互間において一定の規則性ある地位ならびに関係をもつて、そこに一定の均衡をなりたたせていることであり、動態的には、ある社会の内部で、ひとびとが一定の事情のもとではしかじかの仕方で行為するということが、経験的にほぼ確定しているという事態、すなわち社会的行為の規則性ないし定型性が……存在する事態を指す」と包括的な定義を行っている。単純化して言えば、静態的にも動態的にも人々の間で何らかの規則的な関係性、作用、規範などによって持続的な安定が維持されている状態を意味する。ではそのような秩序は何によって実現、維持されるのか。ヨーロッパにおける秩序観の主流は、基本的に「社会契約説」と呼ばれる考え方によって成り立っている。要約したものを紹介するなら、社会契約説とは「人間は生まれながらにして自由・平等の権利をもつとし、それらの権利をよりよく保障するためには相互に契約(同意)を結んで、〃法の支配〃する政治社会(国家＝コモンウェルス)を設立する必要があることを説き、また政治社会を運営するために設けられた政治機関がどのように行使されれば個人の自由や生命の安全を守ることができるか、といういわば近代国家の根本問題である「権力」と「自由」との関係を民主主義的に解決する方法を提示した近代政治思想[218]」であると言われる。言い換えるなら人間と国家、あるいは被治者と統治者の間に、ルール、規範、法など何らかの契約関係が成立することによって秩序は現実のものとなるといった考え方であった。

これに対して中国では「秩序」の概念は全く異なるようにみえる。伝統的な秩序観の代表的な言い方は、「修身・斉家・治国・平天下」という一句に集約されている。これは儒教の経典ともいわれる四書の一つである『大学』の中に収められている表現である。心をまっすぐにして立派な生き方ができるようにする。そうすれば家庭や組織を整えることができ、そのようになれてはじめて国を治めることができ、世界を平らげ調和をとることができるようになるという意味である[219]。ここに見られる考え方は、(1)何よりも治者の問題として秩序が論じられていることで、治者と被治者の関係から秩序の問題が考えられていないことである。治者が身を鍛え洞察力を養い、家族や家臣に対する心構えを修得することによって国を統治し世界を安寧なものにすることができる、(2)家庭とか地域、国、天下といった空間的領域的相違が統治のあり方を変えるということはなく、同質の重層した塊としてつながっているという認識であった。確かに上述したヨーロッパの秩序観とは異なっている。

安定的な親族関係、社会を維持する、すなわち秩序の形成に関して、『大学』の主張とほぼ同趣旨であるが、『中庸』にはさらに詳細に次のような指摘が見られる。

「凡為天下国家有九経。曰、修身也。尊賢也。親親也。敬大臣也。体群臣也。子庶民也。来百工也。柔遠人也。懐諸侯也」（およそ天下国家を治めるには、君主がなすべき九つの万世不易な典法がある。一つは修身である。二つには師友たる賢者を尊ぶべきである。三つには親族を親しみ、本家と分家と永く誼みを厚くすることである。四つには道を論じ群僚を率いる大臣を敬すべきである。五つには群臣には官職に高下があり禄に厚薄があるので、その心を察することである。六つには庶民を子として愛撫せよ。七つには様々な技術者を招へいし生活用品を潤沢にせよ。八つには遠方から来る商人・旅人を厚くもてなすようにせよ。九つには諸侯を手なずけよ。そうすれば天下はよく治まり、泰平である）[220]。

ここでも結局は、統治の根幹は為政者という人であり、まさに人治であった。

こうした中国古典におけるガバナンスの特徴を整理してみるなら以下の点が見られる。第一に、良きガバナンスを実現するためには核心が必要であり、トップリーダー（ここでは君主、為政者）がいかに統治ための心構え、作法を身につけ、被治者との関係をどうすべきかを習熟し実行することにあるということ、ここでのガバナンスはよく言われるように「徳をもって治める」ことである。第二に、したがって効果的なガバナンスを実現する意思決定は、すべて統治者＝君主個人に集中されている。古代ギリシャ都市国家の直接民主制は、もちろん限られた参政者によるものであったが被治者の参加による政策決定が行われた。デモクラシー政治の基本はそこにある。しかし儒教的ガバナンスでは被治者は配慮され愛撫される対象ではあっても、意思決定に参与する主体では全くなく、ヨーロッパのガバナンスのあり方とは根本的に異なった仕組みであった。第三に、治者の徳、慈愛、仁に対して忠、誠、義によって自然と被治者が治者に従うという関係は、あくまで人間の情・理性・感性を軸とした秩序論であり、制度、ルールをいかに作るか、それらに基づいていかにガバナンスを実践するかといった発想はほとんど育っていなかった。

以上のように見れば、古代ギリシャ・ローマ時代に生まれた制度論的な統治をめぐる様々な考え方、思想とは対照的であったと言えよう。ヨーロッパでは、その後ルネサンス時代前後に国家、秩序、統治をめぐる議論が開化し、マキャベリ「君主論」、ホッブス、ロック、ルソーの「社会契約説」、モンテスキュー「三権分立論」、カント「恒久平和論」などによって制度としてのガバナンス論がめざましく発展していった。しかし、中国では紀元前から始まる上記のような古典的統治の考え方＝人治的集権的統治論は、基本としては変化することなく王朝体制に引き継がれ、今日においてさえその核心的な考え方は生き続けていると見ることができるのである。

もっともよく知られているように、秩序を維持し効果的なガバナンスを実現するために、春秋戦国時代から秦の時代にかけて、集権的官僚制の原型が形作られた。しかし秦は短命で前漢の時代から「官僚国家」が形成されたといわれる。「官僚制」はその後様々な改革が加えられていった。魏より始まり魏晋南北朝時代に、官僚の職位と権限、義務の範囲を明確化した「九品中正」の官吏登用制度が実施されたが、それが本来の人材登用の目的からはずれ、豪族の中央官僚、貴族化が目立つようになり、それに代わって官吏登用試験としての「科挙制度」が隋の時代から始まった。以後、唐、宋の時代を通し次第に官僚制度は整備され制度として体系化され、皇帝の支配を支える最大の統治機構となっていった[221]。しかし各官僚は、皇帝から直接に皇帝との人的な関係において任命され、絶対的な服従を求められた。まさに制度を動かす実体としては〈関係（クワンシー）〉の枠組みが機能していたのである。明末清初の思想家・黄宗羲は『明夷待訪録』の中で、中国の伝統的な官僚制を「天下不能一人而治、則設官以治之、是官者分身之君也」と表現し、また別のところでも「臣は君のために設けられたもの」だと力説している[222]。

如何にして秩序をつくり、維持し、乱さないかという枠組みとしては、上記のように徳・仁を施す皇帝・君主に対して忠・義で応える家臣・諸侯という人治的つながりと、統治のための業務を専門的に司る官僚群および中央から直接派遣された各種官僚によって確保されていた。しかしそのような枠組みは、天子の下に内臣の統治する中原の地域から、総督・巡撫など地方官僚（外臣）の統治する中原の地の周辺地域に限られていた。つまり王朝体制は直接的な支配の及ぶ地域内に限られていたのであり、その外縁に当たるいわゆる「夷狄」との関係においてはこのような枠組みは適用されなかった（外縁を含む秩序に関してはここでは触れない）。

権威主義的秩序観を継承する中国共産党

このように伝統思想の文脈の延長線上で、中国共産党の位置、意味を理解しようとするならばどのような議論ができるのであろうか。驚くべきことは、建国当初も重要な国家文書の中には中国を実質的に支配する共産党の具体的な位置づけ、権限範囲、規制規約などが、一切明記されていなかったのである。しかし歴史を振り返ってみるならば、抗日戦争に勝利し統一国家建設に向けて国民党との戦いが始まる直前の一九四五年四月、毛沢東は「中国共産党の努力がなければ、また中国共産党員が中国人民の大黒柱とならなければ、中国の独立と解放は不可能である」と力説した。(223) さらに毛はソ連モデルの社会主義建設から離脱し、大躍進と呼ばれる独自の社会主義建設に取り組もうとした時期、「中国共産党は全中国人民の指導的核心である、このような核心がなければ社会主義事業は勝利を収めることができない」と主張した。(224) こうして国内戦争を勝利に導いた共産党は建国以後、国家・社会の建設の大黒柱、指導的核心を自認し、国内外にアピールするようになった。

毛沢東時代、とくに文化大革命時代では、「党の一元的指導」ということが強調され、あらゆる問題の判断、政策決定は共産党――具体的には党委員会、もしくはそのトップである党書記――が行うということになった。つまり、党、具体的には党のトップに立つ指導者は明らかに国家を超越する実体となったのである。しかし、奇妙なことに憲法にも、他の法令にもそのようなことは全く書かれていない。中国憲法では、前文（序言）で、共産党の指導の下に人民共和国が誕生したこと、建国後も共産党の指導下で新民主主義建設、社会主義建設が実践され、共産党指導下の多党協力と政治協商制度は長期に続けられていくという点は語られている。要するところ、共産党が制度、政策を含めた国造りを指導してきたこと、これからも他の政治勢力を指導し、協力関係を維持するということが書かれているのみである。

中国憲法には、「一切の権力は人民に属する」（第一章第二条）、さらに「全国人民代表大会は国家の最高権力機関である」（第三章第五八条）と明記されている。「一切の権力は人民に属する」ことを実体として体現しようとするなら、人民の権力を保証する権力機関が必要になる。これが最高権力機関としての「人民代表大会」である。ここまでは筋が通っている。しかしその上に「共産党の指導」という傘が覆い被さっているので理解が困難になる。このことを理解するためには「最高権力機関」としての全国人民代表大会と「共産党の指導」との関係を明らかにしたうえで問い直さなければならない。

不思議といえば不思議なことだが、建国以来、共産党は自らを「指導的核心」と言い続けてきたが、そのように自己主張する党が法的手続きによって主権者である国民に執政党としての正統性を問うたことは一度もない。例えば、自由な国民意志による選挙で政権政党の可否が問われるというようなことはこれまでなかったし、国民の多くの意見を聴収するといった執政党としての行動もなかった。それどころか、仮に民衆から共産党の統治に対する異議申し立ての行動が起こったとするなら、それは徹底的に弾圧されることになる。建国以来、最大規模の異議申し立てを行った一九八九年の「天安門事件」の際は、学生や市民の要求が民主の拡大、腐敗汚職反対などであったにもかかわらず、彼らの行動は権力の転覆を謀る陰謀として（鄧小平らトップが判断し）人民解放軍の徹底的な鎮圧を受けた。

二〇一二年第一八回党大会における習近平政権の登場をめぐっても、習は国民の前で自らの政治方針、政策方針を訴え理解、支持を求めたのではなかった。後述するように密室で熾烈で隠微な権力闘争が繰り広げられ、勝利した習近平が国民大衆に対して支持を求める手続きをとるのではなく、ごく限られた「紅后代」（革命幹部の子弟など後継世代）という政治エリート集団の支持を得ることによって中国のトップの座に就く実質的な手続きを済ませてしまったのである。少なくとも執政政党としての正統性を求める国民レベルでの承諾の制度化された手続きはなかった。

基層（郷・区）―県・市―省・自治区・市―全国とつながる人民代表大会制度によって下から上級の人民代表が選ばれ、彼らが党指導体制を信任しているから手続きを踏んでいるという意見もあろう。しかしこれらの代表は、大部分が上級の党の組織部によって代表候補者として選ばれた人たちであり、自由な意思表明の結果といえるものではない[225]。このように、制度的な視点から見ても、国家と共産党との関係はやはり極めて曖昧、不透明な関係であると言わざるを得ない。だが、これまで共産党はまぎれもなく中国の執政党であり続けてきた。一九五〇年代後半、「大躍進」の大挫折によって三〇〇〇万―四〇〇〇万人の餓死者を出したといわれた[226]。六〇年代後半は「文化大革命」の災難によって全国の党・政府機関がマヒ状態に陥り、一般の人々も社会の大混乱に巻き込まれ恐怖、猜疑心、飢えの被害を被った。これらは毛沢東の失政、党内の権力闘争が原因であったにもかかわらず中国社会で共産党否定論が聞かれることはほとんどなかった。

少なくとも執政党であるからには、何らかの形で共産党の正統性が担保されていなければならない。それは何か。一つには圧倒的な巨大さゆえに一般国民は「逆らえない」という消極的承認である。二つには国家の独立、人民の解放のために抗日戦争、国共内戦を戦い勝利に導いた党という「歴史遺産」を徹底的にアピール・教育することで執政の資格を受け入れさせる。三つには「中華民族の偉大な復興」実現、「富強の大国」の実現など未来に向けた課題を指示し、その指導的担い手をアピールし宣伝教育によって納得させる。もちろんアピール宣伝しても実績が伴わなければ説得力はなくなる。改革開放時代以降は持続的な経済成長、軍事力の増強によって、目に見える説明ができていることで担保されていると言えるかもしれない。しかし、これらの行為はいずれにせよ共産党が一方通行的に、一般国民にほぼ他の選択の余地のないところで承諾を求めた行為である。一般国民の側から主体的に権力をチェックし正統性の判断を行うといったメカニズム、手続きは全く存在しないのである。

これまでに党と国家の関係を理性的、効率的にしようという試みがなかったわけではなかった。それが最初に始ったのは改革開放時代に入ってからである。最初の提案は一九八〇年八月の党中央政治局拡大会議で行った鄧小平の「党と国家の指導制度の改革」の講話であった。ここでは権力が党に過剰に集中され過ぎていること、指導者の兼職が多く官僚主義が蔓延していること、「党政不分」の状態が深刻であること、幹部の終身雇用制の弊害などが指摘されている。その結果、党内、シンクタンク、研究者など様々なレベルで政治体制改革論議がわき起こった。そして、こうした議論がはじめて本格的なものとして体系化されたのが、天安門事件で失脚した趙紫陽総書記指導下でまとめられた八七年第一三回党大会「政治報告」の中にある「政治体制改革方案」であった。そこでは「長期にわたって党と政府が分業せず、党が政府に取って代わっていた。……政治体制改革の鍵は党と政府の分離(党政分開)にある。党政分離とは党と政府の職能の分離である。……党の指導は政治指導である。すなわち政治原則、政治方向、重大政策決定の指導と重要幹部の国家機関への推薦である」。これでもなお党が絶大な権限を有していることになるが、それでも党自身が自らの指導の範囲を限定したことはこれまでにない画期的なことであった。しかも、「党が国家事務に対して行う政治指導の主なやり方は、党の主張を法的手続きを通して国家の意思に変えることによって、また党組織や党員の模範的な活動を通して広範な民衆を導くことにある」と明記されている。(227) しかし、このような考え方に対して党指導部にも多くの異論があった。また、その後、天安門事件が起こったことで、「党政分離」の考え方は共産党の中で否定されるようになっていく。

道器論から考える党と国家の関係

二〇一四年一〇月の第一八期第四回中央委員総会では、「法治」がキーワードとなった。多くの問題が権力者、あるいは大富豪たちの勝手な振る舞いによっておこされていた中で、法を重視し、それによって裁くということの徹底化は重要な意味があった。つまり、「共産党員も法の前で平等である」ということである。しかし、習近平政権があくまで強調し続けたのは「共産党指導下の法治」であった。習近平はその後も繰り返してそのことを強調している。「〝依法治国〞とは党が人民を指導し国を正しく治める基本方針である。法治とは国を安定させ、政治を正しく行う基本的な方法である。……依法治国は先ず憲法に依拠し国を治めることである。依法執政の鍵は憲法に依拠して執政することである。……党は人民を指導し憲法と法律を制定する。党は人民を指導し憲法と法律を執行する。党自身は必ずや憲法と法律の範囲内で活動しなければならない。……国家制度と法律は国家が立派に治めるための利器である」(228)。

しかしこのような習近平の表現は我々をやや混乱させる。「党の指導」がまず大前提にあるのだから「指導する」という概念は、「一切の権力は人民に属する」「最高権力は人民代表大会である」、さらには「法による統治」という表現よりも高位にあり、より重要だということになる。「共産党員も憲法や法律に従え」ということは、逆に言えば共産党員も誤りを犯しうるもので、そうならないように憲法や法律の枠内での活動と規定している。しかし誤りを犯すことを前提としたら、「共産党指導下の法治」という主張はとんでもないことになる。誤りを犯しうる共産党員が「党の指導」を優先的に恣意的な主張をしかねない。上級に行くほど権力の掌握も大きいだけに指導者の誤りはチェックしにくくなる。事実最高権力を握る共産党員が、適切な処罰、コントロールを受けなかったことによって様々な誤りや悲劇がもたらされた事件が過去に幾度も起こっている。例えば、「大躍進」「文化大革命」における毛沢東の暴走、最近では権力をほしいままに利用したトップ指導者の一人、政治局常務委員であった周永康の腐敗事件などであるが、これらをどのように考えるべきなのか。まだ党と国家・民衆の関係は決着がついていない。

「指導する」ということと、「法による統治」との関係を考えるうえで、伝統的な思考から党と国家の関係を見ておく必要もある。一つの重要なヒントとして筆者は中国の伝統思想、とりわけ『易』に出てくる道器論に注目する。すなわち「形而上なるもの、これを道といい、形而下なるもの、これを器という」(周敦頤『太極図説』)。「君子は道を謀りて食を謀らず、道を憂えて貧を憂えず」(『論語』「衛霊公」)、「君子は器ならず」(『論語』「為政」)と論じている。この「道器」という考え方を清末の西学の流入の中で「中体西用」論として解釈し直したのが、鄭観応『盛世危言』(一八九四年)であった。そこでは「道は本」「器は末」という伝統的な解釈に立脚し、西学を型・器に関する学問として位置づけ、中国の伝統思想を道と位置づける。しかしそれらを対立的、静態的に捉えるのではなく、「実は、虚中に実=道があり、実中に虚=器があり、両者をあわせて、本末がかね備わる」と主張する。(229) すなわち物事を効果的に機能させるには、物事の本質を見極める道と物事を機能させる枠組み=器の動態的で適切な組み合わせが必要だという主張である。前者に位置づけられるのが党=道を見極め、人々をその道に導くことを使命・任務とする集団で、後者に位置づけられるのが国家=物事の実現、対処を進める組織、方法などの枠組みという考え方が想起されてくる。上述の習近平の発言の中にも、「国家制度と法律とはうまく治めるための利器」と言っている。

「指導」をめぐる共産党との関係でいえば、もう一つ重要な考え方として、「先知先覚、後知後覚、不知不覚」(『孟子』「万章上」)の中の「先知先覚」論がある。すなわち普通の人々より先に物事の本質あるいは物事の発展を認識できる人がこの世には存在し、そうした人々が世の中をリードすることが理にかなっているという考え方である。孫文は「先知先覚」論から革命政党の必要を説き、国民党を創設したが、共産党の建党も基本的には同じ考えであった。共産党は労働者農民の党といいながら、その指導部の大半は創立時より一貫して旧来の士大夫層、すなわち知識人であった。彼らは自分こそが先頭を切って遅れた中国の政治経済社会を変革しなければならないという強い使命感と革命エリート意識に満ち満ちていた[230]。まさに「先知先覚」の集団としての共産党であった。

道器論は物事の本質と物事を具体化させる枠組み・手続きの関係を説いた議論であり、「先知先覚」論は世の中には、先に物事の本質を認識できる人間とそうでない人間がいることの差を自覚したうえで、「先知先覚」の人間の役割の重要性を説いた考え方であった。「先知先覚」の共産党が、「後知後覚、不知不覚」の人々も参加し、かつ政策や方針を具体化させる枠組みとしての国家に対して「導きの手」を差し伸べる、つまり「指導する」ということなのである。こうした考え方は「先知先覚」と「後知後覚」の絶対的差異性を前提としたうえで、中国を正しい方向に向かわせる意味から必要不可欠の行為であった。「先知先覚」論はプロレタリアートの精髄、前衛としての共産党という欧米マルクス主義の典型的な考え方と、エリート主義という意味では重なり合い、類似している。が、人間を先知先覚と後知後覚に二分したうえで指導と被指導の関係＝絶対的指導性を主張する中国共産党と、歴史的な階級闘争史観から共産党の相対的指導性を主張する欧米マルクス主義との差異を見ることができる。言い換えるなら、マルクス主義における前衛党論はあくまで資本主義化、工業化が進み、資本家に搾取され抑圧された社会階級としての労働者という「先進的階級」を反映したものである。したがって社会の変容に対応して「プロレタリアートの指導＝共産党指導」も可変的なのである。一九九〇年前後にソ連・東欧社会主義諸国が短期間で一挙に崩壊した現象は、社会主義国家の経済的低迷、政治的抑圧が臨界点にまで達してしまったことの反映であり、その結果、制度的に憲法から「共産党の指導」を削除したのであった。まさに、制度・手続きが「党の指導」を拘束したのであり、欧米政治思想の枠内での処理の仕方とも言えるのである。

これに対して、道器論における「道」の考え方も、「先知先覚」論も社会的階級とは関係なしに、ある種の人間（集団）を特別の存在として認め、特別の役割を受ける資格が付与されるという考え方である。「指導」をめぐる欧米と中国との差異について一つの事例を思いだす。一九七八年秋より始まる「文革派グループの批判」を主張し、「民主化」

を求めた市民・青年らの運動はやがて「北京の春」と呼ばれ、北京をはじめ大都市で大きなうねりとなった。彼らは当時、華国鋒政権の終焉、鄧小平の復活を強く求めた人々であった。にもかかわらず、鄧小平の彼らに対する不信感、嫌悪感は半端ではなかった。もちろんそこには文革期に紅衛兵ら血気盛んな若者たちによって彼自身が徹底的に痛めつけられた経験があったことは疑いない。しかし同時に伝統的な士大夫、知識人の民衆に対する不信感、警戒感につながる感情があったことを読み取ることができる。まさに鄧小平ら党の幹部は自らを「先知先覚」の指導者と自負し、「後知後覚」の民衆に振り回されることを忌み嫌ったのであった。現在の指導者、習近平も彼の講話の中でしばしば『孔子』や『孟子』など中国の古典を引用している。また「頂層設計」(トップダウン方式)は習の政治を理解するキーワードでもあった。民衆の声に耳を傾けることはしても彼らを政策決定に参与させようとはしない。鄧小平に通じる認識であると言えよう。

おそらく鄧小平や習近平の頭の中では、「党の指導」と「法治」の関係は次のように組み立てられていたのではないだろうか。「党の指導」といってもそれはごく限られたトップエリート集団のことで、共産党の全党員は無論、一般の指導的幹部は含まれない。このトップエリートたちは人格、学歴、指導実績など極めて豊富な経験を有していると判断され、多大な権限が付与される代わりに極めて厳格な規律、品行方正な日常生活が要求される。「道を究め人々を道に導くことができる」「先知先覚」の人である。したがって彼らが誤りを犯した場合、まさに憲法や法律どころか全人格的に否定される処遇を受けることになる。他方で一般的な指導幹部、幹部、普通の人々は憲法や様々なレベルでの法律に従って処分を受けるのである。

共産党は私党か公党か＝公党と私党の混融

もうひとつ、党と国家の関係を理解するうえで気になるのは、共産党はなぜ中国における「公」を体現できるのかという問いである。「公」と「私」についてもともと「公」という概念は、「公堂」(共同作業場)などのように共同体的な概念を含意している。漢代以降には官府・朝廷・国家といった「共同体」が「公」と表現されるようになる。他方「公」の反対概念である「私」は「個人」や「家族」を指すことになり、政治的社会的意味合いを備えた「公」と「私」が成立する。加えて、後漢以降、許慎の『説文解字』が「公」を「平分なり」、「私」を「姦邪なり」と説明し、倫理的道義的対立概念として使用するようになった。「私」の右にある「ム」は「自環」(自ら囲む)という意味で、「私」とは「禾」(穀物)を一人で囲い込むという意味を持ち、「平分」などの「公」なる行為と対立すると考えられた。その結果「公」概念は「善」「正」につながり、「私」は「姦邪」を意味する概念となった。しかも中国社会における「公」「私」概念の特徴は政治的社会的意味よりも、倫理的道義的意味の方が普遍化したと言われる。[231] 文化大革命時代に紅衛兵らによってさかんに叫ばれた「破私立公」はまさに官僚主義に堕した党幹部を批判する倫理的な意味の主張であった。

しかし同時に溝口雄三によれば、「中国には天下万民の公という伝統的概念があり、それが私相互間の共同の公の概念を構成している」という公と私の相関性をも指摘している。[232] 「天下万民の公」は何によって認識されるのか。孫文がしばしば使った「天下為公」という言葉は、何によって公となるのか、どのような要素を満たせば「公」となるのか、「私」が「公」に転化するのはどのような条件によるものなのか、といった問いに答える必要がある。

これらの問いに対して司馬遼太郎は極端だが明快に答えている。

「中国の古代思想のなかで、公をやかましく言ったのは儒家でなく法家であった。……儒教は、多分に私の体系である。仁をやかましくいう。仁は私人である為政者の最高徳目で、それが人格としてにじみ出るのが徳であった。……身もふたもなくいえば、歴朝の中国皇帝は私で、公であったことがない。その股肱《てあし》の官僚もまた私で、たとえば地方官の場合、ふんだんに賄賂をとることは自然な私の営みだった。……台湾にやってきた蔣介石の権力も、当然私であった。一方、勝者になった毛沢東の権力も、多分に私だった。毛沢東の権力が私でなければ、プロレタリア文化大革命のような私的ヒステリーを展開できるわけはないのである[233]」。

司馬は陳舜臣との対話の中でも、日本は中国と戦争したつもりだったが、「いまになって考えれば、あれ〔中国軍〕は李鴻章の私兵だった。……実質的には、李鴻章の私兵と戦ったわけ」だと語っている[234]。

話はややそれるが、中国人民解放軍は、一九二八年まさに共産党の「私兵」として誕生したのであり、もともと共産党の軍として革命運動に参加し、建国以降も基本的には共産党の軍として存在し続けている。確かに近代国家建設を本格的に目指した鄧小平時代以後は、人民解放軍の国軍化が本格的に取り組まれてきた。しかし、それは「党の軍」から「国家の軍」への移行ではない。江沢民の時代に人民解放軍を定義した文章に以下のような表現がある。「人民解放軍は中国共産党の創建と指導によって党の政治任務を執行する武装集団である。また中国の特色ある社会主義理論によって武装された軍隊、すなわち中華人民共和国の武装力である[235]」。

党の軍隊であり、国家の軍隊でもあるということが成文化されたわけだが、具体的にみると以下のプロセスを経る。五年に一度開かれる共産党全国大会の直後に開かれるのが党中央委員会であり、ここで党と軍の中央指導者が選出される。中央軍事委員会は軍の最高決定機関であるが、まず党中央軍事委員会のメンバーが固まり、それから翌年春の全国人民代表大会でほとんど同じメンバーで国家中央軍事委員会が発表される。そのことから実質的には、党の軍隊という基本線が一貫して堅持されていることがわかる。早稲田大学大学院の中国人留学生たちに人民解放軍は誰の軍か、国家の軍ではないかと尋ねたところ複数の学生から「違います。共産党の軍です」というはっきりとした答えが返ってきた。それでも私は意地悪く、「でも、国家中央軍事委員会というのがあるじゃあないか、国家の軍ということではないの」と問い直すと、すぐに「それは形だけの話で、党中央軍事委員会が実際の司令塔です」という返事だった。つまり、表看板に「党の軍隊」（私兵）と「国家の軍隊」（公軍）という二つを持ち、必要に応じて使い分けているが実質的には党の軍が基本ということである。

以上のことを踏まえながら中国の公と私を総合的に整理してみるなら、「公」とは、⑴天下、万民、国家と呼べるような抽象的な実体、あるいは、⑵共同で何らかの営みを行う共通した空間（共同体）を意味する。前者の場合、「公」自体も極めて抽象的な概念にならざるを得ず、行為している主体者が「天下、万民、国家のため」と主観的に認識すれば、「公を為している」と主張できるのである。何故なら本人の意志以外に客観的に証明するものがないからである。孫文の「天下為公」はまさにそのことであり、毛沢東が一九四五年の第七回党代表大会の閉幕式で行った演説「愚公山を移す」の中で、愚公という老人が山を移すというとんでもない決断をし、愚直に実行し続けたことに感動した上帝が神を下界に送り山をどかせたという話をしているが、そこで毛沢東は上帝とはと問い、「上帝とは人民大衆である」と語っている。ここでいう人民大衆とはまさに抽象的な存在というほかはない。

これに対して後者の「公」は生活、生産、社会活動などでの共同空間という具体的な存在、あるいはそこにおける行為といえる。後述するが著名な社会学者・費孝通は、中国的な人間関係の特徴を「圏子」として学問的に提起した。中国人の人間関係は自分を中心に同心円状の波（圏子）を形成する。波が内から外に広がっていくが、重要なことは内と外で異なった行動をとる。そこで公と私を用いながら、「圏子の内では公であり群であり、圏子の外では私であり己である」と表現している。ここで言う「公」とはまさに上述の後者の「公」を指している。溝口の指摘した「私相互間の共同の公の概念」とも通じている。しかしこのような意味での「公」とは、「私」の集合体でしかないという意見もある。上述の司馬遼太郎の主張がその典型であろう。

以上のような文脈の中に共産党を置いてみると、共産党はまさに私的政党として誕生し、紅軍という私的な武装力も含め様々な運動、権力闘争を行ってきた。ただし党という「圏子」内においては「党の為」という、あるいは既成政権を打倒し「天下を取る」という「公的行為」が実践されていた。ということは共産党にとって「権力を獲得する」ことが「公を為す」ことを意味するのであり、何らかの形で民衆、国民から付託もしくは承認されるということではない。ただし権力獲得を目指す行為は、既成権力から見ればただの「反乱」である。国民党政権は台湾に移った後を含め長期にわたって共産党を「共匪」(共産匪賊)と呼んできた。権力を獲得するということは「公的行為」を考えるうえで決定的意味を持つともいえる。我が国にも古くから「勝てば官軍、負ければ賊軍」という諺がある。

このように見れば、中国の政治文化上では共産党は「公党」と言えるが、国際社会の一般的な理解からいえば、国民からの付託(正統性の客観的な手続き)のない政党を公党とは呼ばない。中国共産党は疑いなく中華人民共和国の執政党である。が、「一切の権力を持つ人民」も、「国家の最高権力機関」といわれる全国人民代表大会も共産党を執政党と承認する正統化の手続きは行わないまま、デファクトとして受け入れてきたと言うほかはないのである。しかし、そうは言うものの権力の正統性は長い歴史を持つ国ならば、どの国でも何らかの形で問われてきており、中国とて例外ではない。

二〇一五年六月、台湾の中央研究院政治学研究所を訪問したとき、所長の呉玉山教授とこの問題で意見を交わす機会を持った。彼によれば中国的な権力の正統性は、(1)王朝史の文脈において継続性があると判断できること、(2)中国のナショナリズムを体現できること、(3)中国を豊かな国に導いていると実感できること、にあると説明してくれた。やはり何らかの手続きによって見える形で正統性が確認されるのではなく、指導する者とされる者の間に主観的に(1)(2)(3)を満たしていると感じさせる暗黙の了解があれば、それが正統性を担保することになるということである。中国的な政治文化における「曖昧な了解」という特徴として理解できよう。

三 「関係」(クワンシー)、「圏子」を基礎にした政治秩序と社会秩序

非制度的な秩序の形成

党の存在が統治の制度を超えた存在だとするならば、統治それ自体の中にも制度的枠組みでとらえきれない概念があると考えられる。上述の黄宗羲の指摘に見られるように、現代中国においても広大な領土、人口を抱える状況で、最高指導者が一人で統治するわけにはいかず大規模な官僚組織を使うしかなかった。第四章などで論じてきた巨大な行政、立法組織、軍が存在し、それらを統括する共産党もまた強大で、これらはまさにこの広大な領土、人口を統治する制度的な強固な枠組みであった。そしてそれは全国に共通した政治制度であった。しかし、社会の秩序はどのように維持されてきたのかを考える場合、制度的な統治の枠組みでのみ理解しようとすることは不十分である。中国をしばしば訪れた人々にとっては常識でもあるが、道路上の光景はなかなか興味深い。近年の大都市における交通事情は車社会へと大きく変貌し大通りの路上の人々のビヘイビアも大きく変わってきたが、それでも一歩街中の通りに入ると以前からの懐かしい光景が見られる。人々は横断歩道の信号が赤でも左右を見て安全だと判断すれば平気で信号を無視し道路を横断する。交差点ではバス、自家用車、自転車、人間が入り乱れて大変な混雑になる。それでもこの場はアナーキーな状態かといえば、それなりの秩序が保たれているのである。筆者はこうした情景を見ながら、ここに生まれている秩序は制度に基づいた秩序ではなく、人、車といった相手との距離感の確認、すなわち関係性によって生まれる秩序なのだと解釈するようになった。

関係性によって安定した状態を維持しようとするならば、人々はまず対象とする相手と自分との立ち位置を確認しなければならない。立ち位置は主に権力関係、社会的地位・身分、名声、年齢、置かれた状況などによって確認される。中国人の間でどこに行っても会話が始まると、たいていは年齢、身分を聞き合う、自分に利があるか否かを計る。そしてこれらを確認する。その後、何度か出会う機会を持ちそれなりの緊密な関係になっていった場合、相手を呼ぶとき相手の立ち位置が自分より弱いと判断できたら呼び名の頭に「小」(シャオ)を付け、例えば「小王、小李」などとある種の見下した表現を用い、あるいは強い語調の言い方をする。相手が自分より上と判断した時は冒頭に「老」(ラオ)を付け、「老王、老李」とし、敬意を払うような言い方をするのが一般である。権威的な立ち位置を確認する暗黙の行為といえるだろう。

「君臣に義あり、父子に親あり、夫婦に別あり、長幼に序あり、朋友に信あり」という言い方は、儒教の「五倫」に出てくる表現であるが、要は君臣関係では忠と義、親子関係では仁徳と孝行、夫婦関係では役割を分担、兄弟では兄が寛で弟が忍、友人関係では信用が第一を心がけることで、社会全体が穏やかで安定した状態になるということを論じている。すべて関係性を根本として社会の安定した関係、すなわち秩序を語っているのである。個人のレベルで秩序の問題を考えると以上のような見方ができる。社会のレベルで見ると、前述した〈修身―斉家―治国―平天下〉という重層的な権威的関係によって秩序がとらえられているが、ここでも基本は仁徳忠義信といったいわゆる「徳治政治」の考えであった。

改革開放が軌道に乗り始めたと見られるようになって以来、中国指導者の発言、文章から中国の伝統的な言葉や言い回しが用いられていることが散見されるようになった。すでに指摘したが、それは何を意味するのであろうか。例えば孟健軍は、儒教の経典の一つ『礼記・礼運編』で用いられた理想社会としての「大同」社会に向かう、その前の段階として「小康」という言葉を鄧小平が改革開放路線推進の目標として提起したことに注目し以下のように述べている。「『鄧小平文選』の第二巻と第三巻には、「小康」という言葉が四十数カ所で使われ、「小康之家」「小康水準」「小康社会」「小康国家」といった表現が散見される」「筆者は、中国がこの「小康社会」という概念を全面的に打ち出したことは、すくなくとも二〇世紀を通して中国人を悩ませた西洋的イデオロギーの呪縛から本当に脱却できた一里塚であり、将来の中国の発展に重要な意義を持つものと認識している[236]」。

中国のエリートたちにとって西洋イデオロギーは「呪縛」であったということが率直に吐露されている。それ故にこれからの中国は、何としても自身のオリジナルな思考を模索していきたいと念じている。その姿勢を強く読み取ることができるのである。

今日、儒教政治の復権を最も声高に主張する代表的な学者が康暁光である。彼は自費出版『仁政――関于中国政治発展的保守主義思考』の中で、以下のように儒教の現代政治における必要性を説いている。

「中国にとってどのような政治が必要なのか……、私の答えはこうだ。中国は仁政を必要としている！……仁政は儒士共同体の専制であり、仁政は権威主義の範疇に属しているが、一般の権威主義とは異なってそこには仁慈の権威主義がある。……仁政は人民主権、多党制、普通選挙といった西洋式民主主義はとらない。儒家は主権が人民に属することは認めるが、治権はただ儒士共同体にのみ属すると考える。……儒士は有徳有賢の仁者であり、統治者はただ儒士共同体の推挙によるのであって、国民全体の選挙によるのではない[237]」。

中国の政治体制が将来的にもこのような主張のままであるかどうかは定かではないが、少なくとも今日に関しては儒士共同体を中国共産党に置き換えてみるならば、まさにこのような説明が妥当であることがわかる。もっともなぜ共産党が儒士共同体になるにふさわしい条件を備えているのかに関してはほとんど何も語っていない。それよりもむしろ共産党も伝統的な人と人の結び付きのやり方、すなわち「関係」、「圏子」によって指導者たちの集団が形成されているように見えるのである。

中国共産党体制下における統治

ところで中国における統治を考える場合、部分的にはすでにふれたが、周知のように「人治」と「法治」の確執があり、儒家正統の基本的な考え方は、聖人君主(皇帝)による「徳治政治」すなわち「人治」であった。建国以降、共産党が目指したものは一党独裁体制を制度的に完全なものにする、すなわち共産党型「法治」であった。しかし、現実の歴史過程を見れば、人治型統治は色濃く残っており、それはある意味で社会の非制度性と関連していると言えた。一般的に効果的統治と制度化の関係を考えるならば、前提として以下のことが指摘できる。ある特定の権力機構が効果的に統治しているという場合、⑴統治の対象範囲内で政治的秩序が維持されていると判断できる状況があること、⑵その中にいる大多数の人々の生活・社会的活動が「まずまず」か、それ以上と判断できる条件が提供されていること、の二点を必要とするであろう。前者については政治社会の制度化、後者については経済社会の改善と発展が核心となる。この考えは今日西側では一般的に共有できるものであり、中国でも改革開放期にこうした認識は強まっている[238]。

このような視角から改革開放前の中国政治社会を考えるならば、⑴⑵の条件をほとんど満たしていない状況、すなわち幾人かの識者によって指摘されるような、強度の非制度性と貧困の状況における統治という設定において、問題を見ていかなければならなかった[239]。例えば、毛里和子は党中央の工作会議、その他の変則的会議の役割の重要性を分析しながら、それらの存在自体が「中国政治の非制度性を物語っている」と論じている[240]。ここでの統治は、⑴強力な統治機構の存在と、⑵統治者の能力に依存する度合いの大きさに、主たる特徴があった。歴史的な文脈でみれば、前者は科挙制に象徴される巨大な官僚機構に、後者は皇帝に象徴される「人治」的統治が、それを集約していた。

現代中国はある意味で、伝統的な統治の特徴を驚くほど強く継承していた。巨大な統治機構は国民党との闘いに勝利した共産党によって補完され強化された。共産党は既述したように建国直後の一千万余りから増加の一途をたどり現在一億近い党員を擁し全国民の約七％を占めるほどになった。しかも党は人民解放軍という強大な暴力強制組織と、マルクス・レーニン主義・毛沢東思想・愛国主義という強力な教養を武器としており、歴代の統治機構の中で最も強力な組織といって過言ではない。さらに「中国人民の救世主」あるいは「現代の始皇帝」と呼ばれた毛沢東は、法・制度を超越した人治的統治の代表者ともなった。その後のトップリーダーも、毛ほどではないが絶大な権力を掌握してきた。

社会が非制度的であっても、統治機構が一定の年月の過程で、ある規範に基づいて規則的持続的に統治機能を果たし、社会の安定・秩序化に貢献していくならば統治の制度化が次第に定着し浸透していく。しかし、改革開放期前の共産党は旧社会を破壊し新たな社会を創造しようとする革命政党でもあった。しかも毛沢東その人が破壊、「乱」を評価し、秩序・制度を軽視する指導者であった。したがって、現代史を振り返ってみるならば強力な統治機構を有してきたにもかかわらず制度的な統治は、容易に定着せず、十分にその効果を上げなかったことになる。

では非制度的な状況での統治はどのようにして実現したのか。それは秩序化と流動化の間にある微妙なバランスによって成り立つ面が大きい。改革開放以前の時期では、秩序化の趨勢と流動化の趨勢は、しばしば安定を指向する政策・グループと急進化を指向する政策・グループの緊張関係の度合いによっていた。そして両者は一方の矛盾の露呈が、他方の台頭の根拠となるといった関係を交互に繰り返すことによってある種のサイクルを描くこととなった。このことはすでに第三章において中央と地方をテーマにしながら論じてきた。さらに制度化と制度的不安定化のサイクルとして、ジェームズ・R・タウンゼントは一九四九年以降の政治過程を整理していた[241]。

中国型「派閥」形成の特徴＝「圏子」

共産党が独特の集団であることは、すでに論じた「先知先覚」論や「道器」論、「プロレタリアート前衛」論などからそれなりに説明することはできた。しかし非制度的状況は何も中国の社会に限ったことではない。もっとも組織的凝集性が強いと思われてきた中国共産党内部でもそのような非制度性は反映していたのである。共産党指導部内では表向き「一枚岩」のように見えても、そこには独特の「関係のあり方」、様々な「派閥」があり、そうした派閥抗争とも言うべきすさまじい権力闘争が繰り広げられていたのである。別の拙著でも論じたが、中国政治の指導部を見る場合、制度以上に人間の「関係」が重要である。(242)そして中国での派閥は、これまで一般には他の国にも共通するような、長期にわたる共通の組織(軍、共青団など)活動や共通の利益関係(石油、石炭、輸送、不動産など)、あるいは共通の出身地域などによってグループ化したものと見られてきた。それ自体は誤りではないが、その結びつき、持続性は意外と弱い。

幾度かの分析を通して中国の指導者の関係性を考える場合、より重要な概念としてこのような「派閥」を想定するのではなく、「圏子」を考えるべきではないかと思うようになってきた。「圏子」とは、一般的にはある人間が自分にとって信頼が置けると感じられる「関係ネットワークの束」のことで、地縁・血縁や友人関係などをベースとしてインフォーマルに形成され、職場をはじめ社会生活の様々な場面で機能している。中国的な人間関係の特徴を「圏子」として学問的に提起したのは費孝通である。彼は中国農村の社会構造を研究し、その最大の特徴として後述する「差序格局」という概念を提示し、中心に近い濃い圏子から同心円状に広がり、関係的にも感情的にも淡くなっていく圏子を人々のつながりの基本枠組みと考えた。話が少し外れるが、毛沢東が一九七四年に「三つの世界論」を提起したが、この分類の仕方はマルクス・レーニン主義の階級分析的な国際認識ではなく、伝統的な波状型の圏子の枠組みから作られたものであると指摘した研究者がいる。(243)

そして費孝通の説明によるならば、重要なことは圏子の内と外で人々は異なった行動をとるという指摘である。この関係構造においては自己が関係の中心、一切の価値は己を以て中心とする主義である。公と私、群と己の関係を圏子との関わりで見ると、圏の内では公であり群であり、圏の外では私であり己である(圏内では皆、仲間を配慮し、圏外では敵対的な警戒感を持ち、私、己の利益優先に走るということか―筆者)。このような「圏子」の動態的な構造が「差序格局」なのである。(244)この差序格局をつくる要因として彼は、(1)血縁、(2)地縁、(3)経済水準、(4)政治地位、(5)知識文化水準をあげている。言い換えるなら、中心に位置する彼/彼女のおかれた境遇、出身などによって「家族親族(一族郎党）型圏子」、「地縁（同郷）型圏子」、「同業・同職場型圏子」、「共産党幹部型・エリート圏子」、「同窓（出身校）型圏子」などと類別できる。しかし、それはあくまで便宜的な分け方で、実際に特定の人物の「圏子」を考えるなら、上記の要因が複数でそれぞれ重なり合った多層な関係構造としての「複合的圏子」が形成されているのではないか。ある人物にとっては「血縁型」＋「同業型」、あるいは「地縁型」＋「幹部型」＋「同業型」などの色彩を強く持った圏子といった様々な色彩を形成する。費孝通自身も「それぞれがつくる圏子はその時、その場所によって形が異なっている」と指摘している。

このような視点からこれまで論じてきた「派閥」を考え直すなら、実は改革派の中に鄧小平「圏子」、胡耀邦「圏子」、趙紫陽「圏子」などがあり、保守派の中に江沢民「圏子」、李鵬「圏子」、周永康「圏子」などがあり、太子党の中に習近平「圏子」、曽慶紅「圏子」、薄熙来「圏子」などがあり、共青団の中に胡錦濤「圏子」、李克強「圏子」があったと見るべきではないか。それを無理に政策的な面でひとくくりにし「保守派」「改革派」と表現したり、利益集団でくくり、「石油派」「石炭派」「共青団派」「軍部派」などと表現したりするのは、便宜的にはあり得ても正確な政治グループの分類とは言えないのではないだろうか。

それぞれの「圏子」には、改革派といわれる人の圏子に保守的な人も加わっていたり、若手の圏子にある長老派が存在したりするといった現象が普通に存在している。すでに紹介した天安門事件で趙紫陽の失脚、江沢民の後継者への抜擢を決定したのは、最高権力機関である党中央政治局常務委員会ではなく、すでに現役を引退した「保守派」も「改革派」も混じりあった最高指導者たちの非公式の会合「八老会」であった。まさにこの「八老会」も強力な政治的な「圏子」であった。さらに「圏子」が最も濃い中核的部分から、徐々に薄まっていく弱い「圏子」へと重層的な同心円状となって広がっていく自らの波状的な政治空間と、そうした「圏子」の外に位置する「敵対的集団」との緊張関係によって制度を超えたダイナミックな政治態制が形成されていくのであった。

戸籍制度の多様化と政治社会的意味

次に、中国社会の構造の面から「関係」、「立ち位置」、そして「秩序」を考えるうえで重要な要素を考えると、そこでは第一章で強調した「四つの断層性」の特徴、特に第一の幹部と民衆の断層性、第三の都市と農村の断層性の問題は考慮しておくべきである。確かに一般幹部は様々な努力、学歴とコネなどによって一般民衆からなることはできるが、指導幹部はこれらに加えて特別のチャネル（例えば、党校、軍、共青団、高級幹部の子弟、高級幹部の強い支持など）を持ち、特別の関係がないと容易になることはできない。一旦指導幹部になることができれば、出世するか否かは別として一般的には何らかの指導幹部の地位を保つことができる。民衆自身が選挙のような形で下から選ばれ、あるいは懸命に努力し指導幹部になることは至難のことである。幹部と民衆との間には深い溝がある。

都市と農村の溝も中国独特の戸籍制度によって「立ち位置」を考える強い枠組みになっている。研究者の中には、経済の発展、人々の大移動、社会福祉制度の充実によって農村戸籍、都市戸籍の差異はなくなり、外国と共通した戸籍制度になるだろうと予想する人は少なくない。しかし果たしてそうであろうか。この点に関して、李強は興味深い指摘を行っている。彼は、特に着目すべき点として、「社会慣性」の運行の結果としての戸籍制度と新しい社会集団との関係において深刻な矛盾が生まれていると主張し、それを以下の三点に要約している。第一は都市と農村との間の経済格差が一段と深まっていることである。改革以降、一九八〇年代には都市と農村の経済格差は縮小傾向を示した。農村住民の消費水準に対する都市住民の消費水準の比は、改革前は二・八倍だったものが二・二ないし二・三まで下がった。しかし八〇年代末から九〇年代初めに至る時期に格差は拡大し、農村住民と都市住民の消費水準の比は、八〇年代後期まで二・二強だったのが二・八から三・〇程度となっている。さらに九〇年代中期には三・三から三・四、二〇〇〇年初期にはさらに格差は拡大し三・五を超えるに至った。李強は「市場の激烈な競争下では、大量の資本は利益率の高い都市地域に集中することから、農村は日に日に困窮化することになる。したがって農村の永住者であるところの農民は、当然のことながらなんらの利益を受けることもできないのである」と説明している。[245]第二の点は、ホワイトカラー層や中・上層に属するような都市の外来人口や流動人口が明確に権利を要求するようになり、流動人口のホワイトカラー層が就業における戸籍制限の撤廃を要求するようになった。さらに流動人口に属する企業主・経営者も経営する都市での正式な戸籍の発給を求めるようになった。政府は現在各地の実状に応じて戸籍改革の実験を推進すべきとの通達を出しているが、その基本原則は、当該地の需要、利益、負担、効果などを配慮しながら試みられている。例えば、上海や広州では「青色戸籍制度」を推進している。「青色戸籍」とは外来人口が就業証明を受けて一定期間の都市部における滞在を認める臨時戸籍のことで、取得後、当該地の生活や仕事にあわせて一定の期間が経過し、条件をクリアすると、定住する都市における常住戸籍を申請することができる。石家庄や寧波などの都市では、さらに都市部と農村部の壁を突破した全面開放を前提とする戸籍改革が推し進められている。

しかしながら第三に、このような戸籍身分にかかわる利益が矛盾を激化させ深刻化していることに着目すべきである。最も突出している問題としては大学入試で、各地での合格基準点に達した者と入学許可実数の比率が、戸籍差別のために一致していないことが挙げられる。二〇〇一年春の全国人民代表大会、政治協商会議の開催期間中、大学入試の入学許可実績の比率にかんする戸籍上の格差の問題が両会議の正式な議題として取り上げられた。[246]討論では特に合格基準点に達しているにもかかわらず、当大学がある地域の正式な戸籍を持たないために入学が許可されないという問題が深刻であった。大学入学許可における「戸籍重視」、すなわち「戸籍特権」「戸籍差別」の問題で、これが新たな身分階層を生み出しているのである。

大学受験をめぐり戸籍〝差別〟に強い不満を爆発させた最近のある報告を紹介しておこう。[247]激しい受験戦争で知られる中国で六月七日から、全国一斉の大学入試「高考」が実施され、約九四〇万人の若者が人生を懸けた一発勝負に挑んだ。ただ、差別的な戸籍制度に根差した複雑な仕組みは都市と地方の教育格差を固定化する傾向にある。共産党による恣意的な加点制度も存在しており、受験生や親たちの不満は強い。各大学は省・直轄市・自治区ごとに募集枠を設け、その枠をめぐり受験生同士が争う。枠は地元が優遇される傾向があり、有名大学が集まる北京や上海に戸籍を有する受験生の方が有利となっている。

あるシンクタンクの分析によると、昨年、北京の二大名門校、北京大と清華大を合わせた合格率を見ると、北京市の受験生は貴州省の約三〇倍となっていた。政府はもともと大都市への人口流入を抑制するため、戸籍取得を厳しく制限していたが、今は大都市の利益、既得権益などを守るために、地方戸籍の受験生にとって北京など大都市にある大学の門は極めて狭くなっている。出稼ぎで北京に住みつくようになり、二〇年以上も暮らす四四歳の男性の妻と高校一年の娘は受験に備え、九月に戸籍がある吉林省に帰らねばならなくなった。「娘は北京で生まれて教育を受けてきたのに、北京で受験できない。悲しすぎる」と親は嘆いた。しかもその報告によると、党・政府は受験の最重要目的を「社会主義建設を引き継ぐ人材の育成と選抜」と位置づけ、そのように判断される受験生にはプラス二〇点、その他北京市は今年の受験で、格差是正などとして少数民族に五点、華僑の子や台湾籍に一〇点をそれぞれプラスした。それ以外に、国に尽くして犠牲になったと認定した「烈士」の子女には二〇点も加算し、採点結果が同じだった場合は共産主義青年団(共青団)が認定した青年ボランティアを優先させるとの通知を出した。受験に付き添った北京市の曹穎さん(四三)は「息子は一点を競うために懸命に勉強してきた。別の理由で一〇点、二〇点と加点されるなんて不公平だ」と憤った。

全体的な趨勢をみても、確かに都市戸籍と農村戸籍の二元戸籍制度を撤廃し一元的な統一戸籍登録制度に転換していこうとする試みが見られる。しかし問題はそれほど簡単ではない。かりに、それぞれの都市で一元的な戸籍制度が実施されたとしても、外からその都市に転籍しようとするとき、北京、上海など特大都市、各省の省都など大都市、沿海都市、内陸都市、特大・大・中都市の近郊農村、内陸農村などで様々な転籍の条件が課せられ、戸籍制度はかえって複雑化している。しかも北京、上海などの特大都市に転籍するハードルは、収入、学歴、職業、在住年数などで極めて高い。大都市への転籍も条件がそれほど緩やかではない。

一例として南京市のケースを紹介しておく。近年は同市では一五項目の「南京市積分落戸指標」が定められ、それによると戸籍取得希望者は一五項目の指標について点数を加算し、その合計点数で一〇〇点以上獲得した人のみが、南京市戸籍を申請する権利を得られると決められた。その一部の内容を紹介するなら以下のとおりである。(1)年齢状況：四五歳で＋二点、以下一歳下がるごとに＋一点。(2)学歴状況：博士号取得者は＋一四〇点、修士号取得者は＋一〇〇点、大卒は＋八〇点、短大・専門学校卒は＋六〇点、高卒などは＋四〇点。それ以下は〇点。(3)過去三年の南京市への個人所得税の納付額一〇〇〇元(約一万七〇〇〇円)当たり＋五点。(4)科学技術成果：発明特許取得一個当たり＋三〇点。実用新型特許取得一個当たり＋一〇点。(5)過去五年以内に行政拘留された者は一回当たり－（マイナス）二〇点。(6)信用不良：金融機関などのブラックリストに載ると一回当たり－二〇点といったように一五項目が設定されている。ここからわかることは、高学歴、高技術、高所得、低年齢という「三高一低」中国人を歓迎し、逆に低学歴、低技術、低所得、高年齢という「三低一高」の中国人を南京から排除するという考え方である。この基準に従うなら農民工はもとより、仕事を求め内陸や地方の都市から移動してきた人、特に高齢者は戸籍上排除されることになる。このように新たに実質的に差別的な身分制度が「戸籍制度改革」の名の下に進行しているのである(248)。

しかも戸籍の移動をめぐってそこから利益を得る既得権益層も生まれてきている。特大都市の戸籍を得るには相当の学歴、資金、強いコネなどが必要であり、それを得ることでよりレベルの高い利益、待遇のチャンスを得ることができる。特大都市、大都市の戸籍を持つかそうでないかは、現実にはある種のあたらしい身分を示す基準にもなっている。まさに戸籍によって振り分けられる新しいカスケード型権威的身分社会の形成である。評判の高い戸籍の枠内にいればそれなりの安定と保証が得られるが、その枠を飛び出すとすべて自分の資金と責任で何事も処理せねばならず、不安定さを覚悟せねばならぬことになる。周平が指摘するように、「一元的な戸籍制度を確立するだけでは不十分であり、あわせて二元戸籍制度から生じた身分の相違による国民権利の不平等さの解消を実現せねばならない(249)」のである。しかし多くの人々は、現状の戸籍のままでいるか、新たな差別的な戸籍制度の中に自らを入れこもうとするかで、当面それ以上の変化は起こりそうにない。言い換えるなら自らを○○都市の戸籍保有者、あるいは○○農村戸籍の保有者に位置づけることによって、自分の立ち位置を決めるということである。それは社会の秩序を形成するある意味での重要な前提になっている。

以上、これまでの議論を整理しながら中国における秩序を考えてみるに、そこには二つの重要なポイントがあるように思われる。第一に、繰り返しになるが、維持されるべき空間内に秩序維持のための中心の存在が不可欠とされていることである。中心と周囲にいる人間との立ち位置、関係を定めることによって秩序の枠組みができるという考え方である。家においては家長がそれに相当し、国においてはそれぞれの君主、天下においては皇帝(天子)が相当する。今日の中国でもやはり中心の存在は大きく、中央において二〇一六年秋の党中央委員総会で「習近平同志を党の核心にする」と正式に規定したことはそのことを反映している。習近平=核心とは他のトップ指導者とは決定的に異なる強い権威的差異を意味しているのである。確かに法治的な制度や規範も取り入れられるようになってきたが、基本は「中心」が絶大な権力を持ち、「下級は上級に従う」ことが強く求められている。特に省レベルのトップ指導者は、最近の傾向として何らかの形で習近平との直接の関わりがあり、直接習近平への忠誠を誓うことが求められる傾向がある(次章で詳述)。まさに伝統的な皇帝が直かに自分自身が面接し地方官を任命していたのと似ているようでもある。一方で、中央―地方、さらには地方の中に省―市―県―郷村といった重層的権威関係がある。他方で中央から地方に至る各レベル、各領域においても集中した権力者、すなわち中核の党書記が存在する。そして彼と被治者(一般幹部、民衆）の間にも重層的権威関係が存在し、それぞれがこうした権威関係＝立ち位置を了解し合うことによって秩序が維持されるということになる。

第二に、様々な社会空間で生まれる関係性は複合的、重層的、権威的な全体性として理解し、それが秩序の重要な構成要素となっているということである。ここで一つのヒントになるのが「包」という概念である。第一章で紹介したが、加藤弘之は中国経済の特徴を「制度に埋め込まれた曖昧さ」と捉え、その核心的な概念として「包」（請負の総称）に着目した。請負とは「指定した内容の完成を担保するなら、あとはあなたの自由にしてよい」という意味である。加藤はさらに行政組織における「包」に注目した周黎安の研究にも着目し、周の指摘した「縦向きの請負」（上下関係の行政請負、属地管理、財政分成）と「横向きの請負」（同一レベル地方政府間の請負による昇進競争）が高度に統一されているところに移行期中国の地方政権のガバナンスの特徴があったとの指摘を紹介している[250]。筆者は「包」の特徴をもう少し拡大して「秩序」の観点にも応用すべきではないかと考えるようになった。「秩序を維持するために共産党の統治に従うことを要求する。そのことに同意するならばあなたは何をしてもかまわない」という意味で「包」である。

そのうえで、改革開放期の政治構造の特徴を見ていくと、以下のとおりである。

第一に、この体制は権威の強さ、政策の決定の向きが上から下へというのが基本である。しかし、今日三〇にも達する個々の一級行政区の市・省・自治区の人口、領域はそれぞれほぼ日本一国に相当するかそれ以上であるため、またすでに指摘したように制度化が十分に進展していないため、統治において、「人」の要素がどうしても大きくなっている。省レベルで考えると上記した広東省の事例がわかりやすい。葉選平以後、中央は広東を強力に統制するため、王岐山、汪洋らいわゆる中央の大物を派遣するようになった。確かにこうした傾向は徐々に強まっているが、外資系企業の積極的な導入、市場化など他省に比べてはるかに積極的な動きを示してきた。あるいは今日かなり強い大ナタで切り崩されつつあるように見えるが、依然として根強く残る上海派、薄熙来や孫政才の「反中央的行動、姿勢」が発現した重慶指導グループ、あるいは周永康の失脚で明らかになった中央石油派と四川省グループのつながり、令計画ら共青団系と石炭利権でつながっていた山西派などあるグループが地方を拠点化しようとする動きは最近まで存続してきた。

やや逆説的であるが、一九八九年の天安門事件を経ていわゆるそれ以前の「党政分離」という考え方が否定され、「党政合一」が再び強調されるようになった。これによって、加速したのが省の党書記に権限が集中する流れである。具体的には、従来党書記は立法・行政といった政権機構の重要ポストを兼任しない「約束事」があったが、九〇年代中頃から党書記は省人民代表大会常務委員会主任を兼任する事例が増え、今日では党書記は省長を兼任するいくつかの例外を除いて、大半は省人民代表大会常務委員会主任を兼任するようになった。もちろん彼らは党中央組織部によって任命されており、中央への服従が義務づけられている。

しかし、実質的な党書記への集権化を示す流れと併せて、問題なのが各地方においてそれぞれの指導者に課せられる首長請負責任制である。今日もなお「請負責任制」(包干)が用いられているところに権威主義を理解する一つのポイントがあるように思われる。これによって上級との関係で決められた経済・社会安定などの達成すべきノルマがある。同時にノルマを超過達成すれば上級への出世への道につながってくる。逆にノルマが達成されなければ出世の道から外れていくことになる。この強烈なインセンティブのために、集権化された地方党書記は、少々の違反や無理を押し通してでも、例えば大胆な経済発展の推進を試みてきたのである。その結果、不当に取り上げた農民の土地を開発区に変え、大胆な外国企業の誘致を図るとか、環境汚染企業でも利益率の高い企業には汚染を事実上黙認するといった事態が広く見られるようになった。

第二に、地方すなわち省・市・県・郷・村といった各レベルで、限定付きではあるが政治権力主体の「自律化」、政策決定過程の多様化、多層化が進んでいった。しかしそのことが中国社会全体の民主化を全面的に推し進めたわけではない。中央からの締め付けと併せ、全国的な経済、教育活動、政治意識の不均衡性などが大きなネックになっていたからである。このような地方各地の多様性が多かれ少なかれ全国的に普遍的に見られる。上述した戸籍制度の変革をめぐる議論でも、周平は改革を通して「地域主義の台頭」の可能性を指摘している。

すなわち「地域の経済、社会の実情に基づき、農村戸籍者が一定な条件を満たせば、「変則的な都市戸籍」あるいは都市戸籍への転籍を認めるようになったのである。ただし、政策には地域主義の傾向が残っており、特に大・中都市へ移動した一般労働者が戸籍を取得する望みは依然としてない。こうして、戸籍改革の進捗度の違いにより新たな不平等が生じかねない」という主張は、地域エゴによって戸籍改革が新たな差別、格差を生み出しているという点で興味深い(251)。そうした現実が、中国の権威主義体制を全国的に画一的な一つの塊として捉えることを困難にしていた。この結果、主要な流れとしては各地方レベル内においては党委員会もしくは党の中心的な指導者に権力が集中し、多様な形でのヒエラルキーの塊として権威主義的意思決定メカニズムが形成されたのであった。

第三に、ではそのような地方権力が、独自の近代化の道を歩み、単純に横並びに「割拠」していったかといえばそうではない。一定の縛り、関係、程度において中央権力の権威を受容し、かつ省、市・県、郷・村といった縦の多様なヒエラルキーを形成していったのである。こうした特徴を総称して、筆者は当時、中国の政治体制は権威主義ではあるが、中央から各地の地方、さらには末端までひとつの色でとらえられないような多様性を持った体制として把握できるのではないかと考えるようになった。

こうした多様性を持ちながら、重層性を持った中国の秩序構造を考えるうえで、費孝通は二つの重要なヒントを提示してくれた。一つは、すでに触れた「差序格局(構造)」の指摘である。すなわち、中国における秩序を池に落とした石が同心円の波を作って外に広がっていく様子に例えて、いろいろなレベル、領域で石に相当するリーダーが同心円の波（秩序）を作っていくさまである。しかし、それは中央から地方へという縦のヒエラルキーの下で幾重にも重なる重層的な秩序を想定したのであった。

この点で漢民族を中軸とする費孝通のもう一つの考え方、「中華民族の多元一体格局」論は、差序格局のアイディアに基づく多民族間をめぐる秩序観である。中国領域内に住む様々な民族は接触、混合、融合の複雑なプロセスを通じて多元的な特徴を保ちつつ、内包され一体的な状況を生み出したと論じた。それゆえ費孝通は〝中華民族〟を、一体性を持ちながら、豊富な差異性を持つ〝民族〟概念であると定義した(252)。中華民族は多様な多元的民族が漢民族の中核的な役割・作用による凝集性の下で一体化を実現したと説明される。

これらを合わせ、中華の秩序は各地の「包」とも言えるカスケード型の多様な多元的権威的ガバナンスを共産党によって一体化した格局（構造）と表現できるかもしれない。もちろん、それらを高度に統一し包み込んでいくために党・政府・軍・公安組織など全国的に統一した組織が存在している。しかしそれらだけが秩序をもたらしているのではない。かつて幾人かの中国研究者が、中国の社会主義体制を例えば「急進的全体主義」、「緩やかな集権主義」……などと様々な表現で特徴づけようとした(253)。しかし、その中身はかならずしも明確ではなかった。中国が強権的な服従型統治システムを維持しながらも、なぜ比較的「自由」で、闊達な活動空間を持ち得てきたのか、今も持ち得ているのか。この問いを解くカギこそ「包」を秩序の枠組みとしてとらえなおす根拠なのである。各地域の統治空間で形成される「包」の重層構造を中身として保ちながら、ある種の中核によってバランスを維持し統一される「大一統」こそが中国型の秩序と言えるのではないだろうか。筆者はこうした中国の伝統的秩序観を上から下に広がっていく円錐型の〈権威主義的カスケード型階層秩序〉と表現しておきたい（図表6-2）。それは今日の統治の考え方にも反映している。

二〇〇七年頃だったか、ある場所で王毅大使（現外相）と隣り合わせで食事をする機会があった。何度か会ったこともあり少し気を緩めたせいか、私が「中国が党の指導を維持しながら民主化するいいアイディアを持っている」と切り出したところ、王大使は「それは何ですか」とたいへん興味深そうに反応した。そこで私は「地方各レベルの行政のトップ（省長、市長、県長ら）を普通選挙で選出したらどうか、複数政党の競争ではなく個人の候補者の選挙だから共産党体制には影響はない。選ばれた人が仮に非共産党の人であれば、選挙後に共産党員にすればいいではないか」というアイディアを披露した。しかし、王大使は直ちに「それはだめです」と否定した。その理由が予想外で印象深いものであった。彼は「経済ですでに地方に実権を握られています。この上人事まで地方に握られたら中央はどうやって地方をコントロールするのですか」というのである。もちろん、このような会話を行った胡錦濤時代と現在の習近平時代の中央のコントロールの度合いは異なっているだろう。

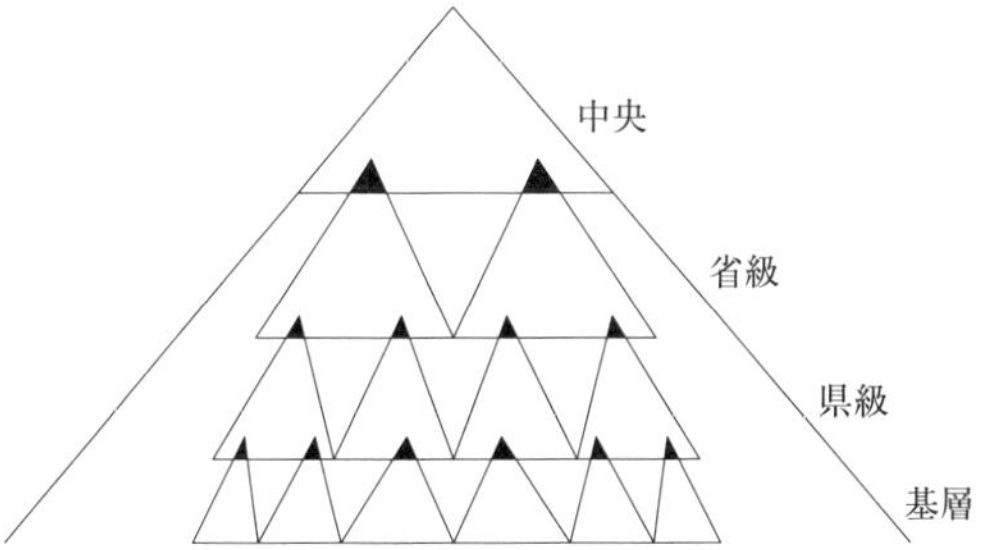

図表 6-2　権威主義的カスケード型階層秩序（重複の▲は党書記）

　しかし、この返答には二つの意味が含まれている。一つは制度上はともかく実質的には、すでに地方政権はかなりの実力を持っていたということである。もちろん恒常的な財政赤字に苦しむ省・自治区もあり、さらに中央税のアップを狙った税制改革によって地方税収入は減少したといわれるが、前にもふれたように開発の名目で大量の不動産を売買し、様々な企業からの取り立てなどによって暴利を得ているところも少なくなかった。財政の請負制（包干）はなくなったが、地方と中央の関係において首長請負責任制などは依然機能しており、地方の党書記が独自のイニシアティブによって多様な活動を展開する請負（包）的現象は依然強く存在している。そのような活動が全国で実践されることによって、中国の権威主義体制が一つの色で描けるような画一的な権威主義にはならないと考えられる。

　二つには中央の地方統治は、先述した王毅との対話でもわかるように、結局は人

（＝指導幹部）をいかに掌握するか、すなわち「人事」が鍵であって、制度・ルールによるコントロールは補助的なものだということである。物事を動かす決め手として「関係」（クワンシー）が重要である。このことは第一章の「断層社会」論でも指摘したとおりである。第七章では習近平の統治スタイルを紹介しながら、トップのリーダーの地方のリーダーとの個人的な結びつきがいかに決定的な問題であるかを明らかにしていきたい。つまるところ信頼関係によって中央・地方関係の安定を図るという指導者の行動様式は、第五章でも述べた伝統的皇帝の地方官吏の任官にも類似しており、関係の仕方によって多様な（凸凹の）権威主義的関係構造を形作ることになるだろう。

さらに第三章の〈中央・地方〉関係の終わりの部分で指摘したが、地方の管轄範囲内の政策決定に関しては、実質的にはある程度の自己裁量権（自主権）を持ってきたところに、「ゆるやか」ではあるが同時に「集権的」でもある体制が出来上がったと判断した。以上のことを踏まえて、中国の政治体制は単一もしくは少数のストロングマンあるいは強力な組織集団によって一元的に全体を統治するような権威主義体制ではなく、中央の下に多様な中型、小型の権威主義的権力が層をなしつつ、基本的には中央に服従するといった多層の権威的ヒエラルキーを形成していくと判断し、このような地方各地の多様性が多かれ少なかれ全国的に普遍的に見られる。そうした現実が、中国の権威主義体制を全国的に画一的な一つの塊として捉えることを困難にしている。それはあたかも各級の党書記という指導者の結びつきを軸に、上方から流れ落ちる大滝が上から下に向かって、いっきょに豪流として落ちていくのではなく、様々な河の凸凹、傾斜によっていくつもの小滝に分かれながら、地形や水の勢いの相違などによっていくつもの多様な小滝群（カスケード）をつくり、重なり合っているかのようなイメージである。一つの全体としてのカスケードになっているようなイメージの権威主義体制、すなわち「カスケード型権威主義体制」である。このような理解はかなりユニークではあるが、今日の中国的な政治体制の特徴として的を射たものだと考えてきた。

第七章

習近平体制の戦略と指導基盤

一　習近平指導体制の形成

脆弱な権力基盤からの出発

習近平指導体制をいかに理解するかという問題は、第二期習近平政権のゆくえ、これからの中国を考えるうえでホットなイシューである。のみならず、これまで見てきた中国の政治体制と政治社会の動態的な関係を結びつけながら、実証的に中国政治指導体制を理解するうえで、極めて重要な事例となっている。まずは二〇一二年一一月の第一八回党大会にさかのぼり、そこで党総書記に選ばれた習近平の指導体制の形成、特徴をどのように見るべきか確認しておこう。少なくともこの第一八回党大会で選ばれた政治局常務委員(七名)、政治局委員(二五名)の顔ぶれを見るならば、常務委員では四名が江沢民系、一人が共青団系、二人が習近平系であり、政治局委員でも明確に習近平系といえるのは三名のみで、あとは江沢民系、共青団系、その他に分散している状態であった。ここであえて――系と表現したのは中国における政治的な人の塊を「派閥」(――派といった強いイメージ)と表現することにためらいがあったからであることをあらかじめ断っておきたい。

第一期習近平政権誕生の段階では習は強いリーダーシップを発揮できる指導体制を築いていたわけではなく、共青団系、江沢民系、その他の野合の上にのりかかっていた状態であったということができよう。筆者自身は当時、習近平の「紅二代」系と共青団系との連携を重視して政権運営を進めるのではないかとみていた。事実、中央の党・政の重要ポストでは共青団系指導者が多数派を占めていた。一二年の終わりから一三年の初めにかけての党・国家指導者選出の状況を見れば、例えば、党の要職である中央弁公庁主任は栗戦書、中央規律検査委員会主任は王岐山と習の最も頼りにする人物を配置し、国家の要職は共青団系、例えば国家副主席には李源潮、国務院総理には李克強、同副総理には汪洋、劉延東、最高人民法院院長には周強といった面々であった。江沢民系は張徳江が全人代常務委員会委員長、兪正声が人民政治協商会議主席とどちらかと言えば閑職に追いやられた。もっとも軍指導部では依然として江沢民系の影響力は温存された状態であった。つまり総じてみれば、習近平系は多数派ではなく、共青団系、江沢民系との均衡的なバランスで成り立ち、そのトップに習近平が位置していたと見ることができよう。

また当時の政治状況を概観するなら習近平と共青団系指導者たちが必ずしも一面的に緊張・対立関係にあるとはいえなかった。習近平総書記選出の過程で確かに胡錦濤は自分の後継者として李克強を推薦した節がある。しかしその前の上海市党書記で江沢民派の重鎮であった陳良宇の汚職失脚（二〇〇六年九月）から、後継者としての習近平抜擢（二〇〇七年三月）に絡む一連の政治動向を考察すれば、胡錦濤が江沢民系に一方的に押されて習の上海市党書記就任を渋々認めたのではなく、胡の重要な政治決断があったことは間違いない。江沢民は陳良宇の失脚は何としても阻止したかったであろうし、それを許さなかった中心人物の一人が胡錦濤だったからである。高暁は、習の抜擢の理由を「共青団派と太子党派の確執、均衡状態での一種の妥協の産物」と表現し、さらに『胡錦濤伝』を引用して「一七回党大会人事動向での胡錦濤の戦略的布石であった」とさえ表現している[254]。

さらにその後の第一八回党大会での、習近平の総書記就任の過程をみても、胡錦濤あるいは共青団系との関係を一面的に対立する関係として見ると不自然である。彼らの間にはある種の協調的な関係があったと想定しなければ、その後の習近平と李克強、汪洋ら共青団系トップグループとの関係の説明がつかない。例えば二〇一二年の第一八回党大会直前の一一月一一日、一握りの高官を集めた内部会議の席上で胡錦濤は重要決定を行った。内容は、(1)如何なる国家指導者も引退後は政治に関与しない、(2)将来、軍事委員主席を含めて引退期限をめぐる例外人事を認めない、(3)重要事項は江沢民同志に報告するという内部規定も廃止する、であった[255]。その一週間前には胡錦濤の中央軍事委員会主席続投が中国国内外のウオッチャーの一般的な見方であった。共青団系の利益のみ考えるなら胡がそのことに固執しても不思議ではない。だからこそ習と胡の間に取引があったと想定しても無理な話ではない。もちろんその後よく知られているように習は江沢民系トップ指導者を次々と失脚に追いやったが、返す刀で標的にしたのは、これまで胡錦濤の懐刀といわれてきた令計画前党中央弁公庁主任であった。もっとも令計画失脚の背後には、彼と江沢民系の大御所・周永康との関係、さらに薄熙来につながる関係があったといわれた。

このように習自身の政治基盤、彼を取り巻く政治環境も決して彼が強力なリーダーシップを発揮できるような状況ではなかった。習近平はどのような政治背景から中国の頂点に君臨するようになったのか。すでによく語られているように、習近平は革命時代には延安の根拠地で活躍し、建国後は副首相を務めた習仲勲という革命元勲の息子であり、「太子党」あるいは「紅二代」の一人と呼ばれる。青年期に陝西省の貧しい農村に下放され、心身ともに鍛えられ、強い信念と自立心を持つ人間となった。習近平の経歴、動向を見ると、確かに父親の関係、あるいは高級幹部らのコネクションを感じざるを得ない。しかしそれでも、習近平自身を単純に「紅二代」の代表としてみるのではなく、人脈的にもう少し幅を持ったリーダーとしてみるべきだと考える。

つまりこれまで見てきたように「紅二代」人脈だけでなく、地方での長い活動歴から「地方幹部」との結びつき、軍エリート、共青団系、企業エリートらとも幅広い良好な関係を持ち、保守派的でもあり改革派的でもある。ブレーン的な学者に関しても、強硬派と穏健派の両方を取り込んでいるように見える。しかし逆に見るならば彼には強力な後ろ盾になる組織がない。彼は江沢民系、あるいは上海系と言われたが江沢民と長い付き合いがあったわけではなく、軍歴はあっても軍関係者との付き合いも本格的なものとしては、福建省、浙江省の地方指導者の時期からである。共青団系と対立しているわけでもないが、特別に後ろ盾にするような関わり方をしてきたわけでもない。これまでの中国のトップ指導者を見ると必ず彼を支える後ろ盾となる政治基盤があった。しかし習近平の場合、強いものとしてはそれがない。ある意味では「一匹狼」的存在であったといえるかもしれない。こうしたタイプの指導者が支えとするものは後で触れるような強い「信念」であった。

しかし、何はともあれ自らの権力基盤を強化することこそ、まず習近平が最大限に神経を使い、全力を挙げて取り組んだものであり、関係（クワンシー）を拡大し自らの圏子を形成することであった。彼は就任して間もなく、極めて大胆な戦いに挑んだ。失敗すれば自ら失脚につながるほどの熾烈な、まさに「生きるか死ぬか」の挑戦に踏み込んだのであった。それがよく知られる大規模な反腐敗闘争であり、その展開を通して習個人のチャレンジャーになりそうな人物を次々と失脚に追いやったのである。その始まりはすでに第一八回党大会前に始まっていた。習は習仲勲元副首相の子であることから「太子党」もしくは「紅二代」グループと言われてきた。習近平の党総書記就任となった二〇一二年一一月の第一八回党大会の直前に彼の動静が全く分からなくなった、いわゆる「雲隠れ騒動」で、後になって他のスケジュールをキャンセルしてまで北京さらには華北地域の「紅二代」の代表に会い、支持を得るための行動をとっていたことが明らかになった。その事実は彼が最も重視した基盤が「紅二代」であったことを示しているが、逆に見れば初めから「紅二代」を基盤にし、それを代表していたのではなかったことを意味した。彼は中央の政治局常務委員会入りから胡錦濤後継者になる過程で、同じ「太子党」「紅二代」グループのもう一人の指導的人物・薄熙来と死闘を繰り広げ権力を獲得した。「紅二代」の身内の骨肉の争い、正統性確保の争いといえるかもしれない。この闘争において胡錦濤、温家宝らの協力関係があったと思われる。

他方で習近平は上海市党書記への抜擢以来、「江沢民派」とも言われてきた。江沢民系が党中央トップの人事を決める過程で共青団系の影響力阻止のために陰に陽に積極的な行動をとり、その中で江沢民が非共青団系の習近平を取り込み、サポートしたことは十分にあり得る。興味深い点は、習が権力掌握に至る過程で最も厚い信頼を寄せた人物として曽慶紅があげられていた。確かに第一八回党大会の開幕式で、入場する習近平と肩を並べ親しそうに会話を交わしながら入場してきた人物は曽慶紅その人であった。曽慶紅は父・曽山が上海閥をつくった核心の一人であり、江沢民も曽山らに引き上げられた指導者だった。江沢民は叔父が戦死の前に中共華東局系に属しており、八〇年代に老世代が引退後、彼と曽慶紅が接近し、強い協力関係を持つに至ったことは事実であろう。

習近平への権力の集中化と権威化

そして二〇一二年の秋以降の中央政治動向を注意深くみるなら、習近平自身が活動した場所で形成したクワンシーのある人物の抜擢を通した権力と権威の集中、すなわち「集権化」と「権威化」が顕著な特徴として浮かび上がってくる。習近平への権力の集中と権威化は、党総書記就任前後から深く戦略を練っていた結果であるように思える。前者についてみると、部分的にはすでに触れたが、従来様々な分野で実質的な政策立案、決定の機関とも考えられていた党中央〇〇領導小組――例えば外交分野では党中央外事工作領導小組、財政経済分野では党中央財経領導小組など――の組長のポストを習近平自身に集中していくという事態が進んだ。胡錦濤時代では例えば図表7-1のように、外交・台湾問題は胡錦濤、経済財政問題は温家宝、思想・宣伝問題は李長春がそれぞれの領導小組の組長になるといった分業体制で、江沢民時代もそのようであった。

しかし、習はこのような既成の考え方を捨て去り、すべての既存の領導小組の組長に習自身がついたのである。特に先述したが財経領導小組の組長はこれまで総理の優先的ポストであったが、李克強を排除して習自身がこのポストも占めたのは当時は意外に思われた。結局、習は党建設工作領導小組、外事工作領導小組、台湾工作領導小組、財経領導小組など主要な政策決定の最高ポストをことごとく掌握した。

そのうえで、さらなる権力強化のために新たな機構を設置した。一つは、「国家安全保障委員会」、中国版ＮＳＣとも言うべきもので、治安、外交、軍事、経済など総合的に国家の戦略に直接かかわってくる問題を総合的横断的に検討し対処するための組織であった。さらにもう一つは経済を中心に「全面深化改革領導小組」という機構を新設し、その下に六つのグループ(経済建設と静態文明体制改革、民主法政領域改革、文化体制改革、社会体制改革、党建設制度改革、規律検査体制改革)を設け、[256]国内のあらゆる分野の改革を統合的有機的に推進する方針が示された。この中核となるべき二つの新設機構のトップはいずれも習近平自身が就任した。そのほか、インターネットによる急速なメディア情報の増大に対処し、国家治安を強化するために「メディア・サイバーセキュリティー領導小組」もできたが、この組長にも彼自身がなった。このように各分野の政策決定のトップに就くことによって習近平への集権化が急速に進んだのは、二〇一二年末以降、ほぼ二年間の間であった。それは図らずも大規模な「腐敗一掃運動」によって大物幹部が次々と失脚させられて行く過程と並行していた。

後者に関して、習近平への権力の集中はやがて最高指導者としての習近平の権威化を促すことになった。一方で、スケールの大きな戦略的スローガンを次々と発し、偉大な指導者のイメージを高めた。就任後間もなく提案した「中国の夢」の実現、より具体的には「二つの百年(共産党創設百年の二〇二一年、中華人民共和国建国百年の二〇四九年)の成功」であった。また国内経済の面ではこれまでの急速な高度成長を維持する条件が困難になる中で、いち早く成長のペースダウンを前提とした新たな経済戦略として「新常態論」を提起した。対外戦略の面ではまず、二〇一三年六月に非公式の米中首脳会談を実現し、オバマ大統領に対して「二一世紀の創造的な新型大国関係」の樹立を呼びかけ、不調に終わるとやがて中国のイニシアティブによる陸と海のシルクロード構想、すなわち西に向かう「一帯一路構想」の提案を行った。その具体化のために中国イニシアティブの初めての国際銀行である、「アジア・インフラ投資銀行」(AIIB)の設立を決定したのであった。

	組長	副組長
台湾工作領導小組	胡錦濤	賈慶林
財政経済領導小組	温家宝	李克強
外事工作領導小組	胡錦濤	習近平
宣伝思想工作領導小組	李長春	陳奎元
党建設工作領導小組	習近平	李源潮
農村工作領導小組	回良玉	陳錫文
国家安全領導小組	胡錦濤	習近平
金融安全領導小組	温家宝	周小川
人材工作協調小組	李源潮	李智勇
香港澳門工作領導小組	習近平	戴秉国
反腐敗協調領導小組	賀国強	李源潮
巡視工作領導小組	賀国強	何勇

図表7-1 胡錦濤第2期政権時代の領導小組

このような「偉大な指導者」習近平のイメージ作りに合わせて、二〇一六年初めころから聞かれるようになったのが、習近平を「核心指導者」にするという声であった。一月に入り、習に近い地方の幹部らに音頭をとらせて、自らを「党の核心」と呼ばせる運動が各地で起こり、広がっていったのである。ところがこうした動きに対して、ネットや一部メディアで反発の声が上がり、三月には辞任を求める公開書簡までネットに登場するようになった。しかし「党の核心」を目指す運動は抑え込まれることなくじわじわと党内で浸透していった。そして一〇月の党中央委員会第六回総会(六中全会)でついに「習近平は党の核心」という正式決定がなされた。この表現は毛沢東、鄧小平、江沢民に継いで四人目である。「党指導の核心」という肩書がつくことは、これまでのケースから類推して党の重要事項の最終決定に関して極めて大きな権限を持つことが承認されたと判断してよい[257]。

習の権威を高める運動はこれにとどまらない。二〇一七年に入り、習近平に近い人々からさらに「習近平思想」という言葉が登場するようになった。そして秋の第一九回党大会では「党規約」に「習近平「新時代の中国の特色ある社会主義」思想」という習個人の名前を付けた表現を盛り込むことに成功したのである。一二年秋、党総書記に就任して以来、「腐敗一掃」のキャンペーンが功を奏し、習近平人気が民衆レベルで広がり、その後次々に打ち出した上述の構想、主張によって習の強いリーダーシップは目を見張るものがあった。こうした実績を踏まえ彼自身の戦略思想をより確固たるものにしていこうと側近グループがしかけたのがこの「思想」の呼びかけである。すでに北京市の新しい党書記になった蔡奇、重慶市党書記になった陳敏爾(後述)ら習近平親衛隊は、様々な場で「習近平思想」という用語を用い、一般に受け入れられる雰囲気づくりを進めた[258]。おそらくこうした一連の動きに対しては、党内外から依然としてかなり強い反発があったと思われるが、逆に習の側から見れば、五年というそう長くはない期間で、ここまで彼の集権化と権威化を推し進めることができたのは大きな成果であったと言えよう。

青年時代からのクワンシーを中核に――栗戦書、王岐山、劉鶴

第一八回党大会の時点での彼の「関係」＝信頼できるブレーンを少し具体的に見ておこう。習が総書記になる直前、人事面でいち早くイニシアティブを握るために党中央弁公庁主任に登用したのが栗戦書であった。彼は習近平が最初に地方活動を始めた河北省正定県の隣の県で党書記をし、その後も親交を深めていた。栗は習より三歳年上、父は解放軍でも大隊長と地位は高くなく早く戦死していた。一九九八年まではもっぱら河北省内での活動に従事しており、ここで習近平との接触があった。当時の上司と関係がうまくいかなかった習に対して、栗が相談に乗ったこともあったというエピソードもある。(259) 栗は五〇歳になって頭角を現した。それまで地元での農村工作がもっぱらであったが、その後党組織部での仕事、地方党全般の指導など経験を積んでいった。二〇〇〇年には陝西省党組織部長、その後陝西省の党委員会副書記を経て黒竜江省副書記・省長、二〇一〇年貴州省党書記などを歴任していた。習近平の人脈の中ですでに地方のトップにまでなっていた数少ない指導者の一人であった。一二年の早い時期に習によって中央弁公室副主任に抜擢され、その後政治局員兼中央弁公庁主任に就いた。そして今回の第一九回党大会では最高指導部の党中央政治局常務委員の一人に就任し、一八年三月の全国人民代表大会でも国家の重要ポストである全国人民代表大会委員長への就任が決まった。

続いて注目すべきは王岐山である。彼は「反腐敗闘争」の総指揮者として積極的に陣頭指揮をとったが、この反腐敗闘争こそ習近平のライバルになりそうな指導者に攻勢をかけ、追い落とし、習政権を決定的に安定したものとしたのであった。習と王岐山とは青年時代からのかかわりがある。王は習より五歳年上である。彼の妻は陳雲の一の弟子といわれた姚依林の娘・姚明珊であることから「紅二代」とみなされている。しかしそれ以上に興味深いエピソードは、一九六九―七〇年に王岐山が延安の馮庄村に下放されていた時の出会いである。近くの延川に下放されていた習近平が、一度戻っていた北京から延川に帰る途中、馮庄村を訪ね王岐山の宿舎で一夜を明かし、彼に経済関係の本を

置いていったとの話がある[260]。強烈な感性の育つ青年時代の最も苦しい下放生活の中で、王岐山は直接知り合い親しい感情を持った人物であった。だからこそ、習近平は政治生命をかけ全身をかけて立ち向かわねばならない「反腐敗闘争」で、王岐山を信頼しその陣頭指揮を任せることができたと言えるのかもしれない。二〇〇七年末に上海市党書記から中央に転職し、中央書記処書記として日常業務に携わるようになった習近平と、北京市に転勤していた王岐山とは昔なじみの間柄に加えて、工作上の本格的な接触が始まっている。江沢民時代には、特に陳希同北京市党書記の大規模汚職事件(一九九七—九八年)があり[261]、その後も腐敗まみれになっていた首都に入り眼を光らせ、北京オリンピックを成功裏に終わらせた手腕は一般に高く評価されていた。こうした背景の中で、総書記に就任した習近平は自らの「腐敗大打撃戦略」の旗振り人に王岐山を指名したのであろう。

習近平の総書記就任と併せて、王岐山は党中央政治局常務委員に昇格し、中央規律検査委員会主任を務めるようになり今日に至った。王の反腐敗闘争の特徴の一つは、「修身斉家治国」や「孝悌忠信仁礼義智」(八徳)といった人間の清廉な生き方を求める中華文化の精神を復活させようとしたことにあった[262]。同時に王が規律検査委員会でイニシアティブをとるようになって、「審査・処罰、拘束・自白、巡視、抽出検査、情報公開」という系統的な腐敗処理を徹底するようになり、灰色の幹部の姻戚関係、出国情報を集め、彼らの腐敗を徹底的に洗い出すことに力を入れた。とくに、中央から地方に派遣させる中央巡視工作組を組織し、王自身がその組長に就任し、地方の情報を中央自身が踏み込んで集め、分析し対応を考えるという仕組みを重視した。これらの試みによって、就任してから三年を経て合計一五〇人近い省レベルの高級官僚を重大な規律違反で拘束し、審査するほどであった[263]。その中には石油派の頭目・周永康につながる李春城(四川省元副書記)、郭永祥(四川省元省長)、劉鉄男(国家発展改革委員会副主任)などが含まれ、その後の「大虎退治」の突破口となったのである。王岐山は第一九回党大会で党のポストからは全面引退したが、国家レベルの要職に就くことに関しては二〇一八年三月に国家副主席に選出された。

経済政策のブレーン劉鶴は習近平より一歳年上、青年期に一〇一中学(日本の高校)で同学であった。また一九六九年毛沢東の呼びかけで実施された上山下郷運動においてもすでに習近平、王岐山らと一緒に農村に入る経験をしている。彼は習近平の総書記就任前に国務院発展センターの党書記として活躍していたが、習近平の総書記就任に合わせ二〇一二年一一月には党中央委員に、一三年三月に国家発展改革委員会副主任に、さらに経済分野担当と思われた李克強を振り切って習自ら組長についた中央財経領導小組の弁公室主任に昇格した。彼は経済工作会議の報告書作成など、習近平および党中央の重要経済方針の策定に直接深く関わるようになっていた。トム・ドニロン前米大統領補佐官(国家安全保障担当)が訪中し習近平に会見した時に、習が横にいた背の高い学者顔をした側近を指し、「こちらが劉鶴だ。……彼は私にとって極めて重要だ」と話した。同じく『ウォールストリートジャーナル』は、劉鶴の任務はまさしく、今後数十年の中国を導く経済ビジョンの策定にほかならないと報じている(264)。

彼の略歴を見ると、二〇〇〇年以降、多くの幹部子弟がハーバード大学など米国一流大学に次々と留学するようになってきたが、これらの人たちよりいちはやくハーバード大学ケネディスクールに留学している。彼は二年間米国の別の大学に在学したのち、一九九四年から九五年にケネディスクールに在学しMPAの学位を取得した。米国から帰国して朱鎔基に見込まれ国務院での経済関係の仕事を行っていたが、二〇一一年三月から一三年三月まで財経領導小組弁公室副主任兼国務院発展センター党書記を務めるようになった。

筆者は二〇一二年二月に別の文脈で劉鶴の名前を知るようになった。それは国務院発展センターと世界銀行とが共同調査研究プロジェクトを組織し、『中国二〇三〇年』という報告書を公表した時だった。この注目されるべき共同プロジェクトのリーダーは誰かと調べる中で劉鶴という名前に出会った。当時すでに李克強が国務院常務副首相として経済問題を中心に活躍しており、このプログラムも当然、李克強イニシアティブで進められたものだと解釈していた。事実、国務院内部のシンクタンクにいた中国人研究者からもそのような趣旨の話を聞いていた。それにしてもこの報告書の核心は徹底した市場化の推進、グローバル経済への積極的参入、そのための既得権益グループの打破を力説したものであった。当時保守派と見られていた習近平がこれを積極的に取り入れるとは思われず、はやくも習と李克強の確執が始まったのではないかとも解釈するほどであった。しかし、劉鶴と習近平の関係をみるならばこの解釈は間違っていた。やや話はそれたが、米国留学組が今後中央の基本路線や政策作成において一段と影響力を増してくるのではないかと予測される。その中で国務院副総理に就任した劉鶴は経済政策で中核を担うこととなった。

習近平のクワンシーでつくられた圏子――政治局常務委員会、政治局

二〇一七年一〇月二五日、党大会終了翌日の第一回中央委員総会で発表された政治局常務委員は、すでによく知られているように留任の習近平と李克強のほかに、新しくナンバー3から順に栗戦書党中央弁公庁主任、汪洋副首相、王滬寧中央政策研究室主任、趙楽際党中央組織部長(党中央規律検査委員会書記に就任)、韓正上海市党委員会書記が新たに選出された。李克強が共青団系、韓正が上海閥系のほかはこの五年間、習体制の下で大きな貢献があったと見なされ抜擢された人たちである。

続いて政治局の二五人のメンバー(常務委員七名を除く一八名)を見ると、もともと習近平が活動した福建、浙江、上海などで習と直接の良好な関係がありすでに重要なポストについていた人物が圧倒的に多数である。そこでまず習自身の活動歴を簡単に振り返っておく。清華大学卒業後、彼は国防部長・耿飈の弁公室で三年の勤務を終え、一九八二年以降はもっぱら地方幹部として活動し実績を積み重ねていった。一九八二―八五年は河北省正定県で党、武装部関係の責任者、一九八五―二〇〇二年の一七年間はもっぱら福建省の地方幹部として活動し、徐々に台頭し有力幹部になった。一九八五―八八年はアモイ市、一九八八―九〇年は福建省寧徳地区、一九九〇―九六年は福州市、一九九六―二〇〇二年は福建省の党、政府、軍区での指導者となっていった。二〇〇二年に浙江省に副書記として赴任し、以

後〇七年まで、書記、省長、軍区第一書記などを歴任した。〇七年三月、上海市党書記となり、一〇月には一挙に中央政治局常務委員に大抜擢された。この間これら地方の現場で直接の出会いを通して作った彼の人脈は、第一八回党大会直後には習近平指導部の「圏子」としては露骨には表れていなかったが、第一九回党大会の新たな指導部形成の過程で徐々にしかも露骨に、重要な意味を持つようになっていった。

具体的な事実を頼りに、習近平体制の基盤強化を可能にした人物を探ってみると、そこには上記の新任政治局常務委員の場合と同様に、習近平との関係において直接の具体的な関わり＝関係があることがキーポイントになっている。特に二五名の政治局員のうち一三名は習近平と強いつながりにある人物である。

まず**丁薛祥**は、習近平が二〇〇七年三月に上海市党書記になるまでは深い繋がりはなかった。丁は長く上海市党委員会で活動していたが、習近平の上海市党書記着任以前の〇六年から中共上海市党委員会副秘書長兼市党委員会弁公室書記として活動していた。彼の能力を買った習は〇七年五月に上海市党委員会常務委員兼市委員会秘書長に指名し、その後上海市党政法委員会書記となった。一二年一一月の第一八回党大会では中央委員候補に選出され、一三年の早い時期に党中央に抜擢され、中央弁公庁副主任（主任が上述の栗戦書）となり、同年七月に総書記弁公室主任となった。一六年一月には同弁公室主任のポストのまま党中央弁公庁常務副主任となり、習近平の極めて重要な側近の地位を確かなものにした。丁は頻繁に習近平の国内外活動に随行し、習の手足として忠実に働くようになり、第一九回党大会後には栗戦書の後釜として党中央弁公庁主任に就任した。

劉鶴についてはすでに紹介したので省略する。

陳敏爾（重慶市党書記）は一九六〇年九月生まれで、浙江省で三一年間働き、習近平が浙江に赴任する一年前の二〇〇一年に浙江省委員会の浙江日報社社長に就任し、〇二年六月、浙江省委員会常務委員に昇格し、その後常務副省長を務めた。同省宣伝部長の時、浙江省党書記だった習近平が『浙江日報』に連載したコラム「之江新語」が設けられ、習主席がペンネーム「哲欣」の名前を使い執筆した二〇〇以上の文章が掲載されていた。この「之江新語」の企画者は、陳敏爾であった。彼は一二年に習近平の側近、栗戦書が務めていた貴州省に移り、副書記、省長、党書記のポストを歴任した。そして一七年に突如、失脚した孫政才に代わって重慶市党書記に就任した。彼は習近平が一六年秋の六中全会で「党の核心」の地位を得る過程でも多大な貢献をしたといわれ、重要な側近の一人となり、将来の習近平の後継者とまでみなされるようになった。

李強（上海市党書記）は、浙江省生まれで早くから一貫して浙江で活動をし、習の浙江省時代にも重要なポスト・秘書長を務めた側近である。二〇一六年には共青団系のリーダー李源潮の基盤であった江蘇省の人脈をつぶすために江蘇省党書記に送りこまれており、重要な布石であった。その任務で成果を上げた後、一七年一〇月には「上海閥」の拠点とされてきた上海の党書記となり、江沢民系を抑え込むこととなった。

蔡奇（北京市党書記）は二〇一四年より中央国家安全委員会弁公室常務副主任を務めていたが、一七年五月新華社は次期北京市党書記に当てることを発表した。彼はもともと福建生まれで長く同省の党政府関係に勤務し、そこで習近平と出会い、習の後を追うように、一九九九年から二〇一〇年まで浙江省のいくつかの市の党政府関係の仕事、その後一四年まで省の党常務委員、副書記、省長に従事していた。彼は現在まだ党中央委員にもなっておらず、北京市党書記就任は慣例上政治局委員になることになり、二階級特進の大抜擢となった。

李鴻忠（天津市党書記）は経歴から見れば一九八〇年代半ばに電子工業部で活動していた経験があり、江沢民に近い人物かとも言われていた。しかし一九九五年から二〇〇七年まで広東省で活動をしており、王岐山の広東省での活動（一九九七―二〇〇〇年）とかさなっている。一六年九月一三日、党中央は、天津市の黄興国・党委員会書記代理兼市長を「重大な規律違反」により解任し、二年近く空席だったトップの党委員会書記に、李鴻忠・湖北省党書記（六〇）をあてる人事を決定した。李鴻忠は党書記就任以降、「習近平の核心」を積極的に訴え、幾度も市の幹部を集めた集会、会議を開き、「習近平総書記の重要講話の精神を学習し、一九回党大会を迎えよう」といった呼びかけを行っていたことが評価されたのかもしれない(265)。

陳希(党組織部長)は、習との関係が極めて緊密で清華大学人脈のトップともいえる人物である。彼はまさに「同学圏子」の表現がぴったりで、清華大学工学部時代の同窓生、年齢も同じ、寝食をともにしたクラスメートで長年にわたり習と親しい関係を保ってきた。習が政権に就いた後、二〇一三年四月に組織部常務副部長に任命され、一七年に習近平人事の元締めとして組織部長となっていた。陳希が常務副部長について数カ月後、彼のグループで清華大学党書記・副校長であった胡和平(一九六二年生まれ)が習近平の拠点省の一つ浙江省の党常務委員兼組織部長に任命された。胡和平は清華時代に人事処長、人事担当副書記を経験しており、その後一五年に陝西省党副書記、省党学校校長に転任し、一七年には同省の省長になり、党大会後に同省党書記に抜擢された。さらにもう一人は清華大学校長であった陳吉寧(一九六四年生まれ)である。彼は環境土木工学系の専門であるが〇六年、陳希に見込まれ副学長に抜擢され、その後行政畑を歩み、一五年に環境保護部党書記、部長に就任し、彼も党大会直後、北京市長に任命された。中央・地方の政府、党組織の実務面において今後清華大学系人脈が広がっていく可能性が高い。

李希(広東省党書記)は第一九回党大会の直後に、胡春華に代わって広東省党書記に就任することが公にされた。二〇〇四年から一一年まで陝西省で党、政府の要職についていたが、一一年に上海市党委員会の組織部長、一三年から同市党委員会副書記についていた。陝西省は習近平の出身地であり、栗戦書が党副書記として活躍した地でもあった。二〇〇八―一一年に清華大学経済管理学院で修士号を取得しており、陳希らとの関係もあったと推測される。またその直後いきなり上海の組織部長に就任したことは、すでに習近平の厚い信頼を得ていたことを意味しよう。

楊暁渡(監察部長)は、一九七〇年代から二〇〇一年までチベットで長く党関係の仕事をしていたが、二〇〇一年に上海副市長に任命され、その後一四年まで、党常務委員、規律検査委員など要職を務め一四年から中央規律検査委員会副書記として活躍した。一六年からは監察部の部長も兼任している。経歴から見ると、習近平が上海市党書記であった時に党委員会常務委員として接触があり、また規律検査委員会関係では王岐山の信任も厚かったことが推測される。

黄坤明（中央宣伝部長）は、福建人で一九七七年から一貫して福建省で党・政府活動を行ってきた。習近平が福建で活動してきた時期とはもちろん重なるが、習が浙江省に転勤する少し前の九九年から浙江省に移り、省内各地での党・政府活動に従事した。習が浙江省党書記から上海市党書記に移った二〇〇七年に、黄は浙江省党書記常務委員兼宣伝部長になった。その後も同地で活動を続けたが、その間清華大学公共管理学院で博士号を取得した。習が党中央総書記に就任した翌年、黄は中央宣伝部副部長に抜擢され、一七年一〇月に共青団系の劉奇葆に代わって同宣伝部長となった。

張又俠（中央軍事委員会副主席）は、解放軍内において習が最も信頼を置く腹心と言われる。習と張の絆は父親がともに死線を越えた戦友であるのみならず陝西人で、子供たちもともに北京生まれで直ぐ近くの学院で育った。二〇一六年八月時点、張は組織改正により新発足した中央軍事委員会装備発展部部長となった。そして第一九回党大会後の中央軍事委員会で中央軍事委員会副主席に指名された。

李作成（新設の総合統合本部部長）は、第一九回党大会人事では政治局員にはならなかったが一九七九年の中越戦争で功績を挙げ「戦闘英雄」の称号を受けた。成都軍区司令官などを歴任し、陸軍司令官に二〇一五年末に着任した。一五年七月に上将に昇任、前総参謀長で中央軍事委員会メンバーであった胡錦濤に近い房峰輝が失脚したことに伴い、一七年人民解放軍全体の作戦を担う統合参謀部トップの参謀長に昇格した。李作成が八月二六日に参謀長としてタジキスタンの首都ドゥシャンベでパキスタン陸軍幹部と会談したことなどが報じられた。

陳全国（新疆ウイグル自治区党書記）は、もともと河南省、河北省で長く党・政府活動をしていたが、二〇一〇年に河北省の党副書記・省長に就いた。一一年にチベット自治区党書記に抜擢され一六年まで当地で活動し、その実績により治安の最も難しい地である新疆ウイグル自治区のトップを任されたのだろう。習近平とのつながりは、同じ河北省での活動経験を持っているが時期が異なり、公式的な情報からだけでは何とも言えない。チベットでの比較的安定した統治管理が評価されたと考えられる。

郭声琨（公安部長）、二〇〇七年から一二年まで広西チワン族自治区党書記を務めていたが一二年に公安部長に抜擢され、以後一七年までに政法委員会副書記、書記さらに武装警察部隊党委員会第一書記などを兼任した。習近平との関係は略歴から見るなら一二年まではそれほど強いものではなかったが、習の総書記就任以降、公安、治安系の最も重要な職務をこなし、習の信頼を高めたと考えられる。

その他、政治局員再任の**許其亮**（中央軍事委員会副主席）、**孫春蘭**（統一戦線部部長）も習近平とは良好な関係を持っている。許其亮は習近平が総書記に就任した同じ時期に中央軍事委員会の副主席になっている。彼は一貫して空軍の軍事畑で活動してきた。彼の父親は毛沢東・鄧小平に近く長く広州軍区司令員を務めた許世友と言われ、彼自身は「紅二代」である。孫春蘭は遼寧省での活動歴が長かったが二〇〇五年から〇九年まで全国総工会書記処第一書記として勤務し、〇九年から一二年まで福建省党書記として活動した。一二年に天津市党書記となったが、一四年に共青団系の令計画に代わって統一戦線部部長となった。福建で習近平と活動時期は重ならないが、活動状況は習の部下を通して詳細に入ってきたと考えられ、関係は悪くない。

王晨は、もともと習との関係は強くはなかったが、人民日報社長を経て習の総書記就任直後に全人代副委員長兼秘書長の任に就き今日に至っている。また**楊潔篪**は党内随一の米国通といわれ、ひさびさに外交部畑で政治局員入りを果たした。王毅外交部長でなく、彼が政治局員に指名されたことは習の対米重視戦略の反映といえるかもしれない。唯一共青団系で第一期習近平政権時には習の後継者候補とまで言われた胡春華が、習近平に忠誠を誓う形でどうにかかろうじて再任された。このように見ると、政治局、政治局常務委員会レベルで習近平に距離を置く者は誰一人おらず、まさに習近平色に塗り固められた「習近平圏子」指導体制となった。

その他の中央トップ指導者を概観しておくと、党序列ナンバー2の李克強は第一八回党大会以降、国務院総理として一時期「リーコノミックス」ともてはやされるほど経済方面で成果を上げ、胡錦濤の強いバックアップの下で政治的影響力の増大に力を入れることが狙いだった。しかし既述したように、経済分野でのトップポストもことごとく習近平に握られ、経済分野の主要な方針は劉鶴、金融分野では周小川に実質的なイニシアティブをとられることが多くなっていった。二〇一四年以降に議論となった「新常態論」をめぐり、高成長の継続を主張する李克強と安定成長を主張する劉鶴との確執があった。

「権威ある人士」という匿名記事が二〇一六年五月九日の『人民日報』に掲載され、高成長の下で生み出された地方財政の不均衡、民間投資の減少、不動産バブルや過剰生産能力、不良債権など八項目にわたって深刻な事態になっていると警告している。やがてこの人士は劉鶴であるといったうわさが広まった。経済政策の重要会議でしばしば李克強が欠席するといった報道も見られ、政権内における李克強の立場が後退した印象を与えた。一六年の全国人民代表大会では前述の「習近平の核心」が定着し、少なくとも表向きは習近平の軍門に下ったといえよう。

以上のようなブレーンたちとはいささか背景を異にする習近平政権に欠かせない異色の人物がいる。それは王滬寧である。彼は習近平と過去の関係がほとんどなかった唯一のトップ指導者であった。上海の名門復旦大学の教授から一九九五年に江沢民(実質的には曽慶紅と言われる)に抜擢され党中央政策研究室に異動し、以後一貫して江沢民、胡錦濤、習近平の政策ブレーンの中核となった。習近平時代になってその地位は一段と高まり、学者出身としては毛沢東時代の胡喬木以来の党中央政治局員となり、外交、政治体制改革を軸に重要政策策定の中心になった。王は必ずしも習と特別な関係を持って側近となった人物ではなかったが、政策策定面でまさに「余人をもって代えがたし」人物と認められたのであろう。彼は習近平の外遊に際しては栗戦書とともにほぼ毎回同行し、習近平に近い重要な場所に臨席している。また彼は二〇一二年の年末ごろから党指導部内で数回にわたり権威主義体制を必要とする「政治改革」について重要講話を行った。また一六年の後半頃に復旦大学時代の教え子で、王が復旦を去った後、同大学の国際政治学分野で指導的教授となっていた林尚立が党中央政策研究室に呼ばれ、一六年一二月に党政策研究室秘書長に抜擢され、その後同研究室内の政治改革研究部主任など政治改革関連の重要政策立案の要職についていたことが明らかにされている。これらの動向から推測されることは、王滬寧が中央の重要政策、特に政治・外交などの面で一段と重要な役割を担うようになってきたことである。王滬寧が純粋な学者から上昇して中央政治局常務委員のポストを得たのは、これまでの党の歴史にはなかったほどの画期的なことであった。

省レベル指導者もほぼ習近平が掌握

中央指導体制をめぐる情勢は全般的に見て習近平が圧倒的に優勢となった。それを踏まえ地方のトップ人事の動向を見ることは意味があるだろう。蔡奇北京市党書記、李鴻忠天津市党書記、李強上海市党書記、陳敏爾重慶市党書記、李希広東省党書記の主要大都市についてはすでに論じた。ここではその他の極めて注目すべき地方人事を見ておく。

まず重慶市党書記であった孫政才の失脚である。彼は農業分野での学歴、職歴を積み重ねながら、二〇〇六年に農業部長、〇九年に吉林省党書記につき、一二年の習近平政権の誕生、すなわち薄熙来重慶市党書記の失脚に伴い重慶市党書記に大抜擢された。同時に最年少の政治局員となり、共青団系の胡春華とともにポスト習近平の最有力候補者といわれるまでになった。その後彼は慎重に党業務に取り組んだはずであったが一七年七月、突如解任され失脚を余儀なくされることとなった。孫の失脚には不透明な点が多い。一説では江沢民系の賈慶林が北京市党書記の時代に孫政才を抜擢し、北京市順義県党委員会書記、北京市党委員会秘書長などを歴任したと言われ、江沢民系の人物と見られた。あるいは温家宝、劉雲山との近い関係から「腐敗」の絡みを指摘する人もいる[266]。筆者の推測であるが、誰だれ系の人物とか、汚職がどうだとかいったこと以上に、今の習近平は自分の地位を脅かす可能性のある人物、あるいはポスト習近平が自分の息のかかっていない人物の可能性があることこそ、第一九回党大会を間近に控えていた習にとって危険な警戒すべきことと判断したのではないだろうか。孫政才の後任は陳敏爾が指名されたが、これも全く異例の抜擢といえ、習近平体制の強化にとって大きな前進である。

浙江省では長く同省で活動し、習近平の上海市党書記異動後、後任となっていた夏宝龍が今回、中央の全国人民代表大会の環境・資源保護委員会副主任に転勤となった。これが昇格かどうかはわからない。夏の後任は車俊であるが、前任は浙江ではなく安徽省での活動が長く習近平との接点はあまり見られない。しかし、二〇一六年七月、前任の新疆から浙江省に移って以来、習近平路線を忠実に実践し、一七年一月に同省長、四月に省党書記に抜擢され、習の信任が厚いことが示唆されている。六月に開かれた省党大会では、彼は「八八戦略(かつて習近平が浙江省党書記時代に同省の発展戦略として提起したもの)を積極的に推進し、……習近平の治国の理念を守り、……核心を擁護し党中央の権威を擁護しよう」と力説した[267]。

他の注目すべき人物は趙克志である。彼は栗戦書が貴州省党書記から中央弁公庁に抜擢された後、当時副書記を務めていたが、新たに貴州省党書記に就任した。三年後、趙は河北省党書記に就任し出世の一途をたどった。彼は習近平の野心的な新大都市建設構想=「雄安新区」建設プラス「京津翼一体化計画」の責任者に任命された。後者は北京市、天津市、河北省の一体化発展計画で、前者は今年発表されたばかりの副都心計画。いずれも「一帯一路」と並び、習近平政権の政策の目玉とされている。上記の李鴻忠天津市党書記も会議の中で幾度かこの計画の重要性について力説している。

図表7-2は、中国全国の省・市・自治区党書記一覧であるが、その経歴、活動歴を整理し、どういった指導者と

中共北京市党書記	蔡奇　【習派】
中共天津市党書記	李鴻忠　【習派】
中共河北省党書記	趙克志　【習派】
中共山西省党書記	駱恵寧　活動歴 地方(安徽省, 青海省)
中共内蒙古自治区党書記	李紀恒　地方(広西自治区, 雲南省) 【習派】
中共遼寧省党書記	李希　甘粛省, 陝西省, 上海市 11-14 【習派】
中共吉林省党書記	巴音朝魯　内蒙古自治区共青団93-01 浙江省01-10 吉林省10-. 長く内蒙古の共青団で活動し共青団中央に抜擢されたが, その後浙江省で10年間活動しており, 習近平との関係もあった 【習派】
中共黒竜江省党書記	張慶偉　宇宙科学技術 河北省 黒竜江省
中共上海市党書記	李強　【習派】この省の党書記を習近平派が握った意味は大きい
中共江蘇省党書記	婁勤倹　情報産業部副部長99-10 陝西常務委10-　党書記16 【習派】
中共浙江省党書記	車俊　【習派】
中共安徽省党書記	李錦斌　吉林省 陝西省 安徽省 ?
中共福建省党書記	尤権　人民大学教師 国務院秘書 副秘書長 兼三峡ダム建設委員, 気候変動委員08 福建12
中共江西省党書記	鹿心社　国土資源部 甘粛省 江西
中共山東省党書記	劉家義　四川省検査署80-92 中央検察署92-17.3 ?　四川での検察関係の仕事が長く, 反腐敗闘争において周永康につながる四川石油派が徹底的に打撃されたが, その論功行賞か
中共河南省党書記	謝伏瞻　国務院発展中心・国家統計局86-13 河南省副書記13
中共湖北省党書記	蔣超良　各種銀行幹部 吉林省14-16
中共湖南省党書記	杜家毫　上海78-07 黒竜江省07-13. 別情報では習近平との関係は近い
中共広東省党書記	李希　【習派】
中共広西壮族自治区党書記	彭清華　中央組織部83-03 香港駐在弁公室03-12
中共海南省党書記	劉賜貴　【習派】福建83-11 国土資源部, 国家海洋局長11-14
中共重慶市党書記	陳敏爾　【習派】
中共四川省党書記	王東明　遼寧省82-00 中央組織部00-07(03- 副部長) 中央各種委員会委員, 領導小組07-12 【李源潮派】?　中央組織部には李源潮組織部長時代に仕えていることになる. その後李源潮人脈が潰される中で, 王東明は12年に四川の党書記に抜擢. 何かあった
中共貴州省党書記	孫志剛　湖北省, 安徽省, 国家発展改革委員会(10-13), 国家衛生計画生育委員会(13-15)
中共雲南省党書記	陳豪　【上海派】?　上海市(静安区78-, 市党委・人大97-), 総工会10-14
中共西蔵自治区党書記	呉英傑　チベットで活動(83-現在, 16自治区書記)
中共陝西省党書記	胡和平　陝西省副党書記, 省長
中共甘粛省党書記	林鐸　北京市82-2010 黒竜江省10-14 遼寧省14-16
中共青海省党書記	王国生　【李源潮系】?　山東省83-2000 江蘇省00-10 湖北省10-16
中共寧夏回族自治区党書記	石泰峰　【習派】中央党校85-2010 江蘇省10-17 ?
中共新疆維吾爾自治区党書記	陳全国　河南省83-2009 河北省09-11 チベット11-16

図表 7-2　中国全国の省・市・自治区党書記一覧

のつながりが強いかを筆者なりに類推した表である（すでに紹介した人物の略歴は省略した）。

さて、以上のように中国の政治指導部における「派閥」「圏子」について具体的に見てきたが、このことによって明らかになってきたのは、中国において政治を動かす人々のネットワークは決して制度的、あるいは組織的といったようなある種の枠組み・ルールの中でつくられたものではなく、基本的には中核的な指導者が独自の人生体験の中である種の基準・判断によってつくってきた個人的なネットワークによるものだということである。このような人脈ネットワークは習近平およびその時代に限らず、毛沢東時代、鄧小平時代にも同じ状況が見られ、遡れば孫文や蔣介石の中華民国期、共産党の革命期にも見られた基本的な現象なのであった。しかし、中心的なリーダーが身近な人々を重用する現象は何も中国に限ったことではない。今日のトランプ政権や安倍政権、プーチン政権など世界の多くの国々でそのような現象を見ることができる。

中国が他国と異なるのは、第一に他国では幹部の任命登用には一応の枠組み、ルールがありそれに沿った手続きに基づいて行われるのが一般であるのに対して、中国ではこれらがないかあってもほとんど無視され、多くの場合、腐敗問題などスキャンダルの暴露といった「腐敗問題」が内部の隠微な権力闘争と絡みあって事態が進むということである。

第二に、他国の場合せいぜいトップの指導者の周りでそのような重用がおこなわれるのであるが、中国の場合、これまで見てきたように全国の省レベル、あるいは重要な市レベルまでかなり広範にトップ指導者の重用が見られ、その構造が重層的に形成されているということである。同時にこうした重用幹部たちに「習近平の核心」「習近平思想」を積極的に叫ばせる。習近平指導体制のこのような特徴を見るとき、筆者にはまさに第五章で論じてきた皇帝が中央、地方の官僚を直接に選び、一人一人と謁見して忠誠を誓わせるといった伝統的な王朝体制と酷似しているように見えるのである（一四八頁参照）。近代化が進み、制度化、ルール化が進んできた今日においても、人事の伝統的なやり方が今なお根強く生きている事実こそ、中国政治を理解する原点なのであろう。

基本的に一般化されたルール、手続きに基づかない人材登用は、最高権力者本人が健在な時には他の不満を抑え込み、大きな混乱は引き起こさないであろうが、彼が政治の舞台から退くようになると不満が噴き出す可能性は高い。したがって、習近平の今回の人事の取り組み方は第二期習近平指導体制を考えるうえでは「やりやすい」体制となったといえるかもしれないが、ポスト習近平を含めた将来の中国の政治的近代化を考えるうえで、深刻な問題を残したままであるといわざるを得ないだろう。

二　習近平の長期戦略

中国の夢——中華民族の偉大な復興は？

二〇一二年一一月に習近平が初めて中国共産党のトップの座についた。その夜の内外記者を前にして力説したことは、「中国の夢」の実現であった。それは「中華民族の偉大な復興」というスローガンに重なるものであった。以後その内容が少しずつ具体化され、共産党創設百年にあたる二〇二一年と中華人民共和国建国百年にあたる二〇四九年の「二つの百年」を成功裏に迎えようという長期目標を提示した。つまり一つは二〇二一年までに国内総生産（GDP）と都市住民の一人当たり所得を二〇一〇年の倍にし、小康（わりあいゆとりのある）社会を全面的に完成させることである、もう一つの「百年の目標」は今世紀中ごろまでに富強、民主、文明、調和の社会主義近代化国家を建設し中等先進国の水準に達することである。これは今世紀初めの五〇年間の「中国の夢」だとされた(268)。

そして二〇一七年一〇月、第一九回党大会で習近平は引き続き五年間政権を担当し、第二期習近平政権の基本戦略と新しい指導部を発足させたのである。習近平報告は第一期の基本方針を踏襲しながら、具体的でいっそう強気の目標を提示した。すなわち、二〇二一年までの最初の奮闘目標を実現した後、漠然と第二の百年を目指すのではなく、より具体的に行動するために、二〇三五年に中間目標を設定したのである。同報告によれば、経済はすでに量から質を目指す段階に入っており、国有企業の戦略的再編、環境改善、ハイテク・金融の役割を重視した資本市場の健全な発展を目指し、二〇三五年までには、経済・技術の面で革新型国家の上位に立ち、「美しい中国」を実現し、中華文化の国際的影響を高めると主張したのである。

さらに二〇三五年からの第二段階では世界一流の軍隊を作り上げ、トップレベルの総合国力を持つ近代化した社会主義強国を実現すると言明した。実現可能か否かの議論はともかくとして、このような戦略目標を設定することで、三五年にはGDPだけではなく、総合国力で米国に近づき、国際的影響力を飛躍的に高め、二一世紀中ごろには米国に肩を並べる国力を持ち、世界の指導的国家になるという強い意志を示したのである。なかでもとりわけ、「科学技術強国」「宇宙強国」「体育強国」「交通強国」「教育強国」などの建設に力を入れることを力説し、活動報告で「強国」を一七回も口にし、全方位での強国建設を如何にアピールしたかったかが如実に表れている。米国の保守派ウォッチャー、マイケル・ピルズベリーは、しかし「中国指導部は米国の主導と関与の誘いに従うふりをしながら、国力を強め、他方で「平和的台頭」や「中国の夢」という偽装めいたスローガンをアピールし、……実は建国から一〇〇周年の二〇四九年を目標に経済、政治、軍事の各面で米国を完全に追い抜く超大国となり、自国の価値観や思想に基づく中国主導の国際秩序と覇権を確立する長期戦略を「一〇〇年のマラソン」として進めようとしている」と警戒感をあらわにした判断をしている。確かに習近平の主張をこのように解釈することも十分に可能であるといえよう。(269)

ではどのような国家建設をしようとしているのか。もう少し具体的に見ておくことにしよう。二〇一四年の春に提起され、その後の中国経済を理解するうえでのキーワードとなったのは前にも触れた「新常態」であった。新興後進国の台頭など国際経済競争が激化し比較優位な状況が色あせていく中で、それまでの一〇%前後という驚異的な経済成長を続けてきた時代は終わり、一五年以降六％台後半に低下し、中速度経済成長の中で今後の経済をどのように発展させていくのかという新たな取り組みを総じて「新常態」と呼ぶようになった。しかし、第一九回党大会の習近平報告では、経済成長に関しての発言はほとんどなく、羅列的に経済の構造改革を加速させ、技術の向上による「製造強国」の建設を進める、金融の自由化や規制緩和の先行的な実施を目指す「自由貿易試験区」を推進することなどに一般的に触れるにとどめ、あまり具体的な方針は示されなかった。ただ注目すべき点は「量よりも質が第一」との考えを示した。多くの民衆、とりわけ弱者の憂い——所得、教育、住居、医療、養老など——に配慮し「脱貧困」を進め、共同富裕を実現する。さらに人間と自然の調和・共生を堅持し、資源の節約と環境保護を国策とし、山水林田畑湖の管理を系統的に行い、厳格な環境保護制度を実施すると力説した。このような「脱成長路線」ともいえる主張は改革開放路線のある意味での転換期を示しているのかもしれない。

しかし他方で党指導の強化を一段と強調し、企業における末端党組織の活動強化の方針を示し、また国有企業をさらに「強く、大きく」する方向性も改めて強調した。ただし現実には二〇二〇年の「小康社会」の全面的実現、軍事力強化などの国家目標を実現するには、経済成長を続けることが大前提となる。習近平の強気の発言はどこまで現実的な裏付けがあるのか。不動産バブルなどのリスクが蓄積する中、構造改革を後回しにして党・政府が関与を強めるやり方で、「新常態」と呼ばれる厳しい経済環境を前にさらなる経済発展を実現できるのかという疑問も浮かび上がっている。

そして、こうした経済戦略に関係してくるのが、対外戦略、とりわけ「一帯一路」と呼ばれる対外発展戦略＝広域経済圏構想である。この構想は二〇一三年九月にカザフスタンでナザルバエフ大統領と会談した時最初に発表したもので、中国西部から中央アジアを経由してヨーロッパにつながる経済ベルト「陸のシルクロード＝一帯」と、中国南部沿岸部から南シナ海、インド洋を通り、アラビア半島の沿岸部を抜け地中海に至る「海上シルクロード＝一路」の二つのラインが挟む広大な地域で、インフラストラクチャー整備、貿易促進、資金の往来を促進し、こうした地域の経済を大きく発展させるという計画であった。肖亜慶・国務院国有資産監督管理委員会主任は、一七年五月の「一帯一路国際会議」を前に、「三年あまりにわたり、中国の中央企業四七社が参加、株式購入による出資、投資、「一帯一路」沿線諸国・地域との協力などの形で一六七六件のプロジェクト建設に関わった」[270]。しかし、「大きな投資、特に外国への大きな投資は、毎年数字が増えるとは限らない」が、「長期的には、一帯一路の沿線諸国への投資は増えると信じている」と発言していた[271]。もちろん海外の企業は「一帯一路」の行方を注意深く見守っている。しかし、かりに「一帯一路」戦略が順調に進まず経済効果が出せなかったとしたら、当然国内の「新常態」突破の経済戦略にも深刻な影響を与えることになるだろう。当面は保有している豊かな外貨を活用した公共投資などで乗り切りを図ることになるだろうが、それによって展望を開くことは難しい。海外からの直接投資が増えていくことが望ましいが、企業利益が見通せないならばそれも厳しいといわざるを得ない。場合によっては、国内戦略を優先するか、対外戦略を優先するかが問われてくるようになるかもしれない。内外の発展戦略を取り巻く現状は、今回の「習近平報告」で語られているほどに「美しいもの」ではないのである。

では米国に肩を並べることを見据えて戦略的に国力を増強するカギとなる軍事力はどのように展望されていたのか。報告では、二〇二〇年までに「国家・軍隊の強化という時代の要請を前にして、必ず新時代の党の軍隊強化思想を全面的に貫き、新情勢下の軍事戦略方針を貫き、強大な近代的陸軍、海軍、空軍、ロケット軍と戦略支援部隊を建設し、強固で高効率の戦区統合作戦指揮機関をつくる」と総合的に性能の高い軍隊建設を目指すことをうたった。それが前述した李作成を本部長にした総合統合本部の新設であった。米国ワシントンDCのシンクタンク報告によれば、中国は二〇二〇年までに次のような戦闘能力の開発を目指している。(1)海・空・宇宙を監視するためのレーダー、衛星、無人航空機、(2)地対空ミサイル、巡航ミサイル、対艦弾道ミサイル、(3)多層構造の防空システム、(4)多数の第四世代制空戦闘機、(5)攻撃型原潜を少なくとも六艦含む強力な潜水艦艦隊、(6)対衛星兵器、(7)サイバー戦争遂行能力などの開発、実戦配備であると指摘している。[272]

米国防総省が中国の軍事力を分析した二〇一五年の年次報告書によれば、中国政府の目標には「大国としての地位を確保し、最終的には地域での優位性を取り戻すこと」が含まれているが、「中国は世界的に部隊を展開する軍事大国ではない。事実、現時点ではそうなることを望んでもいない」との見方をとっている。さらに、(1)中国は急速に軍事力を向上させており、一部の局地的もしくは地域的な戦闘では、米軍と対等に戦うか、勝利する可能性がある。しかし、(2)軍事的観点から言えば、中国は「紙の龍」であり、見掛け上は強いが、自国近海から遠く離れた場所で起きている出来事への介入には無力だと指摘している。[273]

中国自身もこのような現実を否定しているわけではないようであるが、そのためにこそ軍事能力の向上に力を入れている。二〇一五年時点ではすでに新型の中距離弾道ミサイル「東風二六」が開発されたといわれる。それは初めて核による精密攻撃を実行できる能力を保有したことを示し、アジア太平洋における戦略的抑止を強化できたことを意味した。また射程七二〇〇キロと推定される潜水艦発射弾道ミサイルを搭載できる「晋」級原子力潜水艦を運行させ、核抑止のためにパトロールを行うようになった。中国当局もこのような軍事力の増強によって、「本土から遠く離れた場所での地域的紛争」への対処能力が大きく向上したと語っている。[274]

そして、かりに二〇二〇年までの習近平の強軍構想が順調に進むとしたら、中国は「著しい発展」の段階を完了し、四隻の空母艦隊を保有し、太平洋・インド洋での作戦行動が可能になる。そこで次の戦略目標は第二列島線の確保であるが、そのために米国に第一列島線の内側で活動させないこと、作戦区域に入ろうとする米軍の足止めを図り、その反撃能力に力を注ぐことになる。従来の防衛線を第二列島線まで拡大する二〇五〇年目標をより具体化するために、「習近平報告」では「二〇三五年までに国防・軍隊の近代化をほぼ実現し、今世紀中葉までに人民の軍隊を世界一流の軍隊に全面的に築き上げることをめざす」ことを宣言した。

清華大学国際関係研究院の閻学通院長の分析によると、中国と米国は南シナ海、東シナ海、太平洋と全世界で米中の間のロールを作り、その結果世界は二極化への道を歩むとみている。[275] 習近平政権は前述したように二〇一三年六月に米中間で「創造的な新型大国関係」の構築を提唱した。しかし、当時のオバマ政権は対中不信の増大と、中国の力量を過剰には高く評価しなかったために、この提案を無視した。しかし五年近くを経た今日のトランプ政権、さらにはその後の米国政権がどのように習近平の中国を認識し、いかなる対応を考えているのか、これは米中関係の新しいテーマとなった。もちろん、「パックス・アメリカーナ」を享受してきた米国政権としては、かりに二一世紀中ごろまでにGDPで中国に抜かれ、軍事力でも中国に急接近されるようなことが起これば、従来の安全保障戦略を本格的に見なおす必要に迫られることになるだろう。そこには、対中戦略としての従来の軍事同盟の再考、再構築や、中国との包括的な共存戦略の推進などが検討されるだろう。そしてそのことによって中国自身のグローバルな対外戦略も変わっていくことになるだろう。

中国の未来選択――三つのオプション

この間「習近平報告」を中心に中国の発展戦略を検討してきた。報告自体は中国が抱えている様々な重要課題を慎重に検討しながら、実現可能性も考慮に入れて将来の目標を提示したものではなく、ある意味で習近平自身の壮大な野心を総花的に描き示したものといえるかもしれない。少し整理してみるならば、そこには三つの大きな目標、あるいはオプションが示されている。第一は、国内の経済社会建設に関するもので、これまでの高速成長による経済発展に伴う深刻な弊害、不均衡・不平等社会が産み出されており、それらの改善、さらには経済発展と社会福祉の充実、グリーン社会の建設などとの調整、調和にウエートを置いた政策の実践である。「成長の質」を重視する習の発言の中にはそのような意欲が十分に読み取れる。しかし、既述したように経済格差をはじめ戸籍制度、教育機会の不平等などに見られる社会格差、人間の健康を蝕み、生態系を破壊しつつある水・大気・土壌の深刻な汚染、構造的な水不足、さらには「一人っ子政策」によって加速度的に訪れる老齢化社会などに具体的にどのように立ち向かうのか。英国『エコノミスト』誌が大胆に予測した二〇五〇年の世界では、「水問題は中国の華々しい成長を脱線させ、国内に緊張状態を引き起こす可能性」があるとまで指摘している。[276] 第一の目標自体が、相当の資金、技術を投入し、長期的な緻密なプランと人的投入を伴わなければ実現が困難な課題であるといえよう。

第二の目標は、中国の国際的影響力を高めることを狙った対外発展戦略である。現在、習近平政権が最重要課題としているのが言うまでもなく「一帯一路」建設である。この建設を通して、中国以西からヨーロッパ、アフリカに至る広大な地域を経済的に発展させ、人々を豊かにする共同空間の建設が目指されている。もちろんこれだけでなく、地球温暖化対策や経済の一層のグローバリゼーション、国際テロリズムの脅威など国際的な重要課題に対して、中国は積極的に自らの役割を発揮し、影響力を強めていこうとしている。確かに北朝鮮問題、CO_2排出規制問題などを見てもわかるように、今日中国抜きで国際問題を解決に向かわせようとすることは事実上困難になってきており、中国の国際的地位は飛躍的に向上している。

「一帯一路」に関してみれば、そのために中国は多額の資金を投入し、アジア・インフラ投資銀行（ＡＩＩＢ）をはじめいくつかの国際金融機関を設立した。さらに、陸のシルクロードと海のシルクロードに当たる地域の鉄道、高速道路、空港、港湾など流通インフラに資金的人的投入を進めている。習近平にしてみれば、「一帯一路戦略」を通して国内の経済刺激を促し、「新常態」突破の鍵としたい考えもある。しかし、対象となった国・地域は習近平の「一帯一路構想」が成功するか否かにさしたる関心があるわけではない。要は自分の国・地域にとって利益が上がるか否かが問題なのである。実際に、この広域経済発展戦略が習指導部の思い通りに進むかどうかは未だ不確定要素が多い。

事実、この「一帯一路」に対する中国からの投資は、商務省など複数のデータによると、一帯一路の沿線国家に対し二〇一六年、前年比で二%減少し、さらに一七年五月時点で一八%減となっていた。さらに沿線五三カ国に対する一六年の金融を除く中国の直接投資は総額一四五億ドルで、対外直接投資額が前年比四〇%と急増する中で全体のわずか九%にとどまっていた。経済利益の追求と地政学上の戦略という意味を併せ持つ「新シルクロード」にどこまで営利企業が肩入れしようとしているのか。また、「一帯一路」の沿線諸国のなかで一五年の最大の投資を受けたのは、すでに高水準のインフラを持つ高所得国のシンガポールだというのは奇異でさえある。本当に必要な国のインフラに投資のどれだけが流れ込んだのか、これらのデータから疑問が浮かび上がってくるというのが『フィナンシャルタイムズ』記者 Gabriel Wildau & Ma Nan の報道である[277]。

もし中国が大量の資金や労力を投入し「一帯一路」建設に力を入れたとしても、十分な成果を上げることができなかったとしたら、国際的に中国は威信を大きく失い、その地位も低下することになるだろう。しかもそれは必ずや国内の経済社会建設問題にも負の影響をもたらすし、習近平のリーダーシップ問題として跳ね返ってくることになる可能性もある。その意味で、人類的な運命共同体の構築と習自身が大見えを切ったこの「一帯一路」建設戦略は習近平の運命を左右するほどの重大課題といえるかもしれないのである。

第三に、二一世紀中ごろに「一流の軍」となり軍事大国の完成を目指すことであった。これは第二以上に野心的な構想で、しかもこれが実現したあかつきには、現状の米国の突出したイニシアティブによる国際秩序は大きく揺らぐことになるだろう。二〇一三年に行われた米国カーネギー財団と日本財団の共同シンポ「二〇三〇年の中国の軍事力と日米同盟」では、三〇年頃を見通した中国の軍事力、および日米同盟の関与をめぐる安全保障専門家たちの討論が交わされた。そこでのポイントは以下のとおりである。

二〇三〇年までの北東アジアの戦略環境は、日米同盟に比して中国の軍事力が顕著に増強される公算が高い。この傾向によって東アジアの地域安全保障シナリオをめぐっては、「パワーバランスの変化シナリオ」か、「限定的紛争シナリオ」という二つのシナリオの公算が高いことが確認された。特に「パワーバランスの変化シナリオ」に関しては、すべての軍事領域における中国軍の絶対的な能力向上が顕著で、特に以下の諸点に注目すべきである。

＊陸上――弾道ミサイル・巡航ミサイルの増加、射程延伸および精度向上
＊海上――対艦弾道ミサイルシステム、潜水艦および水上艦の性能向上
＊航空――地対空ミサイルの性能向上、在日米空軍基地を目標とした弾道ミサイル、巡航ミサイルおよび艦載機の性能向上と機数の増加
＊指揮統制――長距離レーダー、Ｃ４ＩＳＲネットワーク機能の向上に加えて、このシナリオでは、中国軍等の艦船・航空機等の活動が日本周辺海空域で拡大し、活発化する。

他方、もう一つのシナリオとして、ここでは「脅威の軽減シナリオ」が提示されていた。これは、「パワーバランスの変化シナリオ」や「限定的紛争シナリオ」よりも、成果の公算は低いが可能性はあると控えめに指摘されていた。「脅威の軽減シナリオ」は、中国経済の大幅な減速、中国国内の深刻な社会不安と政治的不安定、米国の中程度以上の経済発展、日本経済の低成長といった条件が重なることで生起し、それらはまた、日中の防衛費を政治・社会的に制約する。以上のような見方は日米の安全保障専門家の意見として出された(278)。

もっとも、このような見通しは、いくつもの前提条件を必要とする。例えば、ここでも指摘されている中国経済の順調な発展が持続されているか否か、国内の政治社会の状況が安定しているか否か、また習近平自身の戦略思考の変化があるか否か、習近平体制が継続されているのか否か、などによってシナリオは大きく影響されることになるだろう。

あるいは中国軍事史の専門家である阿南友亮は近著の中で、「概していえば、解放軍の海軍・空軍の戦力は、この三十年弱の軍拡によってようやく一九八〇年代のソ連軍の水準に達するところまで来つつあると評価しうる。……空

母の運用、水上艦艇の外洋への展開……八〇年代のソ連海軍と比べてもまだまだ劣る部分が多い。……ロシアの航空戦力そのものが九〇年代以降米国とだいぶ差をひろげられたことを考えれば、それは解放軍にとって決して手放しで喜べる話ではない」と厳しい判断をしている。[279] おそらく、これから二〇年以上をかけて相当の資金を投入し、軍事技術の開発や軍事システムの改編を試みたとしても、米国の水準に到達することはかなり難しいといわざるを得ない。しかも本気でこれに集中しようとするなら、上述した他の二つの目標さえ犠牲にしかねないだろう。そうした事実は習近平をはじめ中国の指導者たちにもある程度分かっているはずである。しかも、もしかりに中国の総合的な軍事力が米国の水準にかなり接近することにでもなれば、米国は改めて本気になって新しい同盟関係の構築を検討するようになるだろう。以上のような意味において、「習近平報告」に見られる二一世紀の中頃に世界一流の軍事強国になるという目標は習自身の野望、あるいは願望とみなしてよいだろう。

確かに指導者としての習近平は、構想力、強い信念、行動力などで一流の指導者とみなしていいかもしれない。また今回の習の演説を見ても三時間半とじつに長文のもので、それを休むことなく読み上げた習は体力的にも精神的にも頑強であることを内外に示し、「偉大な指導者」への意気込みを示したものといえよう。彼が繰り返し力説した二〇三五年時に、習自身は満八二歳、鄧小平が天安門事件の時に八五歳であったことを考えるなら、健康でさえあればまだ第一線に立てる年齢である。しかし上述の三つの目標は「報告」で書かれているように、どれも同じ調子で同時並行的に努力すれば実現できるというような話ではない。冷静沈着で戦略能力にたけている指導者ならば、この三つにやはり優先順位をつけようとするだろう。その中で、第一の国内の経済社会の建設、深刻な矛盾の解消と人々の社会生活の充実を第一に優先する決断があれば、習近平は良い意味で歴史に名を残す指導者になるかもしれない。しかし、国際的ステイタスや軍事力増強ばかりを気にして優先していくとしたら、彼の行方には大きな落とし穴が待ち受けているかもしれないのである。

習近平は民主化に向かう過渡期の指導者か？

では習近平指導体制は全体としてどのような特徴を持ったものか。何度も言われてきたことであるが、二一世紀に入り世界の耳目を驚かせるような中国の目覚ましい経済の成長、軍事力の増強がつづいた。二〇〇八年には北京オリンピックが盛大に開催されたが、聖火リレーが各国で妨害され、それに抗議する中国若者の各地での大規模な抗議行動が起こった。この抗議行動は西洋列強による屈辱の歴史を思い起こさせた。そうした背景の中で〇九年、第四章で紹介したが若い評論家、ジャーナリストたちによって一冊のセンセーショナルな本が出版された。タイトルは『不機嫌な中国——中国が世界を思いどおりに動かす日』(邦訳・徳間書店)である。そして一〇年にはついに世界第二位の経済力を誇ってきた日本をＧＤＰで抜き去った。

中華ナショナリズムの炎が燃える中で習近平政権が誕生した。彼が共産党のトップとして表舞台に立つようになって二つのことを感じた。一つは、極めてプライドの高い、自尊心の強いリーダーだということである。「中国の夢」「中華民族の偉大な復興」を何度も口にし、演説の中に中国の古典をしばしば引用し、会見の時は「大人の風格」を見せようとする。もう一つの強い印象は「君子は豹変する」という古くからの言い回しであった。

習近平は屈辱の近代史を背負い、貧しく弱小であった中国を背負いながら、孫文、蔣介石、毛沢東、鄧小平ら指導者が夢見てきた世界を驚愕させる「富強の大国としての偉大な中国」を復活させるという「信念」に支えられているのかもしれない。国内にはびこる腐敗にも大ナタをふるい清廉な社会を建設するという「信念」も強くにじみ出ていた。こうした「信念」を実践するには何が必要か。強力な支持基盤を持たない習近平にとって必要なことは権力を自分の手元に集中することであった。党と国家のトップに就任して以来わずか一年半ほどのうちに、前節で指摘したように、中央国家安全保障委員会、中央全面深化改革領導小組という重要な指導組織を設置しそのトップに就き、さらに他の既存のすべての領導小組のトップに就いた。

このことをどのように解釈すべきか。習近平は毛沢東のような独裁者になろうとしているとか、中国の伝統的な「皇帝」に似てきたとか、様々な声が聞かれるようになった。しかしここ四〇年近くの改革開放のプロセスを見るならば、それ自身の特徴を持ちながらも中国は、やはり経済発展を遂げ社会の多元化が一段と進む近代化の道を歩んでいるのであり、単純に過去の指導者や政治体制を類推することは適切ではない。ここでぴったりとくる表現は天安門事件の直前に盛んだった政治改革論争の中で一つの主流となっていた「新権威主義独裁」論である。

当時の論客の一人、呉稼祥は「新権威主義の社会的実践とは伝統的社会が近代的社会に向かう際の不可避的なある種の過渡的形態にほかならない。経済的には物動経済から半市場経済に、政治的には伝統的独裁から民主的政治体制に向かう開明的独裁の段階である」と説明した[280]。言い換えるなら、民主化の要求と実践をとりあえず棚上げにして、近代化を強く志向する指導者に権威と権力を集中させストロングマンとし、政治的な安定のもとに強力に経済近代化を推進するという主張であった。当時の呉稼祥や張炳久ら若手研究者らはこうしたストロングマンとして、後の天安門事件で失脚した趙紫陽を想定していた。興味深いことに当時の「新権威主義論」の提唱者の一人に上海復旦大学の教授で、江沢民時代に党中央政策研究室主任に抜擢され、現在、習近平のもっとも重要なブレーンとなり、第一九回党大会で政治局常務委員になった王滬寧がいたことである。

確かに習近平はストロングマンとしてふさわしい強い決断力を持っている。上海市党書記の就任、党中央への抜擢に際しては江沢民、曽慶紅らいわゆる江沢民派の強い後押しがあったことは否定できない。しかし「大虎を叩く」という腐敗一掃の取り組みで挙げられていった幹部たちは周永康、徐才厚、郭伯雄など江沢民派の中核幹部であった。さらに曽慶紅は習近平が「兄」とも慕うほど緊密で、中央入りした直後には曽慶紅の側近が習近平弁公室に送りこまれていたと言われていたほどの深い関係であったが、彼でさえ習にかかれば汚職批判の対象になっているという噂がある。あるいは江沢民の強い影響力を削ぐためにタッグを組んでいた胡錦濤前総書記の側近であった令計画も汚職がらみで失脚に追いやられた。まさに「君子は豹変する」であった。

そしてこのような大胆で果敢な指導力によって一般民衆から大きな支持を得るようになってきた。中国の老百姓（庶民）の心情や世界を描いてきた文革世代の代表的作家・梁暁声は最近インタビューに答えて、「老百姓は習近平に高い点数をつけています。……民主主義ではない中国でも、指導者には一定の支持が必要です。一つ目は紅二代の支持でとても重要です。彼らは社会で相当高い地位に就いている。同じ紅二代からの支持が非常に高いから、習近平は反腐敗運動ができるのです。二つ目が老百姓の支持。彼らは指導者を見る時、利益集団とぶつかることを恐れていないかを見る」。「（習近平の）力は非常に強く、二人の前党中央軍事委員会副主席でさえ失脚した。ようやく国を統治する人物が現れ、老百姓はホッとしたのです。国有企業幹部の高給問題にも手をつけた。利益集団の特権が制限され、人々は「中国にも未来はある」と口にし始めました[281]」と語っている。これまで見てきたように中国もネット社会になり、一般幹部や民衆の声が政治に反映されるようになってきた。こうした声を背景に大胆な政策を推進するスタイルは「ポピュリズム的指導者」と言うこともできるかもしれない。もっとも言論の自由は厳しく制限し、少しでも反党反体制の気配を感じさせる動きに対しては容赦なく弾圧する指導者であることも確かである。

しかし、「新常態」論に対する二〇一五年六月頃からの評判はあまりよくない。その頃中国を訪問して各地で意見収集をした友人の話でも、「四カ月前の習近平の評判はとても高かったが、今は愕然とするほどに評判は落ちている。とくに「新常態」の悪評と反腐敗のやりすぎという声が多かった」と語っていた。「新権威主義」独裁者のこれからはどうなるのか。習近平は、親たちの革命の歴史を引き継ぎ「栄光ある中華人民共和国史」を引き継ぐ紅二代の利益を代表する指導者にとどまるのか、はたまた難局に立ち向かい、栄光ある中華の「中興の祖」になれるのか。第一九回党大会を終え二一世紀中頃に長期戦略を設定した習近平はまさにリーダーシップが問われてくるのである。

おわりに　中国はどこへ行く

現代中国の政治社会をめぐり、これまでいくつかの視角から考察を行ってきた。そして本書を終えるにあたって、あらためて自らの文章を振り返ってみると、そこには中国の分析においていわゆる激しく「変わる中国」と「変わりにくい中国」の実態を描き出しながら、両者の関係をいかに理解するかという問題と格闘していたことがわかる。言い換えるなら、中国をどのようにとらえるかという課題において従来、「普遍論」から見るか「特殊論」から見るかという論争が繰り広げられてきたが、両者の関係性をどのようにとらえるかについて筆者自身が葛藤してきた軌跡を見ることができるのである。世界には普遍的な潮流がある。例えば、農業社会が存在し、それが道具や技術の発達によって生産力を高め、市場ができる。やがて産業革命が起こり工業化が始まる。工業化は農村から都市への人口の流動化を促し、経済の豊かさを実現し都市化を進める。都市化は一般の人々の権利意識や利益意識を強め、市民社会を形成する。といったいわゆる近代化は工業化の道に足を踏み入れればどこの国も同様の原理で進行する。この点に関していえば、中国の改革開放時代に進められた経済近代化はそのような普遍的な文脈で解釈することができる。今日、改革開放時代の経済発展をも、「中国的な特殊性」、「中国モデル」から論じようとする学者もみられるが、それは当時の状況を客観的に正確に分析したものということはできない。中国の著名な経済学者・呉敬璉自身が、中国の経済発展を市場化という普遍的な経済理論に基づいたものと明確に指摘していることは記憶にとどめておくべきであろう[282]。さらに都市化が進み人々の意識やライフスタイルの変化もほとんど西側の状況に類似した現象としてみることができる。第二章では主にこうした社会の巨大な変化の側面を描き出した。

しかし他方で、統治体制、あるいは政治的な側面では第三–第六章で見てきたように、大きな揺れを経験しながらも基本的な構造は変わらなかったといってよい。西側の理論、特に体制移行論から考えるなら、少なくとも世界第二位のGDPを実現した中国において統治体制、政治態様の構造的な変化が見られても不思議なことではない。むしろ基本構造の変化が見られない――経済は計画経済システムから市場経済システムに大きく変化した――ことの方が不思議であり、その疑問を正面から問うことの意義は極めて大きい。確かに、あの一九八九年「天安門事件」当時は重大な変化の兆しを見ることができた。しかし鄧小平による「人民解放軍の天安門広場突入」の断固とした指示によって民主化への変化の兆しは摘み取られてしまった。そしてはや三〇年近くが過ぎようとしている。その間も経済は飛躍的な変化を遂げ、社会の階層構造も大きく変化した。にもかかわらず権威主義独裁から民主主義体制への移行の兆しは見られない。それどころか今日の習近平体制はむしろ独裁を強め、習近平への個人独裁の傾向さえうかがわれる状態である。こうした現象をどのように理論的に説明するのか。

一つの解釈は、それでも「普遍論」の立場に立って経済の近代化はやがて政治の民主化を促す。ただ中国の規模はあまりにも大きく、各地の多様性は大きく、根本的な変化が起こるためには、とくに政治体制の変化のためには長い時間が必要である。しかし基本的には大枠で「全体主義→権威主義→民主主義」の文脈に沿って変容しているのだと説明してきたところであろう。前章で紹介したが第一九回党大会で新政治局常務委員に選ばれ中国の政治体制の行方に重大な役割を持っている王滬寧が、二〇一二年三月、すなわち習近平が正式の党のトップにつく少し前の時期、党内部で行ったと言われる政治改革に関する講演が、一五年一月にあるネットに流され入手することができた。そのタイトルは、「ネット上の炎の政治メッセージ――王滬寧　政治改革の着手には徹底した文革の反省が必要である」であった。もちろん彼は前述したように、天安門事件当時においては新権威主義独裁の積極的な擁護者であり、天安門事件時の民主化活動家を強く非難した一人であった。彼が新権威主義理論の文脈から現在の習近平体制を強くサポートしてきたことは疑いない。

この演説が王滬寧のものであるか否かの真偽は確認しようがない。しかし彼が文革の徹底した批判者であったことは別の情報からも明らかである(283)。この講演では文革において横行した公民の権利の侵犯、司法の独立や憲法保障の否定などに関して批判的な意見が展開され、最後に次のように結んでいる。

「我が国の政治体制改革の主要目標は、世界の憲政潮流に従い、憲政民主制度を打ち立てることである。現代民主政党政治はすなわち憲政民主制度の内容の一つである。いかなる政党も必ずや民主化改革を推進しなければならず、自らの建設を現代的な民主型政党にしなければならないのである。今日の中国の執政政党であるために、共産党はまず自身の改革任務を完成させなければならず、現代民主の模範になることによってこそ、執政能力を高め、中国の憲政民主建設を立派に実践することができるのである」。このような考え方は、ある意味で「普遍論」的な解釈といえよう。習近平体制を支えるトップ指導者の中にもこのような考え方があることを抑えておくべきであろう。

しかし改革開放が始まってすでにほぼ四〇年の歳月を経験した。習近平体制が今後五年続き、さらに第三期としてプラス五年続いたとするなら、改革開放以来半世紀にわたって権威主義的な独裁の政治体制は変わらないということになる。この状態をたんに統治空間の大きさとか変化に要する時間の長さで説明し、依然として「体制移行論」に固執することが果たして正しいのだろうか。もちろん、もしかしたらそのような過程で体制移行への変化が始まるかもしれない。しかし、筆者がいわば「地域研究論」=「変わりにくい地域的個性」を構造的に理解する理論にこだわり続けてきたのは、こうした現実をありのままに受けとめ、変わる経済社会と変わらぬ政治体制の相関関係を中国的な枠組みの中で解釈することにこだわったからである。まさに第二の解釈である「特殊論」からのアプローチである。

中国という地域的個性から政治体制を分析した成果は第一章でも紹介した金観濤らの「超安定システム」論である。

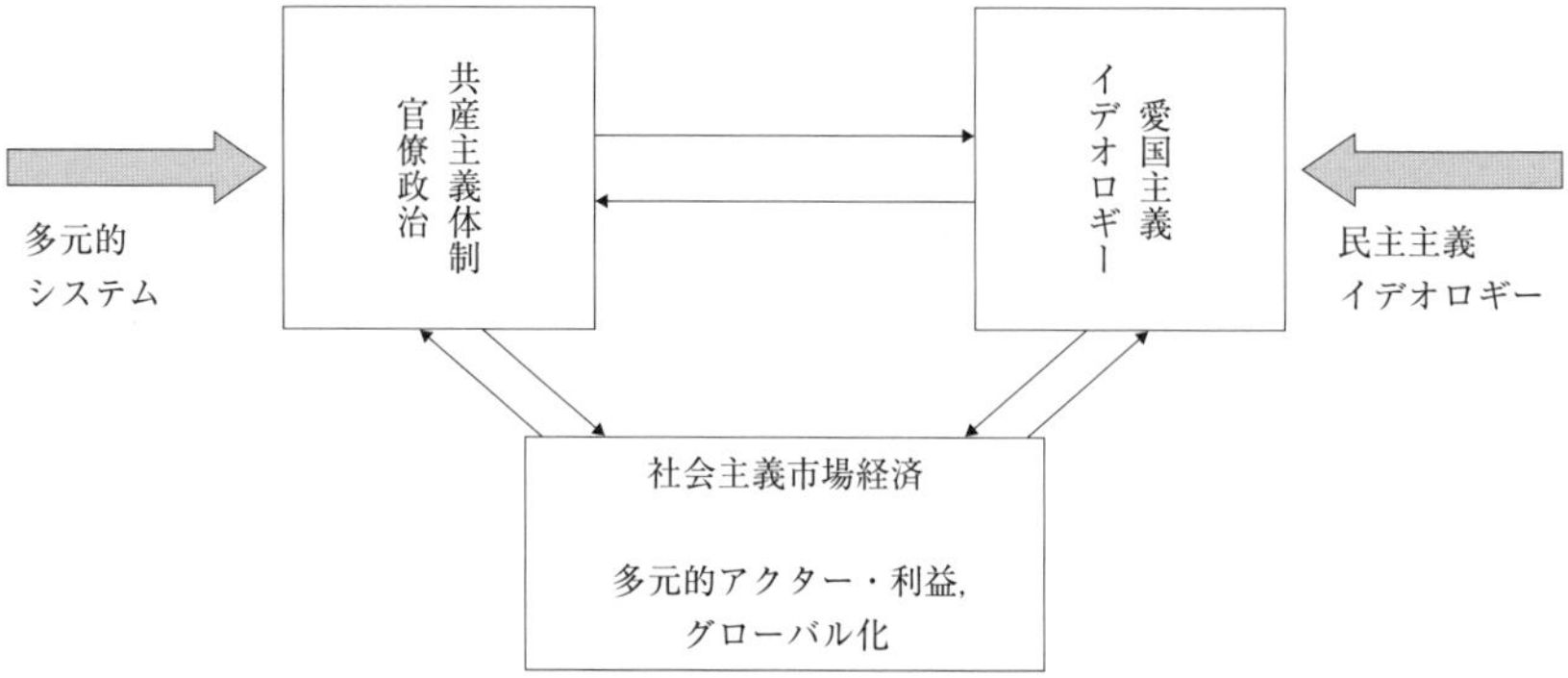

図表　政治・イデオロギー・経済社会の関係構造

かりに彼らのサイバネティックス理論を用いた二千年の封建制社会が持続した関係構造(第一章)を応用して、改革開放時代を超安定システムとしてとらえ、その構図で描いてみると上のようになる。

このように見れば、外部から共産主義官僚制(官僚制に相当)は多元的政治システム構築の圧力を受けながら、しかも経済構造は地主制、社会主義計画経済から大きな変化を遂げながらもなお、基本的な関係構造は変化を見せていないということになる。この構図は、近代化理論からも、さらには下部構造が上部構造を規定する、階級闘争が歴史を創ると主張したマルクス・レーニン主義の理論からも導かれるものではない。それは本書の分析の精髄をなす「基底構造論」と最も深く関わってくるのである。

しかし、さらに次のような問いが生まれてくる。このように政治・イデオロギー・経済社会の関係構造は様々な圧力を受けながらも、これからも基本的には変わらないものなのか、それとも徐々にあるいは劇的に変化する可能性があるものなのか。例えば、政治における官僚制が多元的政策決定システムに代わり、イデオロギーが民主主義的なものに代わり、経済がより市場経済的なものに代わり、それらが安定的に相互作用するような制度、もしくはレジームが形成されるなら中国の政治社会態制は根本的に変化したといえるだろう。しかしこの間の習近平指導部や「新儒家思想」グループの主張や試みを見るかぎり、政治、イデオロギーの分野では現状をより強固なものにすることによって、かりに経済の変化が積極的に進んだとしてもこれらの関係構造は維持でき、結果として中国の政治社会的安定は維持できると考えているようである。

この政治構造を補完する中国的特徴を重断層の基底構造から指摘しておくならば、とりわけエリートと民衆の断層、関係（クワンシー）と制度の断層、そして政治と経済の断層が理解の鍵になるであろう。一つは制度的な問題として、民主主義の核心的原理の一つである民衆が指導者を直接にせよ間接にせよ、選びあるいは罷免する制度、手続きは未だに否定されている。そして民衆は指導者に意見や願望、不満を提示することはできても自らがそれらに関連した政策決定過程に参与することは認められない。民衆はひたすら経済社会活動に励み、自分たちの世界・空間で時を享受すればよく、政治に口出しはしないのが良いとされる政治文化に長く漬かってきた。政治指導者は重要な人事や基本的な戦略、政策などはもとより、国家社会の命運にかかわる重大事項の決定に関してさえ少数の指導グループで検討し、決定することが当然のこととなり、民衆に意見を求め賛否の意向を問うといったことはほとんどない。問題が発生した場合も、環境・腐敗といった民衆とかかわりのある問題でさえも、民衆は異議申し立てをすることはあっても、問題の処理・解決は党内あるいは国家機関内で行うことが普通で、極力民衆の介入を抑え込もうとする。この傾向は習近平時代には胡錦濤時代よりも一層強まっているように見える。政治文化論から見れば、まさに儒教文化が依然として社会にしみこんだ規範としていきていると言えるのかもしれない。

次にマルクス・レーニン主義理論から中国共産党について考えてみると、資本主義の発展に伴って台頭してきた労働者階級の先進的な部分（前衛）があるとされ、まさに経済社会の変化に対応した政治勢力として説明されている。しかし今日の共産党をそのように説明できるのであろうか。多くの先進的な企業の経営者やハイテク・先進文化のエリートたちが入党する状況が一般的になった。パワー・エリートとマネー・エリートの癒着した政治組織が共産党と言われるようになって久しい。共産党員、その指導者は民衆からは選ばれない。この共産党を説明する有効な理論は第六章で見てきた「道器」論である。改めて確認しておくと、物事を効果的に機能させるには、物事の本質を見極める道と物事を機能させる枠組み＝器の動態的で適切な組み合わせが必要で、共産党が道を見極め、人々をその道に導くことを使命・任務とする集団で、国家・制度が物事の実現、対処を進める組織、方法などの枠組みということであった。こうしたロジックとして党と国家・制度が認識されているからこそ、「共産党指導下の法治」という我々の常識から言えばとんでもない発想が生まれてくる。絶対化された「毛沢東・共産党の指導」が筆舌に尽くせないほどの惨劇を引き起こした歴史を振り返って見るならば、「党の絶対指導」と「法治」という矛盾した主張を両立させようとすることが、いかに危険な考え方であるかが一目瞭然である。

では党は「法治」の実現を目指して何をするのか。党が人々を導く方向は文字通り考えれば「法治」の制度的な完成、機能的な実現ということになる。もちろん人々に対して党は法を守ることの重要性、法を守ることのメリットなどを説き、順法精神を涵養することも重要な活動内容になってくる。それは同時に自らの特権を利用した違法行為、不正による蓄財行為を戒め、禁止することをも意味する。すなわち「党指導下の法治」の実現とは、法制度体系の完成、法制度体系に基づいた党員を含めた人々の教育と実践の実現を意味するのである。言い換えれば、逆説的でもあるが、党指導が目指すところは「党指導を必要としない」法制度の体系化、法制度による社会の実践、すなわち「法治国家」が実現することである。極論を言えば、「党指導」の真摯な実践とは、まさに党自身の特殊な存在を自己否定する行為ということになる。

そもそもどのような資格・権限があって共産党は「人民を指導」できるのか。儒者たちはそのような資格や権利を得るために厳しい「修養」を行い、「有徳人士」になることが求められた。そして「科挙」と呼ばれるとてつもなく厳しい官吏登用（試験）制度を経て、初めて治者としての資格・権限を得ることができたのである。今日「新儒家」と呼ばれる人たちは、このような治者として共産党の指導者をとらえようとしている。しかし、儒者たちが求められたような「修養」が実践されているのか、あるいは幹部になるための「科挙制」にも似た官吏登用の試験制度があるのか。そのようなものは少なくとも今のところはない。したがって実際は「修養」を経験せず、「有徳人士」でもない人物が立身出世、不正蓄財を狙って上級幹部にコネをつけ高い地位を得ることもしばしば起こっている。

今日、頻発するこうした現象に徹底したメスを入れるために大規模な「反腐敗闘争」が繰り広げられてきたことは既述したとおりである。こうした実践の結果として、二〇一七年に入り、中央規律検査委員会は、国務院（政府）と同格の強い権限を持ち、あらゆる公職者を対象に汚職、腐敗行為を取り締まる「国家監察委員会」を一八年三月に新設する計画を公表した。興味深い点はこの組織が国務院、全国人民代表大会、最高人民法院と同格の強い権限を持ち、あらゆる公職者を対象に腐敗行為を取り締まることを目的に設置されると発表したことである。筆者はこの情報を聞いて直ちに、孫文が提唱し、その後中華民国憲法に取り入れられた、西側の「三権分立」に加えて中国古来の考試権と監察権を加えた「五権分立」によって中国独自の近代国家（共和体制）の構築を目指したことを思いだした。

考試制度に関してはまだ制度化の見通しは立っていないが、監督権の制度化に関してはこれで大きな枠組みができたことになる。民主主義で知られる権力のチェック・アンド・バランスによる権力の相互抑止として考えられた立法、行政、司法の独立すなわち「三権分立」の考え方に対して、孫文は三権分立では不十分で官吏の資格審査と任用の権限、さらには政府・官吏の不正などを監督する権限は三権とは独立させた制度にすべきだと主張した。孫文は中国古来の考試権（試験制度による官吏採用権）、監察権（弾劾権）を加えて五権分立体制を構築し、それによって中国独自の近代的な国家権力を正常に機能させることができると考えたのであった[(284)]。もし上記の筆者の問い、すなわち「共産党指導下の法治」を可能とする党員の資格についての疑問に対して「考試制度」のような仕組みを共産党が将来考えるようになるとすると、国家監察委員会と合わせて考えるならまさに孫文の「五権分立」憲法体制となり、かつ伝統的な国家体制の発展的継承ということになる。虚と実という視角から考えてみると、虚として存在していた「共産党指導」がますます「虚化」していき、実としての国家が制度化の進展によってますます「実化」し、結果として「突出した指導」としての共産党が有名無実化していくといったシナリオはあり得るのだろうか。

確かに第一九回党大会の「政治報告」の中で、習近平は少なくとも以下のように語っている。「人民が主人公になることは社会主義民主政治の本質的特徴、法に基づく国家統治は党が人民を指導して国を治めるための基本的方式である。……人民が主人公になる制度的保障を強化しなければならない。人代およびその常務委員会に立法作業における主導的役割を発揮させ、人代の組織制度と活動制度を完備し、人代が法に従って立法権、監督権、決定権、任免権を行使し、人代代表の役割をよりよく果たすのを支持、保証する」。「人民が国家権力を行使する」「人代が立法権、監督権、決定権、任免権を行使するのを支持、保証しなければならない。人民が人民代表大会(人代)を通じて国家権力を行使する」ということは具体的にはどういうことか。

「特殊論」から回答すると、現在の一党国家体制がこれからも相当長期にわたって続くというシナリオだということになる。「普遍論」の回答は、共産党が自ら近代的普遍的国家社会の構築に向かう中で、自己否定的に変容していく、あるいは脱皮していくことによって平和的に政治体制変革が実現されるシナリオである。しかし筆者はこれらの問いですべての疑問を出したとは思っていない。すなわち、第一の「政治・イデオロギー・経済社会」の関係性、あるいはそれらのバランスが崩れた時にはどうなるのか、第二の共産党が真摯に「道」の実践を行わず、「器」の完成体としての制度化された国家を実現できなかったら、一体どうなるのか。

想定される状況としては、第一も第二の場合も、最大のポイントは経済社会の混乱あるいは停滞が甚だしくなり、これに対応する共産党の政治、イデオロギーのコントロールが効かなくなっていく状況が生まれた時である。習近平政権が掲げる華々しいスローガン、大戦略とは裏腹に、現在すでに経済格差を示すジニ係数は、国家統計局の報告でも社会不安の危険水域とされる〇・四を超えており、別の国内機関では〇・六を超える報告もある(285)。次第に勢いを失っていく経済成長に対し、大量に都市に流れた農民工たちの不安定な経済、雇用、社会保障不安の蓄積、環境汚染による人体被害、農村の荒廃など社会不安を引き起こす諸要因は蓄積されてきている。中国がこれまでと変わらず持続的に発展を続ける条件は、高齢化、高賃金化、環境汚染の深刻化、国際競争の激化などによって一段と厳しくなってきている。これらをどのように解決し、「全面小康」の状況を如何にして実現するかは決して容易な課題ではない。

おそらく習近平体制は一挙に国内の政治体制を変えていく行動はとらないだろう。筆者の分析では習近平体制は第一九回党大会を通して一段と強化されたとも言えよう。しかしそれは制度的により強靱なものになることによって強化されるということではない。彼のやり方は第六章、七章で見てきたように、従来の関係（クワンシー）、「圏子」を軸にして指導体制を習自身にとって有利に強化したということであった。第一九回党大会以降の状況が変われば――より厳しいものになれば――、この体制は制度的にではなく「関係」的な理由から形成されてきただけに、かなり大きな揺れを受けることになるだろう。それ故にこそ、多くの人々が納得できる政治的な改革、その制度化が必要になってきているのである。

最後に、「特殊論」と「普遍論」の融合について考えておきたい。明らかなものとしていえるのは、金観濤の提起した枠組みの中で、政治構造およびイデオロギー構造は多くの部分「特殊論」で説明する方が説得的であり、経済社会構造の部分は「普遍論」の説明の方が納得できる。改革開放の大波によって、人々の所得、生活様式、社会的流動化など経済社会は大きな変化を見せるようになり、この構造は揺れ動き始めた。特に都市と農村の断層性は、農村における離農者の増大、戸籍制度の歪んだ変容も含め大きく変わっていくことになろう。もっとも習近平指導部は、経済構造の政治、イデオロギーへの波及を警戒し、経済の核としての大型国有企業へのテコ入れ、外資系企業もふくめた経済組織内に党支部、党委員会の設置を強要し始めている。イデオロギー構造は目下、共産主義イデオロギーから愛国主義イデオロギープラス儒教文化イデオロギーへの移行によって再構築が図られている。しかし、西欧民主主義やエコロジー論などが外部から流入し、この構造を激しく揺さぶり始めている。他方で政治構造である共産党一党型官僚制は目下のところ、反腐敗闘争の締め付けや、エリート政党を強め、利益享受層も広がり大きく揺るぎそうにはない。

おそらく習近平指導体制は政策運営を巧みに行い、大きな混乱を引き起こさない限り、第二期はもちろん、さらに基本的には現在の体制として存続し続ける可能性は高い。しかし、前述した三つの大きな目標が順調に進まなくなった場合には、徹底してクワンシーで固めた指導部の強固さはむしろ〝もろさ〟となって指導体制の危機を呼び起こす可能性も少なくない。

これまで述べてきた四つの断層性などの正常な改善こそが中国の政治改革を真に促していく根本なのである。「特殊現象」が徐々に「普遍現象」によって置き換えられていく過程を通して、中国が国内的にも、国際的にも調和の取れた社会に変じ、世界の中にソフトランディングしていく。このことこそ、「尊敬される大国」への道を切り開くことになり、中国自身にとって、また世界にとっても望むべき道なのであろう。

注

はじめに

（1）これに関しては『中国近代化の調査記録』研文出版、一九九〇年、『中国大陸をゆく』岩波新書（加藤千洋と共著）、一九九〇年など参照。

第一章

（2）マックス・ウェーバー、濱嶋朗訳『権力と支配』講談社学術文庫、二〇一二年参照。

（3）平野健一郎「グローバル化時代の地域研究」西村成雄・田中仁編『現代中国地域研究の新たな視圏』世界思想社、二〇〇七年、一八頁。

（4）武内進一「地域研究とディシプリン」『アジア経済』二〇一二年六月号、六―七頁。

（5）例えば、僭越なコメントになるかもしれないが、富田広士・横手慎二編『地域研究と現代の国家』（慶応義塾大学出版会、一九九八年）には優れた論文が多く掲載されているが、序の部分を含め地域研究、およびその方法についての考え方が全く提示されていない。これでは地域研究は理論研究ではないといわれても反論できない。

（6）James R. Townsend, *Politics in China*, second edition, Little, Brown and Company, 1980.

（7）毛里和子『現代中国政治』第三版、名古屋大学出版会、二〇一二年の整理がわかりやすい。筆者自身も、中国的特性を組み込みながら鄧小平およびその後の体制をいかに表現するか苦しみながら「カスケード（小滝群）型権威主義体制」と表現してみた（『「中国共産党」論』ＮＨＫ新書、二〇一五年、および本書第六章参照）。

（8）Michel Oksenberg, "Confession of a China Watcher," *Newsweek*, June 19, 1989.

（9）溝口雄三『方法としての中国』東京大学出版会、一九八九年、三五頁。

（10）同右、三〇頁。

(11) 村松祐次『中国経済の社会態制』東洋経済新報社、一九四九年、八頁。
(12) 原題は、金観濤『在歴史的表象背後——対中国封建社会超穏定結構的探索』四川人民出版社、一九八三年。
(13) 同右、七頁。
(14) 同右、九頁。
(15) 陳舜臣『日本人と中国人』恒文社、二〇〇五年、七九頁。
(16) このような発想を最初に持つようになったのは、一九八六年、北京で費孝通博士と会い、直接意見交換をした頃である(天児慧『中国改革最前線』岩波新書、一九八八年、一五九頁以下)。その後、こうした考え方を「基底構造論」として学界に提示したのは、天児『中国——溶変する社会主義大国』(東アジアの国家と社会I、東京大学出版会、一九九二年)である。以後、石田浩「中国農村社会の基底構造」中兼和津次編著『講座現代アジア 2近代化と構造変動』東京大学出版会、一九九四年、一一三頁以下、佐々木衞『現代中国社会の基層構造』東方書店、二〇一二年などは共通した問題意識をもとに著者独自の中国分析、理解が論じられている。
(17) 陳舜臣、前掲書、二五頁。
(18) Gabriel Abraham Almond and Sidney Verba, *The Civic Culture: Political Attitudes and Democracy in Five Nations*, Princeton University Press, 1963 など参照。
(19) 世界の名著4『老子 荘子』中央公論社、一九八四年、一四七頁。
(20) 『毛沢東選集』第三巻、三九三頁。
(21) 『習近平 国政運営を語る』外文出版社(北京)、二〇一四年、二八—九、二九五—六頁。
(22) 渋谷司「見逃せない中国貧困層」『経済界』二〇一五年三月二五日号。
(23) 「チャイナネット」2013-12-25 15:58:48.
(24) 鄭永年『重建中国社会』東方出版社、二〇一五年、五八頁。
(25) 仁井田陞『東洋とは何か』東京大学出版会、一九六八年、一五頁。
(26) 孫隆基『中国文化的「深層結構」』壱山出版社(香港)、一九八三年、三三二頁。
(27) Sumuel P. Huntington. *Political Order in Changing Societies*, Yale University Press, 1968.

(28) 費孝通『郷土中国』上海人民出版社、二〇〇六年版、二一頁。
(29) 張亜明・陳健鵬『圏子』当代世界出版、二〇〇六年、七頁。
(30) 福武直『中国農村社会の構造』大雅堂、一九四六年、一九九頁およびその前後。
(31) Olga Lang, *Chinese Family and Society*, Yale University Press, 1946. 小川修訳『中国の家族と社会I』岩波現代叢書、一九五三年、九八頁。
(32) 「青年与農村」『李大釗選集』人民出版社、一九六二年、一四八頁以下。
(33) 菱田雅晴「現代中国における社会移動」宇野重昭編『岩波講座現代中国 第三巻 静かな社会変動』岩波書店、一九八九年、一二六―一三三頁。
(34) 孫立平「(社会問題期末作業)断裂的社会――二元社会結構」『百度文庫』所収。
(35) 陸学芸『〝三農〟新論――当前中国農業、農村、農民問題研究』社会科学文献出版社、二〇〇五年。

第三章

(36) 李強「中国社会における階層構造の新しい変化」『立命館産業社会論集』第三八巻第一号、二八―九頁。
(37) 齋藤尚登「中国における外資系企業の活躍と課題」『大和総研調査季報』Vol. 11、二〇一三年夏季号、一〇四頁。
(38) 「人民網」日本語版、二〇一三年八月一三日。
(39) 陸学芸主編『当代中国社会階層研究報告』社会科学文献出版社、二〇〇二年。
(40) 陸学芸主編『当代中国社会結構』社会科学文献出版社、二〇一〇年、一三三頁。
(41) 厳善平「農民工の就業と権利保障」『大原社会問題研究所雑誌』第六一四号、二〇〇九年一二月、一八頁。
(42) 任哲・天児慧編『中国の都市化――拡張、不安定と管理メカニズム』IDE-JETROアジア経済研究所、二〇一五年、序章、六、一一頁。
(43) 陳桂棣・春桃『中国農民調査』人民文学出版社、二〇〇四年(納村公子・椙田雅美訳『中国農民調査』文藝春秋、二〇〇五年)、清水美和『中国農民の反乱』講談社、二〇〇二年など。
(44) 陸学芸主編『当代中国社会結構』三五頁など。

(45)「レコードチャイナ」二〇一六年五月九日。

(46)和中清「中国の成長を支える農民工」『Science Portal China』二〇〇九年一月一三日。

(47)金光洙「中国におけるインターネット産業の発展要因の分析」『現代社会文化研究』第五六号、二〇一三年三月、七三―七頁。

(48)『日本経済新聞』二〇一七年一〇月一六日。

(49)"China Real Time Report," *The Wall Street Journal*, 2015. 1. 13.

(50)『南方週末』二〇一三年一月三日。

(51)『フォーリン・アフェアーズ』日本語版、二〇一三年九月。

(52)NHK、二〇一五年一月二一日報道。

(53)呉茂松『現代中国の維権運動と国家』慶応義塾大学出版会、二〇一四年、一頁。

(54)「従二〇世紀到二一世紀中国政治発展百年――回顧与展望」『中国政治』二〇〇二年第四期、人民大学複印報刊資料中心、四―五頁。

(55)「社会経済関係信変化中的知識分子与執政党建設――北京知識分子現状調研報告」『当代中国史研究』二〇〇〇年第一期、一二〇―二頁。

(56)園田茂人『不平等国家中国――自己否定した社会主義のゆくえ』中公新書、二〇〇八年。

(57)何清漣、辻康吾編訳『中国高度成長の構造分析』勉誠出版、二〇一〇年、一〇頁。

(58)于建嶸「従維穏的角度看社会転型期的拆遷矛盾」『中国党政幹部論壇』二〇一一年第一期、二〇頁。

(59)https://zhidao.baidu.com/question/1433798513151334779.html

(60)「全国信訪総量、集体上訪量、非正常上訪量和群体性事件発生量実現〝四個下降〟」国家信訪局〈http://www.gjxfj.gov.cn/2007-0/28/content_968109.htm〉。

(61)尚唐鏢主編『群体性事件研究』学林出版社、二〇一一年、二一―三頁。

(62)呉茂松、前掲書、七頁。なお消費者運動、労働者権利擁護運動などをめぐる維権運動の研究としては呉の同書が詳しい。

(63)jp.wsj.com/layout/set/article/content/view/full/28962.『中国証券報』二〇一一年八月一八日など。

(64) 田中信行『はじめての中国法』有斐閣、二〇一三年、九二―三、二一三―七頁など。
(65) NHKの報道、二〇一五年四月八日。
(66) 角崎信也「農村「群体性事件」の構造分析」『政権交代期の中国――胡錦濤時代の総括と習近平時代の展望』日本国際問題研究所、二〇一三年、五〇頁以下。
(67) 山田賢一「「ブログジャーナリスト」を通じて見る中国メディアの今」『放送研究と調査』二〇一二年一〇月号、三〇頁。https://www.nhk.or.jp/bunken/summary/research/oversea/165.html
(68) 新華社電、二〇〇七年一月二三日。
(69) 『習近平 国政運営を語る』中国外文出版社(北京)、二〇一四年、一七〇頁。
(70) 古畑康雄『習近平時代のネット社会』勉誠出版、二〇一六年、七五頁。
(71) 『習近平 国政運営を語る』一七九頁。

第三章

(72) 天児慧『歴史としての鄧小平時代』東方書店、一九九二年、三九―四一頁参照。中央・地方関係の問題を制度化によって克服する点を重視したものとして、呉国光・鄭永年『論中央―地方関係』(牛津(Oxford)大学出版社、一九九五年)などがある。
(73) 一九九七年三月の杭州、厦門での調査、関係者への筆者のインタビューによる。
(74) これに関しては、例えば、曹志主編『中華人民共和国人事制度概要』北京大学出版、一九八五年、一五六頁以下など参照。
(75) 毛里和子『現代中国政治』名古屋大学出版会、一九九三年、一二九頁。
(76) 「地方」に着目して中国の政治変動、政治体制を論じた包括的な研究書としては、磯部靖『現代中国の中央・地方関係』(慶応義塾大学出版会、二〇〇八年)がある。
(77) これに関して、例えば毛沢東の青年期の「湖南自治運動」、連省自治論、共産党の指導者がいくつかの特定地域に固まる傾向、「幇」の根強い存在などにうかがわれる。
(78) Anita Chan, Richard Madsen and Jonathan Ungar, *Chen Village*, The University of California Press, 1984. 小林弘二監訳『チェン村――中国農村の文革と近代化』筑摩書房、一九八九年、二八三頁。

(79) これに関して体系的な考察を進めた先駆的なオピニオン研究として、Alan P. L. Liu, *Communications and National Integration in Communist China*, University of California Press, 1971. 慶応義塾大学新聞研究所訳『中国の政治とコミュニケーション』慶応通信、一九七六年がある。
(80) これに関して貴州省での胡錦濤党書記(一九八七年当時)についての人民政府幹部への筆者インタビューに対する回答は興味深い。天児慧『中国近代化の調査記録』研文出版、一九九〇年、二二二―三頁。
(81) 毛沢東文献資料研究会編『毛沢東集』補巻1、蒼蒼社、一九八三年、二一七頁。
(82) 東京大学近代中国史研究会訳『毛沢東思想万歳』下、三一書房、一九七五年、三二六頁。
(83) 中兼和津次「中国 社会主義経済制度の構造と展開」岩田昌征編『現代社会主義』(経済体制論第Ⅳ巻)、東洋経済新報社、一九七九年。
(84) 『中国地方国家機構概要』法律出版社、一九八九年、一七四頁。
(85) 例えば衛藤瀋吉・岡部達味『世界の中の中国』読売新聞社、一九六九年、衛藤瀋吉編『現代中国政治の構造』日本国際問題研究所、一九八二年など参照。
(86) これに関しては、範暁春『中国大行政区 一九四九―一九五四年』東方出版中心、二〇一一年が詳しい。本書は、中国近現代史における中央と地方の間の権力バランス、緊張関係の文脈と、内部の国共内戦期に広がった東北、華北、華東などの中央分局の活動を踏まえながら大行政区の成立と、その実態を論じている。
(87) 『鄧小平文選』(邦訳版)、外文出版社(北京)、一九八四年、二〇九、二一一頁。
(88) 『新中国資料集成』第四巻、日本国際問題研究所、一九七〇年、二四六、二九九―三〇〇頁。陳洪波「地方性法規効力之我見」『地方政権研究』群衆出版社、一九八六年、七四頁。
(89) 李丹「談談地方立法」同右『地方政権研究』六六頁。
(90) 同右、六六頁。
(91) 『十一期三中全会以来重要文献選読』上冊、人民出版社、一九八七年、五八一、六〇五―七頁。
(92) 『中国経済』日本貿易振興会、一九九三年一一月号、七四頁以下、『朝日新聞』一九九三年七月三日。
(93) 天児慧『中国近代化の調査記録』研文出版、一九九〇年、八一頁他。

(94) 侯少文「政治体制改革面臨的問題及其対象」『瞭望』一九八八年七月二五日、一二頁。
(95) 『求是』一九九六年第一六期、三三、三五頁。
(96) 鮑明「我国地方政権建設的一項重大挙措」複印報刊『中国政治』一九九三年第一一期、七九頁。
(97) 加藤弘之『中国の経済発展と市場化』名古屋大学出版会、一九九七年など参照。
(98) 王積業・朱元珍主編『経済体制改革手冊』経済日報出版社、一九八七年、二七一頁。
(99) 同右、二八三頁。
(100) 藤本昭「経済管理体制の地方分権化」『中国――地域開発と地方政府の役割』日中経済協会、一九九一年、三頁。
(101) 『中国財政年鑑』一九七九年以降各年度参照。
(102) 『北京週報』一九九〇年二月一三日、別冊文献、三頁。
(103) 上原一慶「中央財政と地方財政」前掲『中国――地域開発と地方政府の役割』四五頁。
(104) 前掲『経済体制改革手冊』三二九―三〇頁。
(105) 高原明生「中国の企業管理と財政問題」アジア政経学会第四五回全国大会(一九九一年)報告による。
(106) 上原、前掲論文、三七―八頁。
(107) 任哲『中国の土地政治』勁草書房、二〇一二年、五〇頁。
(108) 同右、八〇頁。
(109) これに関しては、天児慧『現代中国政治変動論序説』アジア政経学会、一九八四年など参照。秩序化と流動化のサイクルを歴史的に論証しようとしたものとして、金観濤他『中国社会の超安定システム』研文出版、一九八七年がある。
(110) 馬立誠・凌志軍、伏見茂訳『交鋒』中央公論新社、一九九九年、一五六―九八頁。
(111) 予算外収入の変遷に関しては、加藤弘之・上原一慶編著『現代中国経済論』ミネルヴァ書房、二〇一一年、一二八―九頁参照。
(112) 丸山伸郎編『華南経済圏――開かれた地域主義』アジア経済研究所、一九九二年、五八頁、前掲『中国――地域開発と地方政府の役割』四五頁など。
(113) 「諸侯経済」の政治学的分析に関しては、趙宏偉「現代中国の政治体制に関する一考察――「諸侯経済」現象の分析から」

『アジア研究』第三八巻第四号、を参照。

(114) 例えば、華生他「中国改革十年——回顧、反思和前景」(『経済研究』一九八八年第一二期所収)、胡守均「権力経済面々観」(『世界経済導報』第四一五号、一九八八年一〇月三一日)など参照。

(115) 『求是』一九九六年第一六期、三三、三五頁。

(116) 加藤弘之、前掲書、一六八頁。

(117) 張可雲「中国区域経済調控体系研究」『学術研究』一九九三年第一期、六五―六頁。

(118) 中国国家統計局のデータを用いてまとめた青木浩治・藤川濟史『現代中国経済』甲南大学、ＰＰＴより引用。

(119) これらのまとまった実証的な研究書としては、アジアの経済圏シリーズⅠⅡⅢ『華南経済圏』『東北アジア経済圏の胎動』『長江流域の経済発展』いずれもアジア経済研究所、一九九二、九三年が詳しい。

(120) 『中国経済』第三〇四号、日本貿易振興会、一九九一年四月、一七頁。

(121) 中島宏「広東省経済の現状——葉選平広東省省長との会見」『日中経済協会会報』一九九一年五月号、四―五頁。

(122) 『東京新聞』一九九三年二月九日。さらに同年三月、貴州を訪問した筆者は、同省常務副省長から直接この事実を確認した。

(123) 関川「陳雲警告——七大問題厳重」『争鳴』一九九三年五月号、二〇頁。

(124) 『人民日報』一九九六年九月九日。

(125) 毛里和子、前掲書、二三一―四頁。

第四章

(126) Kevin J. O'Brien and Lianjiang Li. *Rightful Resistance in Rural China*, Cambridge University Press, 2006, pp. 125-126.

(127) 『旬刊中国内外動向』一九九六年四月二〇日号、B六、B一四頁。

(128) 英国国際戦略研究所『二〇一三年ミリタリーバランス』。

(129) 中国共産党ニュース、二〇一一年一二月一八日。

(130) 『中国的国防白書(白書)』二〇〇六年。

(131)『鄧小平文選』第三巻、人民出版社、一九九三年、二八四頁。
(132)河野純治訳『趙紫陽 極秘回想録』光文社、二〇一〇年、五七―八頁。
(133)張良編、山田耕介・高岡正展訳『天安門文書』文藝春秋、二〇〇一年、二〇二―四頁。
(134)同右、二六四―九頁。
(135)読売新聞社中国特派員団『天安門燃ゆ』読売新聞社、一九八九年、一三一頁。
(136)『天安門文書』三六二頁。
(137)ベンジャミン・ヤン、加藤千洋・加藤優子訳『鄧小平政治的伝記』岩波現代文庫、二〇〇九年、二七九頁。
(138)『朝日新聞』二〇〇八年七月六日。
(139)星野昌裕「ウイグル問題――なぜ中国は優遇政策に舵を切れないのか」SYNODOS、2015. 6. 18. synodos. jp/international/14403/2
(140)『産経新聞』二〇〇九年七月一一日。
(141)星野昌裕、同上。
(142)『鄧小平文選』(邦訳版)、外文出版社(北京)、一九八四年、二〇九、二四六―九頁。
(143)Yongshun Cai, *Collective Resistance in China: Why Popular Protests Succeed or Fail*, Stanford University Press, 2010, pp. 415-416.
(144)O'Brien and Li, *op. cit.*, pp. 125-126.
(145)「全国公共財政支出予算按配状況」、天児慧『「中国共産党」論』NHK新書、二〇一五年、一六五頁。
(146)孫文『孫文選集』第一巻、社会思想社、一九八五年、二〇頁。
(147)孫文の民族主義をめぐり様々な議論がある。例えば、前川亨「「民族」と「民族主義」のセマンティックス(意味論)――孫文『三民主義』講演「民族主義」部分に関する二つの論点」『専修大学社会科学年報』第四九号など参照。ここではそうした議論自体に踏み込むことは避ける。
(148)『人民政協報』二〇一五年三月六日。
(149)日本国際問題研究所中国部会編『中国共産党史資料集』第七巻、勁草書房、一九七三年、五二二―三、五二六頁。

(150) 蔣介石、波多野乾一訳『中国の命運』日本評論社、一九四六年、一四―六頁。
(151) 同右、三五頁。
(152) 同右、一六八頁。
(153) 陸軍元中将・遠藤三郎との会見(王俊彦『大外交家周恩来』上、経済日報出版社、一九九八年、二一〇頁)。その他一九六四年、佐々木更三社会党委員長との会見に際しても、毛沢東は同様の発言をしている(東京大学近代中国史研究会訳『毛沢東思想万歳』下、三一書房、一九七五年、一八六頁)。
(154) 『鄧小平文選』第三巻、三五八頁。
(155) 同右、三〇三頁。
(156) 『人民日報』一九九四年九月六日。
(157) 『人民日報』二〇〇二年一一月一八日。「中華民族の偉大な復興」が中国共産党のキーワードになったのは確かに二〇〇二年の党大会であったが、党の文献を丹念に見ると、実は一九八七年の第一三回党大会における趙紫陽「政治報告」の終わりの部分で、全く同様の言い回しがさりげなく文章に挿入されている。改革派で民主を強調し天安門事件で失脚した趙紫陽でさえ、「中華民族の偉大な復興」を強調していたということは、共産党の共通した幅広い認識であったといえよう。
(158) 人民網二〇一二年一一月二九日。
(159) 『習近平　国政運営を語る』(邦訳)、外文出版社、二〇一四年、六〇頁。
(160) 武小燕「中国における愛国主義教育の展開」『比較教育学研究』第三六号、二〇〇八年、三三―四頁。
(161) 宋強・張蔵蔵他、莫邦富・鈴木かおり他訳『ノーと言える中国』日本経済新聞社、一九九六年。

第五章

(162) 兪可平『中国は民主主義に向かう』かもがわ出版、二〇〇九年、三二頁。
(163) この問題を正面から考察している研究書は、久保亨編著『一九四九年前後の中国』(汲古書院、二〇〇六年)である。筆者も「歴史の連続性と不連続性」という切り口から中華人民共和国建国当初の分析・解釈を行ったことがある(天児慧「Ⅲ　中国革命の「おわりに――救国救民革命としての中国革命」菊地昌典編『社会主義と現代世界１　社会主義革命』山川出版社、一九八九年、一七一頁以下を参照されたい)。

(164) 清水盛光『支那社会の研究』岩波書店、一九三九年、八九頁。

(165) John King Fairbank, *The United States and China*, Harvard University Press, 1971. 市古宙三訳『中国』上、東京大学出版会、一九七二年、一一七―八頁。

(166) 同右、一二四頁。

(167) 清水盛光、前掲書、八七―九〇頁。

(168) フェアバンク、前掲書、三五頁。

(169) 清水盛光、前掲書、一〇二頁。前近代の中国社会における権力との関係において地域社会の政治構造を論じた実証的な研究として、森正夫「中国前近代史研究における地域社会の視点」(中国史シンポジウム基調報告、一九八一年)が興味深い。

(170) 「支那的国家形態の特異性」『長谷川如是閑集』第七巻、岩波書店、一九九〇年、二四六頁。

(171) Harrison E. Salisbury, *The New Emperors: China in the Era of Mao and Deng*, Little Brown and Company, 1992, p. 1. 天児慧監訳『ニュー・エンペラー』上、福武文庫、一九九五年、八頁。

(172) 前者に関しては、趙生暉『中国共産党史組織綱要』安徽人民出版社、一九八八年、一八〇―一頁、後者に関しては、矢吹晋編訳『チャイナ・クライシス重要文献』第一巻、蒼蒼社、一九八九年、二六八頁。

(173) 本文八三頁参照。

(174) 完顔紹元「歴史上的〝中国式上訪〟」『社会学視野網』二〇一三年八月三一日。

(175) 毛里和子『現代中国政治を読む』山川出版社、一九九九年、三五頁。

(176) Étienne Balazs, *La Bureaucratie Céleste*, Paris, Gallimard, 1968. エチアヌ・バラーシュ、村松祐次訳『中国文明と官僚制』みすず書房、一九七一年、五七―八頁。

(177) 胡振民「破除〝官本位制〟」『新華文摘』一九八九年第五期、一〇―一頁。

(178) 王雲海『中国社会と腐敗』日本評論社、二〇〇三年、四七頁。

(179) 謝慶奎主編『当代中国政府』遼寧人民出版社、一九九一年、七七頁。

(180) 毛里和子『現代中国政治』名古屋大学出版会、一九九三年、一〇五頁。

(181) 前掲『当代中国政府』七八頁。

(182) William L. Parish and Martin King Whyte, *Village and Family in Contemporary China*, The University of Chicago Press, 1978 など参照。

(183) バラーシュ、前掲書、五八頁。中生勝美『中国村落の権力構造と社会変化』アジア政経学会、一九九〇年、六八頁。

(184) Susan L. Shirk, *How China Opened its Door: The Political Success of the PRC's Foreign Trade and Investment Reforms*, The Brookings Institution, 1994, p. 14.

(185) 前掲『当代中国政府』九五頁。

(186) 同右、四五頁。

(187) 同右、四六頁。

(188) 同右、四七頁。

(189) これに関しては、西条正「中国の档案制度」高木誠一郎・石井明編『中国の政治と国際関係』東京大学出版会、一九八四年、二一一—二三三頁参照。

(190) 天児慧『巨龍の胎動 中国の歴史第一一巻』講談社、二〇〇四年、二一〇—一頁。

(191) 趙宏偉『中国の重層集権体制と経済発展』東京大学出版会、一九九八年、一一七頁。

(192) 『中国大躍進政策の展開』上巻、日本国際問題研究所、一九七三年、四〇二頁。

(193) Alan P. L. Liu, *Communications and National Integration in Communist China*, University of California Press, 1971. 慶応義塾大学新聞研究所訳『中国の政治とコミュニケーション』慶応通信、一九七六年、一二二、一四〇頁。

(194) 同右、二五頁。

(195) バラーシュ、前掲書、五九頁。

(196) 例えば、王若水「談談異化問題(疎外問題を語る)」(一九八〇年)、「為人道主義弁護(人道主義の擁護)」(一九八三年)など参照。

(197) 『党務工作概論』中共中央党校出版社、一九九二年、一一八—二〇頁、また唐亮「組織人事制度から見た改革期における中央—地方関係」『変容する政治社会——地方論からのアプローチ』(文部省重点領域研究一一三、シリーズ中国領域研究、第六号)

二一—四頁参照。

(198)『中国共産党建設大辞典』四川人民出版社、一九九一年、四二八—三〇頁。

(199) S. L. Shirk, *op. cit.*, pp. 22, 23.

(200) 一九九九年三月、北京での李景鵬、謝慶奎、兪可平らとの座談会などから。

(201) 李寿初編『中国政府制度』中央民族大学出版社、一九九七年、三六頁。

(202) 一九九九年三月、北京における筆者自身の関係者インタビューによる。

(203) S. L. Shirk, *op. cit.*, p. 11.

(204) 謝慶奎他『中国政府体制分析』(中国広播電視出版社、一九九五年、五五頁の表)は直接、間接にそれを示す資料である。

(205) 天児慧「中国農村における政治・社会関心と意思決定をめぐる村民意識」中兼和津次編『改革以後の中国農村社会と経済』筑波書房、一九九七年、四〇〇頁。

第六章

(206) Juan J. Linz, "Authoritarian Regime: Spain," in E. Allardt and S. Rokkan eds., *Mass Politics: studies in political sociology*, Free Press, 1970, p. 255. 権威主義の定義にはこのほか、マックス・ホルクハイマーの「自己を解放した権威主義的国家のもっとも矛盾のない様式は、統合された国家主義かあるいはまた国家社会主義である」(清水多吉編訳『権威主義的国家』紀伊国屋書店、一九七五年、二五頁)とのファシズムに接近したものもある。が、ここでは最も一般的に用いられるリンスのそれによった。

(207) 石井知章『中国社会主義国家と労働組合——中国型協商体制の形成過程』御茶の水書房、二〇〇七年、国分良成「中国における過渡期の政治体制——「三つの代表」と「党国コーポラティズム」」慶応義塾大学法学部編『慶応の政治学 地域研究』慶応義塾大学出版会、二〇〇八年など。

(208)「網上最火的政治信号——王滬寧——着手政改必須徹底反思文革」『亶非子転家在滻灞』二〇一五—〇一—〇六。

(209) 蕭功秦「習近平新政両周年的回顧与展望」『共識網』二〇一五年一月一三日(http://www.21ccom.net/articles/china/ggcx/2015010918739_all.html)。

(210) 関志雄『中国 経済革命最終章』日本経済新聞社、二〇〇五年、呉軍華『中国 静かなる革命』日本経済新聞出版社、二〇〇八年。
(211) 兪可平『中国は民主主義に向かう』かもがわ出版、二〇〇九年、六頁。
(212) 共同通信二〇〇八年一〇月二二日。
(213) 『聯合早報』(シンガポールの華字紙)、二〇〇八年九月三〇日。
(214) 『人民日報』二〇一一年三月一二日。
(215) 『孫中山全集』第一巻、中華書局、一九八一年、二九七頁以下。
(216) 呉茂松『現代中国の維権運動と国家』慶応義塾大学出版会、二〇一四年、三頁。
(217) 武田康裕「中国の集団的抗議行動——大規模化・暴力化とコーポラティズム」『防衛大学校紀要(社会科学分冊)』第一一〇輯、二〇一五年三月参照。
(218) 田中浩解説『日本大百科全書』第一一巻、小学館から引用。
(219) 金谷治訳注『大学・中庸』岩波文庫、一九九八年。
(220) 宇野哲人全訳注『中庸』講談社学術文庫、一九八三年、一二五—六頁。
(221) E・バラーシュ、村松祐次訳『中国文明と官僚制』みすず書房、一九七一年、J・K・フェアバンク、市古宙三訳『中国』上、東京大学出版会、一九七二年など参照。
(222) 清水盛光『支那社会の研究』岩波書店、一九三九年、八九、九五頁。
(223) 「連合政府について」『毛沢東選集』第三巻。
(224) 『毛沢東選集』第五巻、四三〇頁。
(225) 厳家其「人民代表」『政治多麼簡単——理解政治之路』正中書局(台北)、一九九二年、一九四頁以下。
(226) 楊継縄、伊藤正・田口佐紀子・多田麻美訳『毛沢東 大躍進秘録』(原題『墓碑』香港、二〇〇八年)、文藝春秋、二〇一二年、一六頁。彼の示した餓死者の数は三六〇〇万人。金輝(上海『社会』一九九三年第四・五期合版)は四〇〇〇万人と記述。
(227) 『十三大以来——重要文献選編』上、三六頁。
(228) 習近平著重指出、〃依法治国、首先是依憲治国、我們党要履行好執政興国的重大職責、依拠憲法治国理政。党領導人民執行憲法和法律、党自身必須在憲法和法律範囲内活動、真正做到党領導立法、保証執法、帯頭守法。” 国家制度和法律、是国家治理的利器。

(229) 西順蔵編『原典中国近代思想史』第二冊、岩波書店、一九七七年、一三、七一頁。

(230) 孫隆基『中国文化的「深層結構」』壱山出版社(香港)、一九八三年、三八九－九〇頁。

(231) 王霜媚「日中両社会における「公」「私」観念の異同」『教育諸学研究論文集』第一四巻、二〇〇〇年、二七頁。

(232) 溝口雄三『中国の公と私』研文出版、一九九五年、三－七頁。

(233) 司馬遼太郎『台湾紀行　街道を行く四〇』朝日文芸文庫、一九九七年、四三－四頁。

(234) 司馬遼太郎対話選集9『アジアの中の日本』文春文庫、二〇〇六年、一一二－三頁。

(235) 『江沢民文選』第一巻、人民出版社、二〇〇六年、四八七頁。

(236) 孟健軍「二〇二〇年全面的小康社会への展望」経済産業研究所ディスカッション・ペーパー、二〇一二年四月、二、四頁。

(237) 康暁光『仁政――関于中国政治発展的保守主義思考』一六－七頁。

(238) 例えば、王滬寧「社会主義市場経済的政治要求――新権力結構」『新華文摘』一九九三年第六期など参照。

(239) 天児慧『中国――溶変する社会主義大国』東京大学出版会、一九九二年、六四頁以下参照。

(240) 毛里和子『現代中国政治』名古屋大学出版会、一九九三年、一四四－五二頁。

(241) James R. Townsend, *Politics in China*, second edition, Little, Brown and Company, 1980, pp. 144-148.

(242) 天児慧『「中国共産党」論』ＮＨＫ新書、二〇一五年。

(243) 孫隆基、前掲書、三六四頁。

(244) 費孝通『郷土中国』生活・読書・新知三聯書店、一九八五年、一二三－五頁。

(245) 李強「中国社会における階層構造の新しい変化」『立命館産業社会論集』二〇〇二年六月、二八頁。

(246) 「全国人民代表大会内務司法委員会関於第十一届全国人民代表大会第二次会議主席団交付審議的代表提出的議案審議結果的報告」二〇〇九年一〇月三一日、全人代ネット〈http://www.npc.gov.cn/npc/xinwen/dbgz/wj/2009-10/31/content_1525216.htm〉。

(247) チャイナウオッチ、二〇一七年六月一九日。

(248) http://gendai.ismedia.jp/articles/-/50853

(249) 周平「中国における戸籍管理制度とその改革――「農民工」問題に関連して」『東アジア研究』(山口大学紀要)、第六号、二〇〇八年、七五頁。

(250) 加藤弘之『「曖昧な制度」としての中国型資本主義』NTT出版、二〇一三年、三〇一頁。

(251) 周平、前掲論文、七七頁注18。

(252) 陳連開円「怎様理解中華民族及其多元一体(討論綜述)」費孝通主編『中華民族研究新探索』中国社会科学出版社、一九九一年。

(253) 「急進的全体主義」に関してはJ. R. Townsend, *op. cit.* 「緩やかな集権主義」に関しては、中兼和津次「中国 社会主義経済制度の構造と展開」岩田昌征編『現代社会主義』(経済体制論第Ⅳ巻)、東洋経済新報社、一九七九年など参照。

第七章

(254) 高暁『他将領導中国　習近平伝』明鏡出版社、二〇一〇年、三七二頁。

(255) 『多維新聞』二〇一二年一一月一三日。『政権交代期の中国――胡錦濤時代の総括と習近平時代の展望』日本国際問題研究所、二〇一三年、一八頁。

(256) 諏訪一幸「権力集中を強める習近平――不安と期待」『東京財団Views on China』二〇一四年八月一八日。

(257) 毛沢東の場合は一九四三年の党中央政治局会議での取り決め(毛沢東は書記処会議の最終決定権を持つ)、鄧小平の場合は、一九八七年の第一三回党大会直後の秘密決議(最終的判断は鄧小平同志に委ねる)に見られる。江沢民の場合は、二〇一二年の第一八回党大会前に胡錦濤が全職務からの引退と引き換えに、「江沢民同志に最終的に相談」の項目を外させたとの発言から推測できる。

(258) 「中共十九大保衛戦――各省封疆大吏政治表態」『多維新聞』二〇一七年八月一〇日。

(259) 高暁、前掲書、二二八頁以下。

(260) 『人物周刊』二〇一三年八月二六日。

(261) これに関しては、方文『天怒――反貪局在行動』遠方出版社、一九九六年など参照。

(262) 『人民日報』二〇一四年一一月三日。
(263) 『中国網』http://www.china.com.cn/news/node_7184507.htm
(264) *The Wall Street Journal* (web), 2013. 10. 19. 14:06.
(265) 市委常委会召開拡大会議「伝達学習習近平総書記在省部級主要領導幹部専題研討班上的重要講話精神」『天津網』二〇一七年七月二九日。
(266) 遠藤誉「次期国務院総理候補の孫政才、失脚?」『ニューズウィーク』日本版、二〇一七年七月一八日号。
(267) 「中共浙江省委書記車俊――不忘初心　勇担使命」『新華網』二〇一七年六月二一日。
(268) 『チャイナネット』二〇一四年一一月一八日 10:29:08。
(269) マイケル・ピルズベリー、野中香方子訳『China 2049』日経BP社、二〇一五年、二八一頁。
(270) 『チャイナネット』二〇一七年五月一五日。
(271) 『日本経済新聞』二〇一七年五月一二日。
(272) 東江一紀・峯村利哉訳『二〇五〇年の世界――英『エコノミスト』誌は予測する』文藝春秋、二〇一二年。
(273) RAUTERS コラム David Axe 二〇一五年六月二五日。
(274) 『毎日新聞』二〇一六年五月一四日。
(275) *New York Times* 中文網、二〇一六年二月一五日。
(276) 注(272)と同じ。
(277) 『日本経済新聞』二〇一七年一二月二〇日。
(278) Michael D. Swaine, Mike M. Mochizuki, and Michael L. Brown etc., "China's Military and the U.S.-Japan Alliance in 2030: A Strategic Net Assessment,"陸上自衛隊研究本部NATプロジェクト訳「二〇三〇年の中国の軍事力と日米同盟」二〇一三年（シンポジウム資料）による引用。
(279) 阿南友亮『中国はなぜ軍拡を続けるのか』新潮選書、二〇一七年、三一九頁。
(280) 加々美光行編・村田雄二郎監訳『天安門の渦潮――資料と解説　中国民主化運動』岩波書店、一九九〇年、七五頁。
(281) 『朝日新聞』二〇一五年八月七日。

(282) 呉敬璉、青木昌彦監訳・日野正子訳『現代中国の経済改革』NTT出版、二〇〇七年。
(283)『日本経済新聞』二〇一七年一一月八日(原載 *The Economist*)。
(284) 蔡注国「五権分立制の一考察」『白鷗大学紀要』一九八六年、一二四頁以下。
(285) 西南財経大学の研究チームが独自の家計調査から二〇一一年の全国ジニ係数を〇・六一と推計(梶谷懐、SYNODOS二〇一四年三月一七日)。

あとがき

古稀を過ぎ、この三月でいよいよ定年退職を迎えることになった。初めて常勤の教員として琉球大学に赴任したのが一九八一年の一〇月、まだ半袖でも汗ばむような暑いころだった。三四歳四カ月、ちょうどいま生きてきた人生のほぼ半分の時間が流れた人生の大きな節目であった。

それ以前は、いわば「人生第一期」として、岡山県北で誕生し、子供として学生として、それぞれの時代を自由奔放に生きてきた。それでも田舎の寺の跡取り息子だった自分が親の意志に反して故郷を離れ、何をすべきか、如何に生きるかと悩み、自分の歩むべき道を探し求め、もがきながら生きてきた期間だった。

琉球大学赴任が「人生第二期」のスタートだった。私にとって「第二期」とは、中国研究者（やや幅を広げたアジア研究者）として学究生活に励み、同時に教師として若い世代の人々を育て社会に送りだす日々であった。一九八六年の二月に北京日本人使館に赴任し「不惑」の年を迎えたが、中国を仕事の対象にしたことに迷いはないが、研究者として生きることが本当に自分の道だろうかとなお戸惑っていた。二年後に帰国し琉球大学に復職し、初めて中国滞在経験を描き一般書として『中国改革最前線』を出版した。拙著はかなりの反響をいただき、この頃から、研究活動にエンジンがかかっていった。一九九〇年東京に戻り共立女子大学で新設の国際文化学部、青山学院大学でも歴史の新しい国際政治経済学部で教壇に立った。二〇〇二年四月、母校早稲田大学の新設間もない大学院アジア太平洋研究科に移り、今日に至った。

一九八四年に博士論文『中国革命と基層幹部』を処女作として出版してから今日までに単著だけで二四冊、共編著を加えると五〇冊を超える大量の著書を世に出してしまった。学術誌や雑誌、新聞などで発表した論文や随筆などはどれほどあるか自分でもわからない。自分の研究成果は、本音で言えばアウトプットした後、いつも「不満」が残っている。まあ、それを次の執筆の糧、バネとしたと言えば聞こえは良いかもしれない。出来不出来は間違いなくある。が、どの執筆もそれぞれ決して手抜きだけはしなかったつもりである。しかしそれにしても我ながらによく書き続けたものだとあきれる。まあ、自分は人間社会について考え、文章を書くのが好きで、その意味では研究者の道を選択したことはよかったと思う。私自身が書いた本の中にも好きなもの不満なものはある。好きな本は『中国——溶変する社会主義大国』『中国改革最前線』『中華人民共和国史』『中国の歴史11　巨龍の胎動』であろうか。

しかし、何よりも今回の拙著は自分の「第二期」の「卒業論文」として書き上げ、自分なりの一つの区切りとしてある意味での「集大成」としたつもりである。本書は、我々西側の中国研究者、地域研究者が欧米でつくられた社会科学方法論、社会科学的分析枠組みを普遍的な「理論」「分析アプローチ」と思い込み、安易にそれによりかかり結論を導き出そうとする従来の研究に「異議申し立て」を試みた大胆なチャレンジでもあった。もちろん、欧米出自の理論、価値に多くの普遍的質が存在しており、その価値や重要性は十分に尊重し評価している。しかし、地域研究はアプリオリにそのような理論、枠組みに依存するわけにはいかず、対象地域を様々な角度や文献から観察・調査・分析を行い洞察し、それらの理論や枠組みでとらえきれない事象を発見し取り込みながら、反芻的に理論や枠組みを修正・再構築しつつ、地域の現実を踏まえより高次のリアリティのある理論化を目指すことが求められている。このような意味で、本格的な地域研究としての中国研究を行った先達として、本書でも触れた『中国経済の社会態制』(東洋経済新報社)の著者、村松祐次一橋大学教授がおられる。今回の拙著のタイトルの由来は実はここにある。

自分を顧みて思うと、率直に言って研究者よりも教育者としての方が向いているように思う。もちろん人格的にあるいは教える能力が特に優れているなどというのではない。「人を育てる」ということは、多感な青年期の人間の心にどれだけ寄り添って、彼らの研究や将来についてサポートしていけるかということだろう。私はそもそも若者と語り合い、議論することが大好きであったので、彼らの中に入りこむことが苦痛ではないどころか、楽しかった。そのうえ、自慢にもならないが、「失敗の数」だけは誰にも負けないほどある。とくに、「人生第一期」から「第二期」に移る時期は、どんなに頑張っても、もがいても容易に研究課題を突破することができず、就職することができず、挫折寸前のところまでいっていた。いろんな人々に支えられたことは事実であったが、私個人のその頃の気持ちは開き直りであった。「人生は一勝無限敗や、最後の一勝さえできればいい。最後の一勝は死ぬ直前に自分自身が審判者になる」。「人間、一年遅れれば、一年長生きをすればいい。二年遅れれば二年長生きすればいい。遅れることは大した問題じゃあない」などとうそぶいたものである。それは教師になってから苦しんでいる学生たちにもよく吐いた。私のセリフにうなずきながらも、はっとしたように「先生、一年長生きをするというのはどういうことなのでしょうか？」と尋ね返したまじめ学生もいた。私は即座に、「お前はあほか。自分が死ぬときに、あ、おれは前の年に死ぬはずだったんだなと思えば済むことじゃないか」と答えた。冗談を言いながらも、学生は私にとって我が子のようなもので、それなりに真剣に向き合った。

多くの学生との出会いは私の喜びであった。早稲田大学大学院アジア太平洋研究科では一五年の在勤生活の中で、天児ゼミ生は修士課程修了者が一五五名、博士課程学位取得修了者が二一名(学位未取得者を含めると約四〇名)、大学、研究所、政府機関で研究(に近い)職についているものが三〇名いて活躍している。早大の前任校の琉球大学、共立女子大学、青山学院大学の時代、そして一九九一年来の日中学生会議や、一九九七年来の一〇大学合同セミナーの学生たちなど、結構多くの学生たちと出会い、今も彼らとの親しい交流が続いている。さらに文部科学省大型プロジェクトグローバルＣＯＥ「アジア地域統合のための世界的人材育成拠点」(五年間)、人間文化研究機構の「現代中国地域研究」大学・研究機関拠点プログラム(七年間)の代表を務め、そこからも多くの若手研究者が育ち社会に羽ばたいていった。正直に言って、研究に苦しみ、就職に苦しんだ何人もの若者を見てき、私なりのアドバイスをしてきた。そうした人が職場を見つけ、私に報告してくれた時、私は涙が出るほどにうれしく、彼／彼女と心から喜びあったものである。こうした経験をするとき、私は本当に教師をやってよかった、教師冥利に尽きるという思いで一杯であった。

このように「第二期」の人生を振り返ってみれば、猪年の私はまさに猪突猛進のように走り続けたが、大きな病気もせず充実した、幸せの日々を送ることができた。この猪に直接、間接にかかわりを持たれ、支えてくださったすべての方々に心より感謝を申し上げたい。そしてこのような七〇年間の人生を振り返って語りながら思うようになったことは、それでは私の人生には「第三期」はあるのかという自問であった。ここ四年ほど、脊柱管狭窄による坐骨神経痛に悩まされ、あるいは二回ほど数時間のことであったが原因不明の記憶喪失症にかかったり、激しい尿道炎で高熱に悩まされたりで、体力、気力とも萎え始めていた。しかし、忍耐強く毎日歩き、ストレッチや筋トレをつづけ、食事も気をつけてきたことと、最近整骨院に通うようになり、かなり体力が回復してきた。人間なんて単純なもので、そうなってくると自分はもう少し頑張れるのではないかと思うようになった。そして今、自分の人生に「第三期」があるのではないかと思うようになってきた。一期、二期と同じように三五年というわけにはいかないが、ただ衰えていくだけの老後ではなく、前向きに私にしか歩めない「第三期」の轍を創り上げていきたいと思うようになった。つい先月、久々に外で息子と一杯飲んだ。息子が神妙に「オヤジはこれから好きに生きたらいいよ」とつぶやいた。「俺はこれまで好きに生きたし、これからも好きに生きるつもりだけど」と答えたが、なぜ彼がそのように言ったかよくわからない。好きに生きてきたつもりのオヤジでも、息子から見れば結構責任感や義務感を背負って生きてきたように見えたのだろうか。そういう意味では「第三期」の自分は、中国という枠や大学教員という枠にとらわれず、自分なりに知識を深め、思考を磨き、日本や世界、人類のこれからを考え、楽しく元気に、そして人の琴線に少しでも触れられるような生き様をしていきたいと思う。

私の母が百歳を超えて死ぬ前に、繰り返し諭すように私に言った言葉は、「あんたがここまでこれたのは理美子さんのおかげじゃからね。理美子さんを大事にして決して悲しませるようなことはしたらいかんよ」であった。私の一番苦しかった「第一期」の終わりから今日まで、我が伴侶理美子に支えられてきたことを私以上に感じとっていたのかもしれない。亡き母に感謝し、そして手を取って歩み続けてきた理美子に「これからも末長く、ヤンチャジジイをよろしく」と言っておきたい。

最後になってしまったが本書の出版に当たって、岩波書店の編集部長馬場公彦氏に大変お世話になった。昨年九月初めに脱稿し、いきなり持ち込みをして何とか来年一月末までに出版できないだろうかと困らせてしまった。しかし快く引き受けてくださった。馬場さんの力強いご支援と適切かつ迅速な編集能力なくして、本書は誕生しなかった。馬場公彦部長、そして岩波書店関係者のご一同に改めて心より謝意を表したい。

二〇一八年　厳冬　福寿草・蕾の心

天児　慧

天児 慧
1947年生，早稲田大学教育学部卒，東京都立大学法学修士，一橋大学社会学博士学位取得．琉球大学，共立女子大学，青山学院大学を経て，2002年より早稲田大学大学院アジア太平洋研究科教授．以後早稲田大学大学院アジア太平洋研究科長，アジア太平洋研究センター長，グローバルCOE「アジア地域統合のための世界的人材育成拠点」拠点リーダー，早稲田大学アジア研究機構現代中国研究所所長，人間文化研究機構・現代中国地域研究プログラム代表など歴任．
『現代中国政治変動論序説』アジア政経学会，1984年
『中国革命と基層幹部──内戦期の政治動態』研文出版，1984年
『中国改革最前線──鄧小平政治のゆくえ』岩波新書，1988年
『中国──溶変する社会主義大国』東京大学出版会，1992年
『鄧小平──「富強中国」への模索』岩波書店，1996年
『現代中国──移行期の政治社会』東京大学出版会，1998年
『中国とどう付き合うか』NHKブックス，2003年
『巨龍の胎動(中国の歴史シリーズ第11巻)』講談社，2004年
『中国・アジア・日本──大国化する「巨龍」は脅威か』ちくま新書，2006年
『中華人民共和国史』岩波新書，1999年，新版2013年

中国政治の社会態制

2018年1月25日　第1刷発行
2018年7月5日　第2刷発行

著　者　天《あま》児《こ》 慧《さとし》

発行者　岡本 厚

発行所　株式会社 岩波書店
〒101-8002 東京都千代田区一ツ橋2-5-5
電話案内 03-5210-4000
http://www.iwanami.co.jp/

印刷・法令印刷　カバー・半七印刷　製本・松岳社

ISBN 978-4-00-023893-9　Printed in Japan